KÜCHENRENNER FÜR LANDSCHAFTS- KENNER

Verlag für die Frau
Leipzig

CRUMMENERL, RAINER:
Küchenrenner für Landschaftskenner :
e. kulinar. Reise durch Sachsen, Thüringen, Mecklenburg
u. a. schöne Gegenden
RAINER CRUMMENERL. Ill. : ROLAND BEIER. – 1. Aufl. – Leipzig :
Verlag für die Frau, 1986. – 144 S. : 62 Ill.
ISBN 3-7304-0082-7

ISBN 3-7304-0082-7

Erarbeitung: RAINER CRUMMENERL, Leipzig.
Herausgeber: Verlag für die Frau
Illustrationen: ROLAND BEIER, Neubrandenburg.
Einband: HANNELORE REINHARDT-FISCHER (Arrangement),
HEINZ SCHÜTZE (Fotos).
© Verlag für die Frau, DDR-Leipzig 1986.
Nachdruck, auch auszugsweise, nur nach vorheriger Genehmigung
durch den Verlag zulässig.
Druckgenehmigungsnummer: 126/405/II/86
Gesamtherstellung: INTERDRUCK Graphischer Großbetrieb Leipzig,
Betrieb der ausgezeichneten Qualitätsarbeit,
III/18/97 LSV: 9229.
Bestellnummer: 673 210 0
00980

RUND UM BERLIN. Charakteristisch ist eine einfache und handfeste, eine kräftige und würzige Küche. Oft wurden die im weitesten Sinne landwirtschaftlichen Produkte der näheren Umgebung zu schmackhaften Gerichten verarbeitet: Spargel, Teltower Rübchen, Gurken, Gänse, Krebse und Obst. Aber mit den zahlreichen Einwanderern gelangten auch zahlreiche ausländische Einflüsse in die Küchen der Stadt. Bekannt ist des Berliners Vorliebe für zerkleinertes Fleisch und demzufolge für Gulasch, Falscher Hase, Hackepeter, Bulette, Bockwurst, Frikassee, Sülze und Eisbein. Auch so manch anderes Gericht, das heute nicht nur auf Berliner Speisekarten steht, erblickte in dieser Stadt das Licht der Küche: Kaßler Rippenspeer, Löffelerbsen, Holsteiner Schnitzel, Rollmöpse und Berliner Pfannkuchen. Gern getrunken werden Berliner Weiße und im Herbst Bockbier.

Eine
kulinarische Reise
durch Sachsen,
Thüringen, Mecklenburg
und andere schöne
Gegenden

Inhalt

Vorwort

Zweieinhalb Jahre seines Lebens verbringt der Mensch mit Essen und Trinken. Dies hat der deutsche Schriftsteller Franz Werfel einmal ausgerechnet. Nahezu 900 Tage – ein durchschnittlich langes Leben vorausgesetzt – am Eßtisch: man kann sie als Last oder auch als Lust empfinden. Manche empfanden sie als Last – weil sie die deutsche Küche als sparsam und einfallslos, die deutschen Landen als »kulinarische Wüsten« betrachteten. Andere empfanden sie als Lust – weil sie sich die Mühe machten, neben ihrem Land auch die vielfältigen Küchen der Landschaften und somit den durchaus vorhandenen Einfallsreichtum der Köche auch vergangener Zeiten zu entdecken. Letzteren wollen wir es gleichtun und eine gastronomische Reise durch die Deutsche Demokratische Republik unternehmen. Sie soll uns in fünf ausgewählte Gebiete des Landes führen und mit wesentlichen Eß- und auch einigen Trinkgewohnheiten der Bewohner vertraut machen. Einen Blick in die Mecklenburger und Berliner Küche wollen wir werfen, Spezialitäten des Spreewaldes und Sachsens vorstellen sowie uns von der Phantasie der Thüringer Köche überzeugen. Dabei betrachten wir die »Grenzen« unserer ausgewählten Landschaften als durchaus fließend; in Berlin beziehen wir zum Beispiel auch die Umgebung, im Spreewald weite Gebiete der Lausitz und in Sachsen das Erzgebirge und das Vogtland mit ein. Auch möchten wir darauf verweisen, daß es zur territorialen Zuordnung dieser oder jener Speise durchaus auch andere Meinungen und Erfahrungen geben kann: Mit den Menschen gingen häufig auch ihre Bräuche auf Wanderschaft; Gewohnheiten, auch des Essens und Trinkens, siedelten um und wurden mitunter dann dort bestimmend, wo sie nicht unbedingt entstanden sind. Das Buch ist nach dem Prinzip der Speisenfolge aufgebaut; jedes Kapitel unterteilt sich in regionale Abschnitte, alle historischen Originalrezepte wurden hier kursiv gesetzt. Viel Spaß beim Entdekken alter und neuer »Küchenrenner«, die für jeweils vier Personen berechnet sind.

SUPPEN
UND
EINTÖPFE

Schenkt man der ebenso alten wie bekannten Geschichte vom Suppen-Kaspar Glauben, der fünf lange Tage Tisch und Schüssel boykottiert und sich somit aus dem Leben gehungert hatte, dann muß die deutsche Suppe damaliger Zeit (»Der Struwwelpeter« erschien 1845) eine gastronomische Zumutung gewesen sein. Der Schriftsteller Gustav Freytag, dessen Kindheit in jenen Jahren noch jüngste Vergangenheit war, stützt und entkräftet die Fabel des Suppen-Kaspar-Vaters und Arztes Heinrich Hoffmann in einem; schließlich erhielten die Freytag-Kinder Abend für Abend in der Regel nur Wassersuppen, welche die Mutter freilich »durch Wurzeln oder einen Milchzusatz anmutig gemacht hatte«. Bei den Freytags war die Suppe nicht lukullischer Höhepunkt, sondern unbedeutender Abschluß des Speise-Tages.

Johann Heinrich Zedler schrieb Mitte des 18. Jahrhunderts, daß es ja »gantze Völcker sind, als unter andern die Frantzosen, deren vornehmstes Gerichte täglich in Suppen bestehet, die solche reichlich geniessen, und doch dabey gesund bleiben; woraus also wohl nicht anders zu schliessen, als daß die Suppen sehr gesund seyn müssen. Allein, wir wollen hierauf nur so viel antworten: daß die deutschen Mägen und Gewohnheiten mit den Frantzösischen eben nicht in allen Stücken übereinkommen. Die Mäßigkeit in Speisen ist den Frantzosen eigener als den Deutschen.« Zedler folgert: »Da also ein Frantzösischer Magen so viel Krafft zur Verdauung nicht nöthig hat, als ein Deutscher; so thun ihm auch die Suppen keinen sonderlichen Schaden.« Damit ist die deutsche Suppen-Einfalt ebenso erklärt wie die französische Suppen-Vielfalt, die dem in Weimar geborenen Schriftsteller August von Kotzebue bereits 1804 in einem besseren, jedoch nicht dem besten, Pariser Restaurant die Wahl zwischen neunerlei Suppen ließ. Allerdings dampften um die Mitte des 19. Jahrhunderts auch schon auf deutschen Tischen Suppen-Terrinen, die interessante gastronomische Gedankengänge auf der einen und nahrhafte Absichten auf der anderen Seite verrieten. So hatte der königliche Gartenvorstand von Friedrich Wilhelm II. für den Monat Mai des Jahres 1846 den Dauerauftrag erhalten, jeden Morgen ein Bündelchen folgender Kräuter zu pflücken und bei Hofe abzuliefern: Brunnen- und Gartenkresse, Gänseblümchen, Gundermann, Pimpinelle, Portulak, Kerbel, Sauerampfer, Schafgarbe, Waldmeister und Tripmadam. Auftraggeber war Alexander von Humboldt, der als Friedrichs Gast in Potsdam weilte und sich zur Stärkung und Erquickung ein tägliches Süpplein aus eben diesen Kräutern ausbedungen hatte.

Eine kräftigende Suppe bejahte auch ein anderer großer Deutscher: Heinrich Heine, der 1821/22 in Berlin Jura und wohl auch die Qualität der dortigen Erbsensuppe studiert hatte: »Ich wollte, meine Lieder / Das wären Erbsen klein: / Ich kocht eine Erbsensuppe, / Die sollte köstlich sein«. Die Frage, ob Heine damit den schlichten Löffelerbsen − mit denen man sich in einigen Berliner Lokalen bereits im Morgengrauen füllen konnte − ein Denkmal erdichtet hatte oder den berühmten Erbsen mit Ohren, muß leider unbeantwortet bleiben. Dafür aber können wir uns gern unterrichten lassen, wie letztere entstanden und also auch auf die Speisekarten nicht nur der Berliner Restaurants gelangt sind. Der Mann, der uns diese seine Version von den Erbsen mit Ohren auftischt, nennt sich Willibald Alexis und gilt als ein profunder Kenner brandenburgisch-preußischer Verhältnisse. In einem seiner Romane läßt Alexis Kaiser Karl IV. hungrig und jagdmüde am Portale des Klosters Lehnin anklopfen;

man möge ihn und sein Gefolge beköstigen. Natürlich war – wie immer in solchen Augenblicken – justament kein Fleisch im Kloster vorrätig, wenn man von den im Stalle grunzenden Schweinen absah. Aber der Abt, ein Mann der Vorsicht, mochte seinen Vorrat an (lebendem) Winterfleisch nicht schon jetzt und auf gar keinen Fall unter diesen Umständen opfern. Indessen stand Dietrich Kagelwied, Ordensbruder und Küchenmeister in einem, am Herd und arbeitete nicht nur an einer schmackhaften Erbsensuppe, sondern auch an einem vernünftigen Ausweg. Als die Erbsen im Kessel weich wurden, hatte er ihn gefunden. Und so konnte Bruder Kagelwied die ungeladenen Gäste schon wenig später mit einer köstlichen Erbsensuppe überraschen, in der Fleischbrocken wie Sahne umherschwammen. Der Kaiser staunte, und der Abt hob seine Stimme: »Kagelwied, hast du mir das getan?« Aber der Küchenbruder blieb lässig: »Zählt doch die Schweine, so werdet ihr sehen, daß keines fehlt.« Da gingen der Abt und der Kaiser und auch die anderen Gäste hinaus in den Stall und zählten und stellten fest, daß zwar keine Schweine, wohl aber deren – Ohren fehlten! Der schlaue Bruder Kagelwied hatte sich am lebenden Fleische bedient und dem Kaiser doch noch eine standesgemäße – weil fleischhaltige – Mahlzeit beschert.

Gern gesuppt hatte auch ein anderer »Marker«, Theodor Fontane, der eine Grießsuppe zu seinen Kriterien für den dehnbaren Begriff Glück machte. Glück mußte auch haben, wer im Thüringischen bereits an seinem Hochzeitstage die entscheidende Frage nach dem Platz in der Ehe beantwortet haben wollte. Denn dort, so forderte es ein alter Brauch, wurde den Brautleuten noch vor dem Wege zur Kirche eine Terrine leckerer Suppe vorgesetzt; wer zuerst mit dem Löffel hineinfuhr,

der hatte später schließlich die »Hosen« an. In der Gemeinde Marksuhl wiederum mußten die Brautleute gleichzeitig löffeln und gleichzeitig aufhören – damit keiner vor dem anderen stirbt.

Aber: Wer lange suppt, lebt lange. Es liegt übrigens durchaus nahe, daß sich diese gastrosophische Erkenntnis auch auf das stetige Löffeln von Eintöpfen bezieht, die sich von den Suppen ja oft nur durch ein Mehr an Ballast unterscheiden. Daß dieser nicht selten sehr eigenwillig und mitunter sogar abenteuerlich zusammengesetzt ist, kann und muß bewiesen werden – im Interesse des Rufes (nach durchaus vorhandener Originalität) der deutschen Küche. Da behaupten also Kundige, daß beispielsweise im Labskaus, dem bekanntesten Eintopfgericht Mecklenburgs, die Seeleute all das wiederfinden, was sie während der letzten Reise verloren haben. Das ist natürlich übertrieben, wenngleich in früheren Zeiten – um den Koch zu ärgern – denn doch schon mal ein Schuh oder auch ein Strumpf mit in den Labskaus-Kessel gewandert sein soll. Labskaus enthielt in der Regel einen Mischmasch aus Kartoffeln, Salzfleisch, Stockfisch, Gurken, roten Beten oder roten Rüben und Karotten – also all das, was an Bord vorhanden und für die vom Scharbock gelockerten Gebisse der Matrosen geeignet war. Die Not – hier ein Geburtshelfer deutscher Küchen-Originalität!

MECKLENBURG

Darßer Fischsuppe

3 Zwiebeln, 1 Wurzelwerk, 1 Lorbeerblatt, Pfefferkörner, 2 Nelken, 1 kg Ostseefische, 100 g mageren Speck, 1 Eßl. Mehl, ⅛ l saure Sahne, 2 Eßl. geriebener Meerrettich, 500 g gekochte Kartoffeln, Salz, fein gehackte Petersilie.

2 Zwiebeln, das vorbereitete Wurzelwerk, Lorbeerblatt, Pfefferkörner und Nelken in 1½ Liter Wasser zu einer Brühe ansetzen. 20 Minuten wallen lassen. Dann die Flamme klein stellen. Inzwischen die geputzten und gewaschenen Fische in Portionsstücke schneiden, hineinlegen und 10 Minuten ziehen lassen. Die restliche Zwiebel in Speckwürfeln glasig dünsten, mit Mehl bestäuben. Leicht anbräunen, mit Fischsud löschen und 15 Minuten kochen lassen. Durch ein Sieb streichen, den mit der Sahne vermischten Meerrettich und Kartoffelstücke hinzugeben. Alles noch einmal kurz aufkochen lassen, mit Salz abschmecken und mit Petersilie überstreuen. Sehr heiß in Suppentellern auftragen.

Suppe von Kalbslunge

200 g Lunge, Halsstück, 2 Kalbsfüße, Wurzelwerk, 1 Zwiebel, 2 Eßl. Mehl, 2 Eßl. Fett, ½ Tasse Grieß, Salz.

Die Lunge kurz blanchieren, das Wasser weggießen. Dann Lunge, Hals und Füße in 2 Liter Wasser mit dem kleingeschnittenen Wurzelwerk und der kurz angerösteten Zwiebel aufs Feuer setzen und langsam recht weich kochen. Eine helle Mehlschwitze an die Suppe geben und mitkochen lassen. Wenn alles weich ist, die Brühe durch ein Sieb gießen, sie wieder aufs Feuer setzen und den Grieß hineinrühren, mit Salz abschmecken. Nun Fleisch

von Halsstück und Füßen lösen, klein schneiden und in die Suppe geben. Die Lunge in dieser Suppe nicht verwenden, sondern für Haschee aufheben.

Rote-Rüben-Suppe

300 g Suppenrindfleisch, Salz, 1 Zwiebel, 1 Lorbeerblatt, 400 g rote Rüben, 1 Eßl. Mehl, Pfeffer, Majoran, Zucker, Essig, ⅛ l saure Sahne.

Das Rindfleisch mit Salz, der geschälten und geschnittenen Zwiebel sowie dem Lorbeerblatt in reichlich 1 Liter Wasser weichkochen. Die roten Rüben waschen und in einem gesonderten Topf garen, herausnehmen, abkühlen lassen, schälen und durch den Fleischwolf drehen. Das gare Suppenfleisch aus dem Topf nehmen, die Brühe durch ein Sieb gießen und bei Bedarf entfetten. Mit dem in etwas kaltem Wasser angerührten Mehl binden und die roten Rüben dazugeben. Nochmals kurz aufkochen. Zum Schluß mit Pfeffer, Majoran, Zucker und Essig abschmecken. Die Suppe vor dem Servieren mit der sauren Sahne verfeinern.

Mecklenburger Rübchensuppe

Geflügelknochen und Klein (Magen, Herz, Hals und Vorderflügel) von einer gebratenen Ente oder Gans, 2 Tassen fein geschnittenes Suppengrün (Wurzelwerk), 2 Teel. Zucker, 50 g Bratfett, 500 g weiße oder Teltower Rübchen, 2 Eßl. Butter, 2 Eßl. Mehl, Salz, Pfeffer, 2 Eßl. feingehackter Kerbel.

Die Geflügelknochen zerlegen und zusammen mit dem Klein und dem Wurzelwerk etwa ¾ Stunde in 1½ Liter Wasser sanft kochen. Die Suppe durch ein Sieb gießen, alles Fleisch von den Knochen lösen und klein schneiden. Inzwischen den Zucker in einem anderen Topf in dem Bratfett karamelisieren, die gewaschenen und geputzten Rübchen hinzufügen und so viel von der Brühe zugießen, daß die Rübchen

gerade bedeckt sind. Etwa 30 Minuten kochen lassen. Aus Butter und Mehl eine helle Schwitze herstellen, in die Suppe geben, mit Salz und Pfeffer abschmecken. Das Fleisch wieder hinzufügen, noch einmal aufkochen lassen. Zum Schluß mit Kerbel überstreuen.

Herzschlagsuppe

1 Kalbsherz, 1 Kalbslunge, 250 g Kalbfleisch, Salz, 1 Wurzelwerk, 2 Zwiebeln, 100 g Perlgraupen, 2 Eigelb, ½ Bund Petersilie, Pfeffer und 1 kg gekochte Kartoffeln.

Herz und Lunge vorbereiten und waschen und das Fleisch abspülen. Mit etwa 1½ Liter kaltem Wasser aufsetzen, zum Kochen bringen und abschäumen. Gewürze, vorbereitetes Wurzelwerk und die halbierten Zwiebeln dazugeben. Alles weichkochen. Inzwischen die Perlgraupen in einem anderen Topf in leicht gesalzenem Wasser garen. Die

Suppe durch ein Sieb geben, die Brühe mit den Graupen vermengen und durchkochen. Die Suppe mit dem Eigelb legieren und mit gehackter Petersilie bestreuen. Mit Pfeffer und Salz abschmecken. Nun die gekochten Kartoffeln schälen und in Würfel schneiden, das Fleisch in Scheiben schneiden. Die Suppe über Fleisch und Kartoffeln geben, nochmals abschmecken.

Kartoffelsuppe mit Speck und Pflaumen

500 g Kartoffeln, Brühe, 1 Tasse gekochte Backpflaumen, 500 g Speck und etwas Salz.

Die Kartoffeln waschen, schälen und würfeln. In Brühe weichkochen und durchdrücken. Die geschmorten Pflaumen dazugeben. Den Speck in die Suppe schneiden und – wenn nötig – mit Salz abschmecken.

Brandenburger Fischsuppe

1 kg kleine Fische aller Art, 1 große Zwiebel, 2 Eßl. Mehl, 2 Eßl. Butter, 1 Eßl. Salz, 1 Prise Pfeffer, ½ Zitrone, 1 Eigelb, 1 Eßl. saure Sahne, 50 g in Fett geröstete Semmelwürfel, Petersilie und etwas Butter.

Die Fische putzen und mit der Zwiebel weichkochen. Nun die Haut und die größten Gräten entfernen, das übrige durchs Haarsieb streichen. Diesen Fischbrei mit heller Mehlschwitze verrühren und mit Fischbrühe langsam durch ein Sieb aufgießen. Mit allen Gewürzen gut abschmecken. Nach Belieben etwas Zitronensaft zugeben oder mit dem Eigelb und 1 Eßlöffel saurer Sahne legieren. Zuletzt die Semmelwürfel, Petersilie und ein nußgroßes Stückchen Butter in die heiße Suppe geben.

Schweriner Käsesuppe

40 g Butter, 2 Stangen Porree oder
1 Zwiebel, 75 g Mehl, 1 Eßl. Tomatenmark, 1 Teel. Senf, 1 l Brühe, ½ l Milch,
125 g geriebener Käse, Salz, Paprika,
Muskat, Worcestersauce, 120 g gare
Zunge.

In der erhitzten Butter den fein geschnittenen Porree dünsten. Mehl darüberstäuben, Tomatenmark, Senf,
heiße Brühe und Milch unterrühren.
Gut durchkochen lassen. Erst dann
den Käse zugeben und nur noch kurz
auf dem Feuer lassen. Mit den Gewürzen abschmecken. Die in kleine Würfel
geschnittene gare Zunge als Suppeneinlage verwenden.

Graupensuppe
mit Fleisch

4 Kartoffeln, 1 Wurzelwerk, 1 Zwiebel,
40 g Schweineschmalz, 1 l Fleischbrühe,
125 g Graupen, 250 g gare Fleischreste,
Salz, Pfeffer, Petersilie.

Die Kartoffeln waschen, schälen und
in Scheiben schneiden. Das Wurzelwerk putzen und klein schneiden und
die Zwiebel schälen und grob hacken.
Alles in heißem Schweineschmalz anrösten. Dann mit Fleischbrühe auffüllen,
die Graupen hinzufügen und garen.
Das Fleisch in mundgerechte Stücke
schneiden und in die Graupensuppe
geben. Mit Salz und Pfeffer abschmekken, mit Petersilie bestreuen.

Rostocker Fischtopf

125 g Möhren, 125 g Kohlrabi, 125 g
grüne Bohnen, 125 g frische Erbsen,
2 Eßl. Butter, 1 Zwiebel, Salz, Zucker,
1 Fleischbrühwürfel, 500 g Fischfilet,
Zitronensaft, Petersilie.

Möhren und Kohlrabi waschen,
schälen und in Streifen schneiden.
Bohnen und Erbsen zugeben. In der
zerlassenen Butter die Zwiebelwürfel
und das Gemüse andünsten. Mit Salz,
Zucker und dem zerdrückten Fleischbrühwürfel würzen. 1 Liter Wasser zugießen, alles 20 Minuten kochen lassen.
Inzwischen das Fischfilet säubern, in
grobe Stücke schneiden und mit Zitronensaft säuern. Zum Gemüse geben
und noch 10 Minuten ziehen lassen.
Mit reichlich gehackter Petersilie bestreuen und heiß servieren.

Mecklenburger
Linsengericht

240 g Linsen, 1 Stange Porree, 1 kleiner
Sellerie, ¾ l Brühe, 50 g Margarine,
30 g Mehl, Salz, gehackte Petersilie.

Die Linsen weichkochen und abtropfen lassen. Das Gemüse waschen, zerkleinern, in der Brühe dünsten und zu
den Linsen geben. Aus Margarine und
Mehl eine Schwitze bereiten, mit
Brühe auffüllen und die Linsen und
das Gemüse damit binden. Mit Salz
abschmecken und gehackter Petersilie
bestreuen.

Labskaus

375 g mageres Pökelfleisch, 1 kg Kartoffeln, 3 Eßl. Fett, 2 Zwiebeln, 250 g eingelegte rote Rüben, 3 Salzgurken, 6 gut
gewässerte Heringsfilets, Salz, Pfeffer,
4 Eier.

Das Pökelfleisch garkochen, abkühlen lassen und durch den Fleischwolf
geben. Die Kartoffeln schälen, in grobe
Würfel schneiden, ohne Salz kochen,
abgießen und feinstampfen. Fett in
einem Topf zergehen lassen und die
feingeschnittenen Zwiebeln anschwitzen. Fleisch, Kartoffelbrei, die gehackten roten Rüben, Gurken und Heringsfilets zugeben. Mit Salz und Pfeffer
abschmecken. Den Brei unter Rühren
erhitzen, mit den in dicke Scheiben geschnittenen restlichen roten Rüben

und Gurken garnieren und mit je 1 Spiegelei pro Person zu Tisch geben. Der Mecklenburger Labskaus enthält allerdings weder Fisch, Gurken noch rote Rüben.

Mecklenburger Wurzelfleisch

400 g Schweinebauch, Salz, Pfeffer, Majoran, Thymian, ½ Lorbeerblatt, ½ Teel. Kümmel, 300 g Möhren, 125 g Zwiebeln, 1 Sellerieknolle, 1 kleine Kohlrübe, 1 Petersilienwurzel, 500 g Kartoffeln, Petersilie, Senf.

Das Fleisch mit den Gewürzen in 1½ Liter Salzwasser 30 Minuten vorkochen. Das vorbereitete Gemüse und die Kartoffeln in grobe Würfel schneiden, zugeben und das Gericht im fest geschlossenen Topf auf kleiner Flamme garkochen. Den Gemüsetopf mit gehackter Petersilie bestreuen. Das Fleisch in Würfel schneiden und zufügen. Es kann aber auch in Scheiben geschnitten und mit Senf bestrichen extra gereicht werden.

Schweriner Bohnenschüssel

175 g Blutwurst, 30 g Margarine, 400 g grüne Bohnen, 125 g feste Birnen, 150 g Kartoffeln, Salz, abgeriebene Zitronenschale, ½ l Brühe, Bohnenkraut.

Die Blutwurst abpellen, in dicke Scheiben schneiden. Den Boden eines Topfes mit Margarine fetten, die Blutwurstscheiben hineinlegen. Die Bohnen, Birnen und Kartoffeln vorbereiten, in Stücke bzw. Würfel schneiden und abwechselnd in den Topf schichten. Dazwischen jeweils etwas Salz und abgeriebene Zitronenschale verteilen. Reichlich ½ Liter Brühe mit Bohnenkraut aufkochen, durchseihen und über das Gericht gießen. Zugedeckt auf kleiner Flamme dünsten.

Bunte Katze

600 g Kartoffeln, 3 große Zwiebeln, 3 Eßl. Bratfett, 400 g Schweinefleisch (Kamm oder Bauchfleisch), Kümmel, Salz, Pfeffer.

Die Kartoffeln schälen, in Stücke schneiden und kochen. Abtropfen, zerstampfen und mit kochendem Wasser zu Mus verarbeiten. Die Zwiebeln fein schneiden und mit etwas Bratfett langsam hellbraun schwitzen. Mit dem Mus vermischen. Das Schweinefleisch grob hacken, dann gut mit Kümmel, Salz und Pfeffer würzen. Eine flache Bratpfanne gut einfetten, eine Schicht Kartoffelmus daraufgeben, dann die entsprechend – wenn nötig, mit etwas Wasser verdünnte – verarbeitete Fleischmasse darübergeben und die Pfanne in die Röhre schieben. Bei guter Oberhitze die Fleischhülle knusprig werden lassen.

Quarkpitte mit Kräutern

250 g Mehl, 1 Teel. Salz, 125 g Butter, einige Löffel süße Milch, 3 bis 5 Eier, 500 g Quark, 50 g feingewiegte Kräuter (Petersilie, Dill, Basilikum, Schnittlauch u. ä.).

Mehl mit Salz, Butter, Milch und einem Ei verkneten. 1 Löffel Mehl zurückbehalten. Den Teig in eine gut gefettete Springform legen, so daß auch die Seiten ausreichend bedeckt sind, mehrmals mit der Gabel einstechen. Aus Quark, Eigelb, Mehl, Salz und den Kräutern die Füllung bereiten und ebenfalls in die Form geben. Bei guter Hitze backen.

Milchsuppe mit Birnen

500 g Birnen, 100 g Zucker, 1 l Milch, 50 g Mehl, etwas abgeriebene Zitronenschale, 1 Gewürznelke, 1 Messerspitze Vanille oder Vanillinzucker, 1 Prise Salz, 2 Eigelb, 35 g Butter.

Die geschälten, halbierten, entkernten und dann nochmals längs geviertelten Birnen in etwas Zuckerwasser zugedeckt weichdünsten. Mit ein wenig Milch das Mehl anrühren, die übrige Milch aufsetzen und mit den Gewürzen zum Kochen bringen. Beim Aufkochen das angerührte Mehl unterrühren und noch ein paar Minuten ziehen lassen. Dann die beiden Eigelb und Butterflocken unterziehen. Sofort vom Herd nehmen. Die weichen Birnenstücke mit dem Fond in die Suppe geben und heiß auf den Tisch bringen.

Buttermilchsuppe mit Birnen

500 g Birnen, 2 Nelken, 1 Stück Zimtrinde, Salz, 1¼ l Buttermilch, 2 Eßl. Stärkemehl, etwas abgeriebene Zitronenschale, etwas Zucker.

Die Birnen waschen, schälen, kleinschneiden und die Kerngehäuse entfernen, dann in ¼ Liter Wasser, das mit den Gewürzen aufgekocht wird, gar, aber nicht zu weich dünsten. Nun die Buttermilch und das Stärkemehl verquirlen, einrühren und unter ständigem Schlagen aufkochen lassen. Die gedünsteten Birnen sowie ein wenig Zitronenschale zugeben und die Buttermilchsuppe nach Geschmack süßen.

Biersuppe mit Milch

¼ l Milch, 1 Eßl. Mehl, 1 l Bier, etwas Zucker, Salz, 2 Eigelb.

Die Milch zum Kochen bringen, das kalt angerührte Mehl daran quirlen und die Milch nochmals aufkochen. Nun in einem anderen Topf das Bier mit etwas Zucker aufkochen und anschließend unter ständigem Umrühren langsam zu der in die Suppenterrine gefüllten Milchsuppe gießen. Nach Geschmack salzen und die Suppe mit 2 Eigelb abziehen.

Brandenburger Biersuppe

250 g Schwarzbrot, 2 l dunkles Bier, 1 Teel. Kümmel, 1 Messerspitze gestoßener Ingwer, 1 Prise Zimt, etwas Butter, etwas Zucker.

Das altbackene Schwarzbrot schneiden und mit dem Braunbier übergießen. Etwa ½ Stunde so stehen lassen. Dann mit Kümmel, Ingwer und Zimt so lange kochen, bis sich das Brot völlig verrühren läßt. Nun durch ein feines Sieb geben. Vor dem Auftragen mit Butter und Zucker mischen.

Milchsuppe mit Klüten

Man rührt so viel ganze Eier, wie man Pott Suppe haben will, mit Mehl zusammen, bis daraus eine dickflüssige Masse wird, die eben vom Löffel läuft, und würzt dieselbe mit 1 Messerspitze voll geriebener Muskatnuß und 1 Messerspitze voll Salz. Diese Masse läßt man über einen Quirl oder durch einen Durchschlag in die kochende Milch tropfen, wobei man unausgesetzt langsam umrührt, sonst bleiben die Klüten an einander hängen. Auf 2 Pott Suppe giebt man ferner 1 Theelöffel voll Salz, 1 Eßlöffel voll Zucker und 1 Zoll von einer Kanehlstange.

RUND UM BERLIN

Berliner Weißbiersuppe

4 Eßl. Kartoffelmehl, 1 l Bier, ½ Zitrone, 1 Prise Salz, Zucker, 1 Teel. Zimt.

Das Kartoffelmehl mit dem Bier vermischen. Die Zitrone in Scheiben schneiden und entkernen. Die Zitronenscheiben sowie Salz und Zucker nach Geschmack zugeben. Mit dem Schneebesen am Feuer schlagen, bis die Suppe aufkocht. Nun erst Zimt dazugeben und auftragen. Die Weißbiersuppe kann auch in Gläsern oder Tassen serviert werden.

Grünkohlsuppe

2 Tassen Hafergrütze, 1 gehäufter Suppenteller Grünkohl, 40 g Butter, Salz, 1 gekochte rote Rübe.

Die Grütze mit kochendem Wasser abbrühen. Mit kaltem Wasser nachspülen, dann etwa 1 Stunde kochen. Wenn sie sämig ist, durchs Haarsieb streichen und mit dem fein gewiegten und gekochten Grünkohl vermischen. Mit Butter und Salz weichdünsten. Häufig umrühren, weil sie leicht anbrennt. Zuletzt die gekochte rote Rübe hineinreiben und kurz mitkochen lassen.

Champignonsuppe

350 g Champignons, 1 kleine Zwiebel, 40 g Butter, 50 g Mehl, 1½ l Fleischbrühe, ⅛ l Kondensmilch oder Sahne, Salz, Pfeffer, Petersilie.

Die Champignons putzen, waschen und ebenso wie die geschälte Zwiebel zerkleinern. In der erhitzten Butter etwa 10 Minuten dünsten. Mit Mehl überstäuben, leicht durchschwitzen lassen. Nach und nach mit der kochenden Fleischbrühe auffüllen. Auf kleiner Flamme sieden lassen und vom Feuer

nehmen. Die Kondensmilch oder Sahne unterziehen, mit Salz und Pfeffer abschmecken. Vor dem Anrichten mit reichlich gehackter, frischer Petersilie bestreuen.

Berliner Kartoffelsuppe

200 g Suppengemüse (Sellerie, Porree, Möhren), 100 g Zwiebeln, 100 g Schmalz, 600 g Kartoffeln, Salz, Pfeffer, 1 Lorbeerblatt, 5 Gewürzkörner, 4 Bratwürste, Petersilie.

Das Suppengemüse putzen und waschen und ebenso wie die geschälten Zwiebeln in kleine Würfel schneiden. Beides in 75 g Schmalz anrösten, dann etwa 1½ Liter Wasser zugießen. Aufkochen lassen. Inzwischen die Kartoffeln schälen und in Würfel schneiden und mit Salz, Pfeffer, Lorbeerblatt und Gewürzkörnern dazugeben. Auf kleiner Flamme etwa 30 Minuten garen. In dieser Zeit die Bratwürste in dem restlichen Schmalz ringsum goldbraun braten und in die nicht mehr kochende Suppe einlegen. Vor dem Anrichten mit gehackter Petersilie bestreuen.

Gebundene Ochsenschwanzsuppe

400 g Ochsenschwanz, 50 g Schweineschmalz, Wurzelwerk, 1 Eßl. Tomatenmark, 2 Eßl. Mehl, 1½ l Fleischbrühe, 1 Lorbeerblatt, Thymian, 1 Glas Rotwein, Salz, Pfeffer, Majoran, scharfer Paprika.

Den Ochsenschwanz zwischen den Gelenken durchschneiden, waschen und in Schweineschmalz braun anrösten. Dann das vorbereitete Wurzelwerk dazugeben und mitrösten lassen. Mit Tomatenmark kurz weiterrösten, mit Mehl bestäuben und danach so viel Brühe auffüllen, bis der Ansatz gerade bedeckt ist. Zwei- bis dreimal einkochen lassen und wieder mit Brühe auffüllen, damit die Ochsenschwanzsuppe die gewünschte braune Farbe bekommt. Nun die restliche Fleischbrühe zugießen, anschließend glattrühren. Ein Lorbeerblatt und etwas Thymian dazugeben und den Ochsenschwanz gut auskochen lassen. Das gare Fleisch herausnehmen, von den Knochen lösen und in Würfel schneiden. Die Suppe mit dem Rotwein anrühren und mit Salz, Pfeffer, Thymian, Majoran und – je nach Geschmack – scharfem Paprika abschmecken. Durch ein Sieb gießen, die Fleischwürfel hineingeben und anrichten.

Weiße Bohnensuppe mit Kartoffeln

500 g Kartoffeln, 1½ l Brühe, 500 g Bohnen, Thymian, 1 Stengel Porree, 1 kleiner Sellerie, Salz.

Die Kartoffeln waschen, schälen, in große Stücke schneiden und in der Brühe weichkochen. Dann durchdrükken. Getrennt davon die Bohnen zusammen mit den anderen Zutaten weichkochen. Jetzt Kartoffeln und Brühe dazugeben, mit Salz abschmekken. Thymian und Lauch vor dem Anrichten herausnehmen.

Hammelfleisch mit grünen Bohnen

400 g Hammelfleisch (Schulter), 500 g grüne Bohnen, 2 Zwiebeln, 1 Lorbeerblatt, Salz, Pfeffer, 300 g Kartoffeln, etwas Bohnenkraut, 1 Eßl. Stärkemehl.

Das Hammelfleisch vorbereiten und in Würfel schneiden. Mit den geputzten und gebrochenen Bohnen, den geschälten und in Scheiben geschnitte-

nen Zwiebeln und dem Lorbeerblatt in einen Topf geben und knapp mit Wasser bedeckt zum Kochen bringen. Zwischendurch mit Salz und Pfeffer würzen. Das Fleisch fast gar werden lassen. Nun die Kartoffeln schälen, waschen, in kleine Würfel schneiden und mit dem Bohnenkraut dazugeben. Alles zusammen garen. Dann das Bohnenkraut wieder herausnehmen. Abschließend mit dem angerührten Stärkemehl binden und gut durchkochen lassen.

Märkischer Ententopf

1 Ente, 40 g Bratfett, Salz, 1½ l Brühe, 1 große Zwiebel, 1 bis 2 Petersilienwurzeln, 400 g Kohlrüben, 4 bis 6 Kartoffeln, 250 g Pilze, Pfeffer.

Die Ente in Portionsstücke zerlegen. Hellbraun anbraten, dabei leicht salzen. Siedende Brühe oder Wasser auffüllen, zugedeckt etwa 40 Minuten schmoren lassen. Vorbereitete Zwiebel und Petersilienwurzeln dazugeben. Kohlrüben- und Kartoffelwürfel in wenig Salzwasser halbgar kochen, mit dem Sieblöffel herausnehmen und zu den Entenstücken geben. Zugedeckt fertiggaren. Die Pilze im Gemüsewasser dünsten und zuletzt zugeben. Das Gericht kräftig mit Pfeffer abschmekken und auftragen.

Löffelerbsen mit Schweineohr und -schnauze

350 g gelbe Erbsen, 600 g Schweineohren und -schnauze, Salz, 1 Stange Porree, 1 Möhre, 1 kleines Stück Sellerie, 200 g Kartoffeln, Pfeffer, 50 g Speck, 2 Zwiebeln, Majoran.

Die am Vortag gewaschenen und eingeweichten Erbsen mit den Schweineohren und -schnauzen ansetzen und kochen. Ein wenig Salz und das kleingeschnittene Gemüse dazugeben. Alles garkochen. Das Fleisch in Würfel schneiden und warm stellen. Etwa 20 Minuten, bevor die Erbsen gar sind, die geschälten, in kleine Würfel geschnittenen Kartoffeln hinzufügen und mit weichkochen. Wenn alles gar ist, die Fleischwürfel wieder hineingeben. Nochmals mit Salz und Pfeffer abschmecken. Nun den Speck in Würfel schneiden, zerlassen und darin feine Zwiebelwürfel, mit etwas Majoran überstäubt, anschwitzen. Zu den fertigen Erbsen geben. Alles noch ein wenig durchziehen lassen. Dann recht heiß servieren.

Nudeltopf

400 g Suppenfleisch, Salz, 2 Bund Wurzelwerk, 200 g Bandnudeln, 1 Bund Petersilie.

Das Suppenfleisch in 1½ Liter kochendem Salzwasser auf kleiner Flamme fast gar kochen. Das Wurzelwerk putzen, waschen und kleinschneiden und mit den Nudeln zufügen. Alles fertiggaren. Vor dem Anrichten das Fleisch von den Knochen lösen, in kleine Stücke schneiden und wieder in den Suppentopf geben. Die Petersilie hacken und über den Nudeltopf streuen. Soll die Brühe klar bleiben, müssen die Nudeln extra gekocht und sorgfältig abgespült werden.

Milchsuppe mit Mandelnudeln

40 g Mandeln, 4 bittere Mandeln, Nudelteig von 1 Ei, Salz, Schmalz zum Ausbacken, 1½ l Milch, Zucker, Zimt.

Die Mandeln schälen, fein reiben und zum gut gekneteten Nudelteig mengen. Diesen möglichst dünn auswalken und in üblicher Weise Nudeln schneiden. Milch mit Zucker aufkochen, die Nudeln darin weichkochen. Beim Anrichten Zimt auf die Suppe geben. Die Nudeln müssen stets frisch bereitet werden, da man sie der geriebenen Mandeln wegen nicht aufheben kann.

Altberliner Milchsuppe mit Pflaumen

250 g Backpflaumen, Zucker, Zimt, Zitronenschale nach Geschmack, 1½ l Milch, 1 Eßl. Mehl.

Die Backpflaumen nebst Zucker, Zimt und der Zitronenschale weichkochen. Die Milch mit dem Mehl verquirlen, kochen lassen. Die Pflaumen und die Pflaumenbrühe zugeben, alles noch ein wenig kochen lassen. Vorsicht – brennt leicht an!

Berliner Sauerkrauttopf

500 g gepökeltes Eisbein, 600 g Sauerkraut, 1 große Kartoffel, 5 Wacholderbeeren, 250 g Möhren, 2 Äpfel, Salz, Zucker, gehackte Petersilie.

Die Schwarte des Eisbeins an einigen Stellen einritzen. In etwa ¾ Liter siedendem Wasser halbgar kochen. Das gare Fleisch herausnehmen und in kleine Stücke schneiden. Das Sauerkraut mit geriebener roher Kartoffel binden und mit Wacholderbeeren, den geraspelten Möhren und Äpfeln nur noch kurz kochen lassen. Das Fleisch zugeben, mit Salz und Zucker abschmecken. Mit gehackter Petersilie bestreuen.

SPREEWALD

Spreewälder Eintopf

500 g fettes Fleisch (Hammel, Schweinefleisch oder Rind), Salz, 250 g Birnen, 400 g grüne Bohnen, Bohnenkraut, 1 Eßl. Kartoffelmehl, 1 Teel. Zitronensaft.

Das Fleisch mit Salz und wenig Wasser sowie den geschälten und halbierten Birnen so lange dünsten, bis es fast gar ist. Die Bohnen mit Bohnenkraut inzwischen ebenfalls fast gar kochen, dann zu dem Fleisch und zu den Birnen geben. Die Brühe mit 1 Eßlöffel Kartoffelmehl verdicken, noch etwas Zitronensaft hinzufügen und alles zusammen anrichten. Darauf das in Scheiben geteilte Fleisch anrichten.

Spreewälder Buttermilchsuppe

4 Eßl. Mehl, 20 g Butter, 1 l Buttermilch, Salz, Dill, Schnittlauch, Schwarzbrot.

Eine helle Mehlschwitze bereiten, mit Buttermilch aufkochen und salzen. Über fein gehacktem Dill, Schnittlauch und gerösteten Schwarzbrotschnittchen anrichten. Gesüßte Variante: Grieß mit Butter anbraten und mit Buttermilch verkochen. Nach Belieben mit Korinthen und Zucker vermischen.

Eintopf mit Gurken und Birnen

250 g grüne Gurken, 250 g Birnen, 500 g Schweinefleisch, 250 g Kartoffeln, etwas Schweinefett, Salz, Pfeffer.

Geschälte, von Kernen befreite Gurken in größere Stücke schneiden und flach in eine gefettete Kasserolle legen.

Darüber eine Lage geputzte Birnen und darauf das gewürzte Fleisch geben, am besten ein breites, flaches Stück. Rund um das Fleisch die leicht gesalzenen Kartoffelwürfel legen. Die Speise mit zerlassenem Fett und 1 Tasse Wasser übergießen und sie etwa 2 Stunden dämpfen, möglichst ohne umzurühren. Heiß servieren.

Lausitzer Linsentopf

500 g Linsen, 80 g Speck, 1 Zwiebel, 150 g getrocknete Pflaumen, etwas Zitronenschale, Salz.

Die verlesenen und gut gewaschenen Linsen mit dem Speck und der Zwiebel in 1 Liter Wasser garen. In der Zwischenzeit die eingeweichten Pflaumen in dem Einweichwasser ansetzen, etwas Zitronenschale zugeben und garen; später unter die Linsen mischen. Den Speck in Würfel schneiden, ausbraten und über die Linsen verteilen. Den Linsentopf zum Schluß mit Salz abschmecken. Anstelle von Pflaumen eignen sich auch gedünstete Apfel- oder Birnenstückchen für dieses sehr schmackhafte Gericht.

Zwiebelsuppe

350 g Zwiebeln, 100 g Kochsalami, 4 Eßl. Öl, 75 g Margarine, 1 Apfel, Zucker, Essig, 1½ l Fleischbrühe, Salz, 4 Brötchen oder einige Scheiben Weißbrot, 4 Eßl. Reibekäse, Petersilie.

Die in grobe Scheiben bzw. Streifen geschnittenen Zwiebeln und die Kochsalami in Öl und Margarine hell dünsten. Einen feingeriebenen Apfel, etwas Zucker und ½ Eßlöffel Essig zugeben und mit der Brühe auffüllen. Mit ein wenig Salz abschmecken und so lange kochen, bis die Zwiebeln fast weich sind. Die Suppe in eine feuerfeste Terrine füllen und mit in Scheiben geschnittenen und getoasteten Brötchen bzw. Weißbrotscheiben belegen. Vor dem Anrichten mit Käse bestreuen. Darüber gehackte Petersilie geben.

Großer Topf

500 g Hammelkeule, 4 bis 6 Kohlrabi, 4 bis 6 Möhren, 300 g grüne Erbsen, Salz, 1 Weißkraut, 1 kg Kartoffeln.

Die Hammelkeule gut 60 Minuten in reichlich Wasser kochen. Dann die geschälten bzw. geputzten und in Scheiben geschnittenen Kohlrabi und die Möhren sowie die Erbsen, etwas Salz und das gewaschene unzerkleinerte Weißkraut dazugeben. Damit das Weißkraut beim Kochen nicht auseinanderfällt, mit einem weißen Faden zubinden. Die geschälten und in Scheiben geschnittenen Kartoffeln 30 Minuten vor dem Anrichten dazugeben. Die

weichgekochte Hammelkeule in Scheiben und den Kohl in 6 bis 8 Teile schneiden. Das Gemüse beim Anrichten in eine Schüssel geben, darauf das Fleisch schichten, dann die Brühe darübergießen.

Spreewälder Fischtopf

40 g Margarine, 40 g Mehl, $\frac{1}{4}$ l Milch, $\frac{1}{4}$ l saure Sahne, Zitronensaft, 600 g Fischfilet, Salz, 1 grüne Gurke, Pfeffer, Butterflocken, gehackter Dill oder Petersilie.

In der erhitzten Margarine das Mehl schwitzen und mit Milch und saurer Sahne auffüllen. Den mit Zitronensaft beträufelten Fisch leicht salzen und in der Soße garziehen lassen. Dabei die in dünne Scheibchen geschnittene Gurke zugeben. Mit Salz, Pfeffer oder Paprika würzen. Die Butterflocken darauf anrichten und mit reichlich gehacktem Dill bestreuen.

SACHSEN

Altenburger Suppe

1 Kopf Weißkraut, 20 g frisches Rinderfett, 1½ l Fleischbrühe, 250 g Bratwurst, Salz, Pfeffer.

Den Weißkrautkopf vierteln, die Strünke entfernen, die Blätter waschen und mit kochendem Wasser übergießen. Abtropfen lassen, grob hacken und zugedeckt auf schwachem Feuer weichdämpfen. Vorsicht, er brennt leicht an! Dann Fleischbrühe aufgießen und alles etwa 60 Minuten kochen. Unterdessen die Bratwurst garbraten und in Scheiben schneiden. Darüber die mit Salz und Pfeffer gut abgeschmeckte Suppe anrichten.

Kaninchensuppe

750 g Kaninchenklein, ¼ Knolle Sellerie, 2 Zwiebeln, 1 Möhre, Salz, Lorbeerblatt, Pfefferkörner, 4 Eßl. Öl, 2 bis 3 Salzgurken, 3 bis 4 Kartoffeln, ⅛ l saure Sahne, Petersilie.

Das Kaninchenklein in Stücke schneiden, waschen und mit etwas Sellerieschale, Zwiebel, Salz, Lorbeerblatt und reichlich Pfefferkörnern zum Kochen ansetzen. Bei kleiner Flamme etwa 45 Minuten kochen lassen und dabei öfter abschäumen. In der Zwischenzeit den in feine Streifen geschnittenen Sellerie, die vorbereitete klein geschnittene Möhre mit Zwiebelscheiben in Öl andünsten. Die Salzgurken in Scheiben schneiden, halbieren und die Kartoffeln schälen und in Scheiben schneiden. Mit 5 zerdrückten Pfefferkörnern zugeben und alles zusammen noch einmal gut durchschwitzen lassen. Dann die Kaninchenbrühe durchseihen und zugeben. Das Fleisch von den Knochen lösen, in Würfel schneiden und in die Suppe geben. Saure Sahne zufügen

und mit reichlich gehackter Petersilie bestreuen.

Sächsische Warmbiersuppe

½ l Milch, 1 Eßl. Mehl, 2 Eigelb, ⅜ l dunkles Bier, 1 Prise Salz, 1 Eßl. Zukker, Zimt, etwas kandierter Ingwer, einige Zitronenscheiben.

Von der Milch 1 Tasse voll abnehmen, den Rest zum Kochen bringen. In der Tasse Milch das Mehl anrühren, damit die kochende Milch andicken. Vom Feuer nehmen und schnell die Eigelb unterrühren. Nun Bier, 1 Prise Salz, Zucker, Zimt, Ingwer und die Zitronenscheiben gut verrühren, aufkochen lassen. Durch ein Sieb in die Milchsuppe gießen, gut umrühren und sofort heiß servieren.

Bornaer Zwiebelsuppe

500 g Kartoffeln, 1½ l Brühe, Kümmel, Salz, 50 g Margarine, 30 g Speckwürfel, 400 g Zwiebeln, 10 g Mehl, 2 Äpfel, 2 Eßl. Meerrettich, ¼ l Sahne.

Die Kartoffeln schälen, in Würfel schneiden und in der Brühe kochen. Kümmel und Salz dazugeben. In der Margarine Speckwürfel und Zwiebelscheiben dünsten. Nach Belieben etwas Mehl darüberstreuen und zu den Kartoffeln geben. Die geriebenen Äpfel, den Meerrettich und das Salz in der Sahne verrühren und die Suppe zum Schluß damit abschmecken.

Selleriesuppe

250 g Sellerie, 1 Zwiebel, 2 Eßl. Butter oder Margarine, 2 Eßl. Mehl, 1½ l Fleischbrühe, 1 Eigelb, ⅛ l saure Sahne, Salz, Pfeffer, etwas Zitronensaft.

Den Sellerie waschen, bürsten, schälen und fein raspeln. Gemeinsam mit der klein geschnittenen Zwiebel in der Butter oder Margarine anschwitzen. Mit Mehl bestäuben und mit dem Schneebesen glattrühren. So lange rühren, bis sich die Mehlschwitze vom Topfboden abhebt. Dann die Fleischbrühe zugießen. Etwa 30 Minuten ziehen lassen und vom Feuer nehmen. Eigelb und Sahne mit ein wenig Suppe verquirlen und an das Gericht gießen. Mit Salz, Pfeffer und etwas Zitronensaft abschmecken.

Sächsische Fliederbeerensuppe

400 g Fliederbeeren (Holunderbeeren), 2 Birnen, 8 Pflaumen aus dem Glas, 4 Eßl. Zucker, 1 Prise Salz, etwas Zitronenschale, 1 Tasse Milch, etwas Stärkemehl, 3 Eiweiß.

Die Holunderbeeren waschen und von den Stielen abstreifen. Mit den entkernten Birnenstücken und den Pflaumen in 1 Liter Wasser mit Zucker, Salz und ein wenig Zitronenschale weichkochen. Durch ein Sieb streichen, wieder auf den Herd setzen. Die Milch mit dem Stärkemehl verrühren und die Suppe damit andicken. Langsam weiterkochen lassen, abschmecken. Nun die 3 Eiweiß steif schlagen und mit dem Eßlöffel auf die Suppe setzen. Zudecken und etwa 5 Minuten garen lassen. Dann heiß servieren.

Sächsische Pilzsuppe

500 g Pilze, 1 Zwiebel, 1 Eßl. Öl, 60 g Speck, 40 g Mehl, 1 l Fleischbrühe, 500 g Kartoffeln, 1/8 l Sahne, 1 Glas Portwein, Salz, Pfeffer, Petersilie.

Die Pilze waschen und kleinschneiden, die Zwiebel schälen und in Würfel schneiden. Mit Öl und Speckwürfeln andünsten. Mehl darüberstreuen, mit

1 Liter Fleischbrühe auffüllen und zum Kochen bringen. Bei schwacher Hitze kochen lassen, bis die Pilze gar sind. Inzwischen die Kartoffeln kochen, abpellen und in Würfel schneiden. An die Suppe geben und darin heiß werden lassen. Sahne und das Glas Portwein hineinrühren und mit Salz und Pfeffer abschmecken. Zum Schluß mit reichlich gehackter Petersilie bestreuen und anrichten.

Radeberger Weinsuppe

125 g Zucker, 1 Stück Zimtrinde, 125 g geriebene Semmel, 1 l helles Bier, 1/2 Flasche Apfelwein.

Den Zucker und die Zimtrinde einige Minuten in 3/8 Liter Wasser kochen lassen. Dann die Zimtrinde entfernen, die geriebene Semmel einrühren. Bier und Wein zugießen. Nur stark erhitzen, nicht mehr kochen lassen. Heiß servieren.

Pilztopf auf erzgebirgische Art

125 g Speck, 3 Zwiebeln, 1 Eßl. Margarine, 750 g gemischte Pilze, Pfeffer, Salz, 1 Eßl. Mehl, 1/4 l Brühe, Petersilie, 1 1/2 kg Kartoffeln.

Speck und Zwiebeln in kleine Würfel schneiden und in der zerlassenen heißen Margarine glasig braten. Die geputzten, kleingeschnittenen Pilze zugeben, pfeffern, wenig salzen und unter Wenden 10 Minuten dünsten. Das Mehl darüberstäuben, die Brühe angießen und kurz durchkochen. Reichlich feingehackte Petersilie daruntermischen und alles über die angerichteten Salzkartoffeln gießen.

Leipziger Gemüsesuppe

500 g Rindfleisch, Salz, 1 Zwiebel, 1 Wurzelwerk, 2 Möhren, 1/2 Sellerie-

knolle, 2 Stangen Porree, 250 g Wirsing (je nach Jahreszeit kann es auch anderes Gemüse sein), Pfeffer, Muskat, ¼ l Milch, 50 g Grieß, 1 Ei, Salz, Muskat.

Das Suppenfleisch waschen, in siedendes Salzwasser geben, aufkochen lassen. Das Fleisch herausnehmen und in kaltem Wasser erneut ansetzen. Das Fleisch bißfest garziehen lassen, herausnehmen, in Würfel schneiden und wieder in die Suppe geben. Nun das sauber geputzte und gewaschene Gemüse mit der Zwiebel und dem vorbereiteten Wurzelwerk dazutun und bei mäßiger Hitze garkochen. Mit Pfeffer und Muskat abschmecken. Inzwischen aus Milch, Grieß, Ei, Salz und Muskat einen Kloßteig bereiten. Kleine Klößchen abstechen und in der Suppe garziehen lassen.

Vogtländische Kartoffelsuppe

1 Zwiebel, 30 g Speck, 2 Eßl. Gänsefett, 6 bis 8 Kartoffeln, Salz, Paprika, 1 Eßl. Mehl, 1½ l Brühe, Tomatenmark.

Die Zwiebel schälen, in Viertel und den Speck in kleine Würfel schneiden. Beides in erhitztem Gänsefett braten. Die Kartoffeln kochen, reiben und zugeben. Unter ständigem Rühren kurz dünsten. Ein wenig Salz, Paprika sowie Mehl darüberstäuben. Nach und nach die Brühe auffüllen. Alles gut durchkochen lassen. Zum Schluß die Kartoffelsuppe mit Tomatenmark herzhaft abschmecken.

Saure Kalbskutteln

1 kg Kalbsflecke, Salz, 1 Zwiebel, 1 Möhre, 1 Petersilienwurzel, 1 Stückchen Sellerie, 1 Nelke, 2 Gewürzkörner, 2 Pfefferkörner, Pfeffer, ¼ Lorbeerblatt, 40 g Butter oder Margarine, 40 g Mehl, ½ Zitrone oder etwas Essig, gehackte Petersilie.

Die Kalbsflecke sorgfältig mit Salz abreiben, gut waschen und in kaltem Wasser aufs Feuer bringen. Wenn das Wasser kocht, abgießen und frisches kaltes Wasser darübergeben. Salz, Zwiebel, die Suppenkräuter und das andere Gewürz beifügen, die Flecke weichkochen. Dann herausnehmen, in große Würfel schneiden und eine Soße bereiten. Dafür aus Butter und Mehl eine Schwitze herstellen, mit etwas Brühe auffüllen. Mit Salz, Pfeffer und dem Saft der halben Zitrone oder dem Essig pikant abschmecken. In diese Soße die Flecke geben. Gut durchkochen lassen. Vor dem Anrichten reichlich gehackte Petersilie darüberstreuen. Heiß servieren.

Meißner Kohlsuppe mit weißen Bohnen

200 g Rinderbrust ohne Knochen, 120 g Möhren, 200 g Zwiebeln, gehackter Kümmel, Salz, Pfeffer, 1 Lorbeerblatt, 400 g Weißkraut, 80 g Speck, 400 g Kartoffeln, 160 g weiße Bohnen, ½ Bund Schnittlauch und reichlich ½ Bund Petersilie.

Die Rinderbrust mit den Möhren, etwas Zwiebel sowie Kümmel, Salz, Pfeffer und dem Lorbeerblatt in 2 Liter Wasser aufsetzen und sieden lassen. Die Brühe passieren und das Fleisch in Würfel schneiden. Das Weißkraut in feine Streifen schneiden, in dem Speck anschwitzen. Mit Brühe auffüllen. Nun die geschälten Kartoffeln in Würfel schneiden, dazugeben und fertiggaren.

Die weißen Bohnen gesondert kochen und als Einlage verwenden. Schnittlauch und Petersilie fein hacken und vor dem Anrichten über die Kohlsuppe streuen.

Kartoffelstückchen mit Wellwürstchen

1 kg Kartoffeln, ½ l Fleischbrühe, Salz, 1 Prise Zucker, etwas Essig, 300 g Äpfel, 120 g Rauchfleisch, 40 g Speck, 2 mittelgroße Zwiebeln, 40 g Butter oder Margarine, 4 Blutwürstchen, 4 Leberwürstchen.

Die Kartoffeln schälen, in Würfel schneiden und mit der Fleischbrühe sowie etwas Salz, 1 Prise Zucker und ein wenig Essig aufkochen. Die Äpfel schälen und in Würfel schneiden. Das gekochte Rauchfleisch ebenfalls in Würfel schneiden und mit den Äpfeln zugeben. Alles weichkochen. Den Speck und die Zwiebel kleinschneiden, in der Margarine braten und vor dem Anrichten darübergeben. Die Kartoffelstückchen in tiefe Teller füllen, die angebratenen Würstchen daraufgeben.

Süßsaure Schnietle

600 g Suppenfleisch vom Rind ohne Knochen, Salz, 1 Lorbeerblatt, Gewürzkörner, 1 kg Kartoffeln, 100 g Knollensellerie, 100 g Möhren, 1 Zwiebel, Pfeffer, 1 Teel. Zucker, 1 bis 2 Eßl. Essig, Petersilie.

Das vorbereitete Rindfleisch in 1½ Liter Wasser mit etwas Salz, Lorbeerblatt und den Gewürzkörnern ansetzen und zum Kochen bringen. Bei kleiner Flamme etwa 90 Minuten garkochen. Das Fleisch herausnehmen, in Würfel schneiden und warm stellen. Die Brühe durch ein Sieb geben und wieder auf den Herd setzen. Die Kartoffeln schälen, waschen und in etwa 3 mm dicke Scheiben schneiden. Die

Scheiben mit den Sellerie- und Möhrenwürfeln sowie der feingeschnittenen Zwiebel in der Brühe garkochen. Mit Salz, Pfeffer, Zucker und Essig süßsauer abschmecken. Gehackte Petersilie zufügen und umrühren. Abschließend die Fleischwürfel hineingeben und alles noch einmal erhitzen.

Erzgebirgischer Linsentopf

240 g Linsen, 1½ l Fleischbrühe, 75 g Delikateßgurken, Essig, Salz, Pfeffer, 50 g Räucherspeck, 2 Zwiebeln, 200 g Kartoffeln, 2 Eßl. Mehl, 4 Bratwürste, Bratfett, Petersilie.

Die Linsen verlesen, gut waschen und eine Stunde in lauwarmem Wasser quellen lassen, danach das Wasser abgießen. Die Linsen in der Fleischbrühe zusammen mit den in Würfel geschnittenen Gurken, Essig, Salz und Pfeffer ansetzen und etwa 90 Minuten auf kleiner Flamme weichkochen. Den Räucherspeck in Würfel schneiden und in einem Tiegel auslassen, die Zwiebeln kleinschneiden, hinzufügen und dünsten. Alles in den Linsentopf geben. Inzwischen die Kartoffeln schälen und in kleine Stücke schneiden, halbgar kochen und unter das Linsengericht mengen. Aus dem Mehl eine braune Schwitze bereiten und in die Linsen rühren. Die mehrmals eingeschnittenen Bratwürste goldgelb braten und auf den fertigen Eintopf geben. Zum Schluß das Gericht mit gehackter Petersilie bestreuen.

THÜRINGEN

Schlachtfestsuppe

1½ l würzige Wurstbrühe, 4 Zwiebeln, Wurzelwerk, 1 Eßl. gestoßene Pfefferkörner, Salz, Majoran, 50 g Thüringer Hausmacher-Leberwurst, 125 g Thüringer Hausmacher-Blutwurst, 4 bis 6 Scheiben Schwarzbrot, 2 Eßl. Öl, Knoblauch, Petersilie.

Im abgeschöpften Fett der Wurstbrühe die geschälten und in Scheiben geschnittenen Zwiebeln sowie das geputzte, gewaschene und in Streifen geschnittene Wurzelwerk andünsten. Die Pfefferkörner, etwas Salz und ½ Teelöffel Majoran dazugeben. Mit der Wurstbrühe auffüllen. Die vom Darm befreite Leber- und Blutwurst darin verkochen. Das Schwarzbrot in Würfel schneiden und in Öl rösten, mit Knoblauch würzen. Petersilie hacken und gemeinsam mit dem Schwarzbrot an die Schlachtfestsuppe geben.

Biddersilchbrühe

500 g Rindfleisch, Salz, 1 Möhre, 100 g Knollensellerie, 1 Petersilienwurzel, 1 kleine Stange Porree, Pfeffer, Muskat, 2 Semmeln, 50 g Butter, 2 Eier, 1 Eßl. Mehl, Petersilie.

Das Rindfleisch in 1½ Liter kaltem Salzwasser ansetzen und aufkochen lassen. Abschäumen, das geputzte und gewaschene Wurzelwerk zusetzen und bei schwacher Hitze das Fleisch etwa 90 Minuten weichkochen lassen. Das gare Fleisch herausnehmen, von den Knochen lösen und in Würfel schneiden. Die Fleischbrühe durch ein Sieb gießen, mit Salz, Pfeffer und einer Messerspitze Muskat abschmecken und anschließend die Fleischwürfel wieder hineingeben. Die Semmeln in Würfel schneiden, in Butter rösten und auf die vorgewärmten Teller verteilen. Nebenher die Eier mit dem Mehl zu einer Masse verquirlen, die man langsam unter Rühren in die mäßig kochende Brühe einlaufen läßt. Mit Petersilie bestreut heiß anrichten.

Thüringer Biersuppe

300 g Roggenbrot, Kümmel, Salz, 1 l Bier, 2 Eier, Zucker, ⅛ l saure Sahne, 50 g Butter, 0,3 l Wein.

Das Roggenbrot reiben und in einen Topf geben. Kümmel und Salz hinzufügen und das Bier darübergießen. Solange kochen, bis das Brot zerkocht ist. Inzwischen in einem anderen Topf die Eier, 35 Gramm Zucker, die Sahne und die Butter verrühren. Dann die kochende Biersuppe darüberquirlen. Alles noch einmal kurz aufkochen lassen. Nach Belieben noch etwas Wein zur Verfeinerung hinzufügen.

Thüringer Blumenkohlsuppe

500 g Blumenkohl, 50 g Möhren, 1 Sellerieblatt, 1 Zwiebel, 20 g Margarine, 100 g Hackfleisch, 1 Eigelb, 20 g Semmelbrösel, Salz, Pfeffer, 10 g Mehl, Worcestersauce, Petersilie.

Den Blumenkohl wässern, säubern und zerkleinern, mit Möhren und Sellerieblatt in der Fleischbrühe garen. Die Zwiebel fein schneiden und in der heißen Margarine anbräunen. Aus Gehacktem, Eigelb, Semmelbröseln, Salz und Pfeffer einen Teig bereiten. Kirschgroße Bratklöpschen formen und in der Margarine anbraten. Das Mehl anschwitzen, alles der Suppe zugeben und kurz aufkochen lassen. Worcestersauce und reichlich gehackte Petersilie zugeben.

Brotsuppe aus Thüringen

200 g Roggenbrot, 1 l Fleischbrühe, 1 große Zwiebel, 40 g Butter, 1 Eßl. Mehl, ⅛ l Sahne, Salz, Pfeffer.

Roggenbrotscheiben in Würfel schneiden, bei mäßiger Hitze anrösten und in die kochende Fleischbrühe geben. Die Zwiebel in Würfel schneiden, in 20 g Butter anschwitzen und zur Brühe fügen. Unter gelegentlichem Umrühren 15 Minuten langsam kochen lassen. Von der restlichen Butter und dem Mehl eine Schwitze bereiten, die Brotsuppe damit binden. Zum Schluß die Suppe mit Sahne verfeinern und mit Salz und Pfeffer abschmecken. Heiß servieren.

Tomatensuppe

600 g Tomaten, 3 Eßl. Öl, ¾ l Wasser, Salz, 1 Knoblauchzehe, Paprika, ⅛ l Kondensmilch, 1 Rest gare Teigwaren, 4 Eßl. gare junge Erbsen, geriebener Käse.

Die Tomaten häuten, zerschneiden und in dem Öl etwa 10 Minuten dünsten. Mit kochendem Wasser auffüllen und mit Salz, der zerdrückten Knoblauchzehe und Paprika abschmecken. Mit Kondensmilch verfeinern. Nun die Teigwaren und die Erbsen auf den Tellern verteilen und die Suppe aufgießen. Mit geriebenem Käse bestreuen.

Thüringer Riebelebrüh'

1 l Rinderbrühe, 100 g Mehl, 2 Eier, etwas Butter, Salz, Muskat, 2 Eßl. gehackte Petersilie.

Nach dem Bereiten der Rinderbrühe Mehl, Eier, Butter, Salz und Muskat in eine Schüssel geben und mit beiden Händen so lange kneten und reiben, bis sich Krümel und streifige »Riebele« ergeben. Nun die Rinderbrühe zum Kochen bringen und die Riebele hineingeben. Langsam etwa 10 Minuten durchkochen lassen. Heiß mit viel gehackter Petersilie auftragen.

Hasensuppe

1 Hasenklein, 100 g Fett, 1 Zwiebel, 1 Lorbeerblatt, Nelken, Pfefferkörner, 1 Möhre, 1 Stück Sellerie, Salz, 2 Suppenwürfel, 2 Eßl. Mehl, 1 Glas Rotwein, Weißbrotwürfel.

Das Hasenklein gut säubern, waschen, kleinhacken und schneiden. In dem Fett die Zwiebel anschmoren, Lorbeerblatt, Nelken, Pfefferkörner, Möhre, Sellerie und etwas Salz dazugeben. Kurz darauf das Hasenklein darangeben und andünsten lassen; öfter wenden. Die Suppenwürfel in 1½ Liter heißem Wasser auflösen und an das Hasenklein gießen. Alles sehr weich kochen, durchseihen und mit einer Einbrenne von 2 Eßlöffeln Mehl mischen. Nochmals kurz aufkochen lassen. Mit Rotwein verfeinern, ziehen lassen und mit goldgelb gerösteten Weißbrotwürfeln servieren.

Hirnsuppe

400 g Kalbshirn, Salz, Essig, 2 Zwiebeln, 50 g Butter, 50 g Mehl, ½ Tasse Weißwein, Pfeffer, Petersilie.

Das Kalbshirn gut säubern, wässern und enthäuten. 1 Liter Wasser mit 1 Eßl. Salz und 1 Schuß Essig zum Kochen bringen, das Hirn darin 15 Minuten durchkochen. Anschließend auf einem Sieb abtropfen lassen. Die in feine Würfel geschnittenen Zwiebeln in Butter goldgelb anschwitzen, mit Mehl bestäuben und umrühren. Mit heißer Brühe auffüllen, glattrühren und einmal kurz aufkochen lassen. Das Hirn in Würfel schneiden, in die Suppe geben und mit Wein, Salz und Pfeffer abschmecken. Mit gehackter Petersilie bestreut heiß servieren.

Sauerkrautsuppe

300 g Sauerkraut, 1 Zwiebel, 2 Eßl. Schweineschmalz, Salz, Pfeffer, 2 Wacholderbeeren, 1 Lorbeerblatt, Gewürzkörner, ½ Teel. Kümmel, 1 l Fleischbrühe, 1 Kartoffel, 3 oder 4 Eßl. saure Sahne.

Das Sauerkraut fein schneiden und mit der geschälten und geschnittenen Zwiebel in Schmalz andünsten. Die Gewürze dazugeben und mit Fleischbrühe auffüllen. Das Sauerkraut bei mäßiger Hitze kochen lassen. Kurz bevor es gar ist, die geschälte Kartoffel an die Suppe reiben, alles kräftig durchkochen. Anschließend saure Sahne zugeben und auftragen.

Thüringer Schnippelsuppe

500 g Kartoffeln, 160 g Kohlrabi, 160 g Möhren, 400 g Gemüseerbsen, 80 g frischer Sellerie, 1½ l Fleischbrühe, 80 g magerer Speck, Salz, Pfeffer, 4 Würstchen, 1 Bund Petersilie.

Die Kartoffeln schälen und in kleine Würfel schneiden, das Gemüse säubern und zerteilen. Beides in der Fleischbrühe garen. Unterdessen den Speck leicht auslassen, Zwiebelwürfel darin rösten. Den Speck und die Zwiebelwürfel der Suppe hinzufügen und mit Salz und Pfeffer abschmecken. Mit den erhitzten und in die Suppe gelegten Würstchen auftragen. Reichlich Petersilie darüberstreuen.

Süßsaure Linsen

300 g Linsen, Salz, Wurzelwerk, 125 g Kartoffeln, 125 g Speck, 2 Zwiebeln, Zucker, Essig, Pfeffer.

Die Linsen verlesen, waschen und über Nacht in 1 Liter Wasser einweichen. Das Wurzelwerk putzen und kleinschneiden. Die Linsen im Einweichwasser aufsetzen und mit Salz und Wurzelwerk weichkochen. Nach etwa der halben Kochzeit Kartoffelwürfel zugeben. Dann den kleinwürfelig geschnittenen Speck und die geschälten und grob gehackten Zwiebeln anrösten und zu den Linsen fügen. Die Soße mit Zucker, Essig und Pfeffer kräftig süßsauer abschmecken.

Saure Linsen mit Thüringer Rotwurst

300 g Linsen, Salz, Wurzelwerk, 75 g Speck, 1 Zwiebel, Pfeffer, Zucker, Essig, 4 bis 6 Kartoffeln, 400 g Thüringer Rotwurst, Bratfett, Petersilie.

Die verlesenen und gewaschenen Linsen über Nacht in 1 Liter Wasser einweichen. Mit etwas Salz und dem geputzten und kleingeschnittenen Wurzelwerk bei mäßiger Hitze weichkochen lassen. Speckwürfel und die Zwiebelwürfel anbraten, unter die Linsen mischen und mit Salz, Pfeffer, einer Prise Zucker und dem Essig abschmecken. Nebenher die Kartoffeln in Salzwasser kochen sowie die Thüringer Rotwurst in 4 Teile schneiden und in einer Pfanne durchbraten. Das Linsengemüse mit Petersilie bestreut auftragen. Dazu Rotwurst und Salzkartoffeln reichen.

BRATEN UND FLEISCH- GERICHTE

Wer dem Braten die Krone aller Mahlzeiten aufsetzen möchte, der muß sie zuvor wohl erst dem Schweine abgenommen haben; nicht nur hierzulande und schon gar nicht erst seit heute führt der Weg zum Braten – sowie zu weiteren kulinarischen Leckerbissen – nur zu häufig über das Schwein. Folgerichtig wurde das neben dem Hund offenbar älteste Haustier des Menschen schon seit alters dankbar gepriesen: Bereits Plinius der Ältere wollte dem Schwein 50 verschiedene Geschmacksnuancen abgewonnen haben. Ludwig Uhland allerdings genügte schon die stärkende Eigenschaft des Schweinefleisches: »Ihr Freunde, keiner tadle mich, / daß ich vom Schweine singe: / Es knüpfen Kraftgedanken sich / oft an geringe Dinge.«

Mit diesem Vers könnte Uhland durchaus des Berliners berühmtes Eisbein gemeint haben – wenn dieses nicht erst ein gutes Dutzend Jahre nach dem Tode des Dichters »erfunden« worden wäre; vor reichlich 100 Jahren soll in Berlin zum ersten Mal ein Eisbein serviert worden sein. Der Name des Gerichtes freilich ist bedeutend älter; er stammt noch aus jener Zeit, in der man aus den Dickbeinen des Schweines die Kufen für Schlittschuhe schnitzte und den kräftigsten Schweineknochen, das Schienbein, somit zum »Eisbein« umfunktionierte.

Etwa um die gleiche Zeit, da der Name »Eisbein« erstmals in der Gastronomie Einzug hielt, räucherte ein Berliner Schlachtermeister ein großes Stück Schweinerücken und legte es danach – aus welchen Gründen auch immer – in eine Salzlösung. Weil diese neue Art der Schweinefleischzubereitung seinen Kunden und schon bald darauf nicht nur diesen äußerst mundete, wurde sie schnell berühmt und eine begehrte Spezialität. Ihr Name – Kaßler – erinnert noch heute an den findigen Berliner Schlachtermeister,

der Cassel hieß und in der Potsdamer Straße 15 wohnte.

Ein Zusammenhang zwischen dem Salz und dem Schwein läßt sich auch bei der Entdeckung der Hallenser Salzquelle feststellen – nur im umgekehrten Verhältnis. Das jedenfalls berichtet August Kopisch in einer Volkssage. Da soll sich vor Zeiten ein Schwein in dem salzigen Quell versteckt haben. Als es schließlich herauskam, war es über und über mit Salz kandiert; dies führte die Hallenser auf die Spur des Salzstocks: »Aus Dankbarkeit legt man das Schwein / noch jetzt in Salz und pökelt's ein.«

Leider hat das Schwein, das schon im alten China zu den 8 Wundern der Tafel zählte, nicht immer Anlaß zu Lobpreisungen gegeben. Dies beweist über den Umweg des Schweinespeckbratens der Dahmer Brand von 1666: In jenem Jahr hatte eine schlichte Frau die Pfanne auf dem Herd ihrer Küche unbeaufsichtigt gelassen, und der brennende Speck flog aus dem Schornstein und auf die strohgedeckten Dächer der umliegenden Häuser. In nur einer Stunde sank die ganze Stadt in Schutt und Asche. Späteren Dahmer Generationen war der denkwürdige Brandtag Anlaß genug, durch ausführliche und mit Kochanweisungen gespickte Feuerordnungen eine Wiederholung zu verhindern: »Es ist bei Zubereitung des Specks zu Salat alle Vorsicht anzuwenden, der Speck, ehe der Essig hinzugegossen, vom Feuer abzurücken und mit Mehl zu bestreuen.«

Bekanntlich öffnen sich freilich nicht nur dem Schwein, dem wahrhaft »enzyklopädischen Tier«, wie sich ein Küchen-Kenner des 18. Jahrhunderts ausdrückte, die Herzen der Köche und die Mägen der Feinschmecker; auch Rinder und Kälber – ganz abgesehen von Wild und Geflügel – eignen sich vortrefflich für die portionsweise Umwandlung in gastronomische Delikates-

sen. Eine von ihnen beschert uns wieder die Berliner Küche, die ansonsten doch von bescheidener Hausmannskost »gezeichnet« ist – das Schnitzel Holstein. Zugeschrieben wird es dem Baron Friedrich von Holstein in Tateinheit mit Zeitnot und einem überaus üppigen Appetit. Holstein war ein Vertrauter des Fürsten von Bismarck und oft wohl sehr in Eile. Desungeachtet bevorzugte er Mahlzeiten mit mehreren Gängen. Einmal, als er wieder – wie so oft – bei Borchert in der Französischen Straße speiste und es besonders eilig hatte, machte er aus der Zeit-Not eine Eß-Tugend und verlangte Vorspeise und Hauptgang gleichzeitig. Also servierte man ihm das Kalbsschnitzel, das von einem Setzei mit Kapern bedeckt war, gemeinsam mit der Vorspeise, die u. a. aus Weißbrot-Croutons mit Sardellen, Kaviar und Zitronenscheibe bestand. Dazu kamen, weil es schneller ging, Bratkartoffeln, die überdies, um den Ruf des Herrn von Holstein zu schonen, schamhaft unter dem Schnitzel versteckt wurden. Das werden sie auch heute noch, denn nur so und nicht anders ist das »Schnitzel Holstein« auch wirklich echt.

In Thüringen allerdings dürfte eine solche lediglich optische Originalitätsprüfung kaum taugen, um die Unver-fälschtheit der nach den Klößen bedeutendsten Thüringer Bereicherung unseres Speisezettels zu ermitteln – der »Rostbratwürscht«. Denn das Geheimnis der bereits 1613 in Weimar erstmals urkundlich nachgewiesenen Thüringer Rostbratwurst liegt nicht nur unter dem Schweinsdarm, sondern auch in der unbedingten Dreifaltigkeit von Rind-, Kalb- und Schweinefleisch verborgen. Darüber hinaus, aber dies schon ist allgemein bekannt, sollte sie nie anders als auf einem Holzkohlerost und zusätzlich über Tannenreisig oder Kiefernzapfen oder Wacholderzweigen gebraten werden. Ihren Namen freilich verdankt die Thüringer Bratwurst nicht den verlockenden Brat-Düften, sondern dem Worte »Brat«, das auf »gut Thüringisch« gehacktes Fleisch heißt! Daß die echte Thüringer schon im vergangenen Jahrhundert auch von Berlinern – trotz der dort erfundenen Bockwurst – gut gekannt und heiß geliebt wurde, gestand der Schriftsteller Arno Holz: »Auch gäb ich das ganze Ägäische Meer / mit Vergnügen für eine Bratwurst her.«

Übrigens kann selbst die Mecklenburger Küche (entgegen anderer Kunde) eine Fleisch- und Bratvergangenheit nachweisen – dies hat auch die Nähe des Meeres nicht verhindern können. Vor allem bei Festlichkeiten bogen sich dort die Tische unter der Last häufig süßlich abgestimmter Fleischgerichte; viel mußte es vor allem sein, und es galt als größtes Lob, wenn ein Gast zum Abschied sagte: »Es hat mich schön gefallen, is noch Fleisch nachgeblieben.« Nicht nachsichtig aber war man an der Küste mit Köchen, die den Mecklenburger Geschmack verfehlten oder verfälschten. Einer von ihnen, Peter Klahr, wird noch heute in der Doberaner Klosterkirche gebrandmarkt: »Hier rauht Peter Klahr / He kaakte selten gahr / dar tau ganz unflädig / Gott sy siener Seelen gnädig.«

Kuheuter-Schnitzel

800 g Kuheuter, 1 Zwiebel, 6 Pfefferkörner, 4 Pimentkörner, 4 Nelken, 1 Lorbeerblatt, 2 Eßl. Mehl, 1 Ei, Semmelbrösel, Bratfett, Salz.

Das sorgfältig gewaschene Kuheuter mit kaltem Wasser ansetzen, zum Kochen bringen und das Wasser abgießen. Mit 2 Liter frischem kochendem Wasser, der geschälten und in Würfel geschnittenen Zwiebel neu ansetzen, die Pfeffer- und Pimentkörner, die Nelken und das Lorbeerblatt dazutun und bei schwacher Hitze das Kuheuter etwa 4 Stunden garen. Dann abkühlen lassen. Das gare Fleisch in etwa 0,5 cm dicke Scheiben schneiden, im Mehl, verquirlten Ei und Semmelbröseln panieren. Auf beiden Seiten in heißem Fett braten und dann salzen.

Mecklenburger Bauernkotelett

800 g Kartoffeln, 150 g Margarine, ⅓ l Milch, Salz, Muskat, 600 g Sauerkraut, 50 g Zucker, 1 Lorbeerblatt, 5 Pimentkörner, 40 g Speck, 2 Zwiebeln, 60 g magerer Speck, 4 Koteletts, 4 Wiener Würstchen.

Die Kartoffeln schälen, kochen und durch eine Kartoffelpresse drücken. Margarine, erwärmte Milch, Salz und 1 Prise Muskat zugeben und gut verrühren. Unterdessen das Sauerkraut in wenig Wasser, Salz, Zucker, Lorbeerblatt und Pimentkörnern kochen. Den Speck und die Zwiebeln in kleine Würfel schneiden, leicht andünsten und an das Sauerkraut geben. Die Koteletts klopfen und auf beiden Seiten braten. Den mageren Speck an den Seiten und die Wiener Würstchen an den Enden

einschneiden, kurz im Fettbad backen. Alles zusammen auf dem Sauerkraut anrichten. Dazu den Kartoffelbrei.

Gebackenes Schinkenstück

1 kg roher Schinken, einige Gewürznelken, Salz, 200 g Schwarzbrot, 2 Eßl. Zucker, 2 Teel. gemahlene Nelken.

Das Schinkenstück von der Schwarte befreien, die obere Fettschicht mit einem Messer kreuzweise einschneiden. In jedes entstandene Quadrat ein bis zwei Nelken stecken. Das Schinkenstück in eine Pfanne legen, leicht mit Salz überstreuen, heißes Wasser angießen und 2 bis 2½ Stunden unter öfterem Begießen mit Wasser backen. Dann aus dem Backofen nehmen, das geriebene Schwarzbrot mit Zucker und den gemahlenen Nelken auf die Fettschicht streuen und das Schinkenstück weiterbacken, bis sich nach etwa 3 Stunden Gesamtbackzeit eine schöne feste Kruste gebildet hat. Herausnehmen und vorsichtig in Scheiben schneiden. Dazu Rotkraut und Salzkartoffeln reichen.

Warener Eiernester

500 g Hackfleisch, 2 Zwiebeln, 1 Eßl. Salz, 1 Eßl. Tomatenmark, Pfeffer, Knoblauch, Paprika, 4 Eier.

Das Fleisch mit den kleingeschnittenen Zwiebeln, dem Salz, Tomatenmark, Pfeffer, Knoblauch und Paprika gut vermengen. 4 ovale Klößchen formen und in eine leicht gefettete Pfanne setzen. In jedes Klößchen eine Vertiefung eindrücken, jeweils ein rohes Ei hineingeben, mit Paprika bestäuben. In der Röhre überbacken, bis die Eier gestockt sind. Das Hackfleisch muß dabei halbroh bleiben. Mit Toast und Gurke anrichten.

Saurer Braten

1 kg Schweinskeule, ½ Flasche Bier, ⅛ l Essig, Salz, Pfeffer, 50 g Schwarzbrotbrösel, 2 Eßl. Zucker, 2 Eßl. zerlassene Butter.

Vom Fleisch fast alles Fett und die Schwarte im ganzen wegnehmen. Das Fleisch 1 Stunde in Bier, Essig und etwas Wasser mit den Gewürzen kochen. Anschließend auf die Schwarte in der Bratpfanne legen. Sobald das Fleisch weich ist, dick Schwarzbrotbrösel und etwas Zucker darüberstreuen und mit Butter beträufeln. Der Braten muß eine braune Kruste bekommen. Ab und zu das Fett von der Soße darübergießen.

Mecklenburger Rippenbraten

1,5 kg Rippenstück, Salz, 4 saure Äpfel, 1 bis 2 Eßl. Zucker, 200 g Backpflaumen oder Rosinen, 2 Teel. Zitronenschale, 2 Teel. Zitronensaft, 100 g Semmelbrösel, Butter zum Braten, Speisewürze, 1 Teel. Stärkemehl.

Das Rippenstück gut wässern, abtropfen lassen und mit Salz einreiben.

Die Rippen in der Mitte einhacken, ohne das Fleisch dabei zu verletzen. Die Äpfel schälen, in Viertel schneiden und die Kerngehäuse entfernen. Mit dem Zucker, den eingeweichten und entsteinten Backpflaumen oder Rosinen, dem Saft und der Schale der Zitrone sowie den Semmelbröseln gut vermischen. Das Rippenstück damit füllen, biegen und von allen Seiten zusammennähen. In den Backofen geben und in der heißen Butter von allen Seiten 1½ bis 2 Stunden goldgelb braten. Von Zeit zu Zeit kochendes Wasser zugießen. Die mit Speisewürze aufgekochte Soße zum Schluß leicht mit angerührtem Stärkemehl binden. Dazu Salzkartoffeln und frischen Salat servieren.

Mecklenburger gefüllte Schweinebrust

1 kg Schweinebrust, Knoblauch, Salz, Pfeffer. Für die Semmelfülle: 2 altbakkene Brötchen, Salz, etwas Milch, 2 Eier, 1 gedämpfte Zwiebel, Petersilie, Zitronenschale, Muskat. Für die Fleischfülle: 200 g Hackfleisch, 1 Brötchen, 1 Ei, Zwiebel, Petersilie, 1 Knoblauchzehe, Salz, Pfeffer, Majoran. Zum Braten: 40 g Margarine, 1 Zwiebel, Wurzelwerk, ¼ l Brühe, 1 Teel. Stärkemehl.

Die Schweinebrust vom Fleischer so vorbereiten lassen, daß unterhalb der Schwarte eine Fülltasche entsteht. Das Fleisch innen und außen mit Knoblauch, Salz und Pfeffer einreiben. Die Semmel- und Fleischfüllung in die Schweinebrust füllen, zunähen. In die Bratpfanne geben, mit heißer Margarine übergießen, fein geschnittene Zwiebel und vorbereitetes Wurzelwerk dazugeben. Bei guter Hitze in der Röhre braun braten. Dabei mehrmals heiße Brühe angießen. Bratzeit etwa 2 Stunden. Für die Soße den Bratensatz lösen, aufkochen und durchseihen. Zum Schluß mit angerührtem Stärkemehl binden.

Schweinsrücken

1 kg Schweinsrücken, 1 Eßl. Essig, Salz, Pfeffer, ⅛ l Kirschsaft, 1 Eßl. Senf.

Das vorbereitete Fleisch mit Essig, Salz, Pfeffer und dem nötigen Wasserzusatz halbgar braten. Dann in die Tunke den Kirschsaft und den Senf einrühren, gut mit Salz abschmecken, mit dem Fett von der Soße begießen und fertigbraten.

Schweinebauch auf mecklenburgisch

400 g Schweinebauch, 4 bis 5 Zwiebeln, 1 kg Kohlrüben, 500 g Kartoffeln, Salz, Kümmel, Majoran, saure Gurken.

Das Fleisch in Scheiben schneiden und in einem Topf ohne Fettzugabe anbräunen. Öfter wenden! Die Zwiebeln schälen, in Würfel schneiden und im Fleischtopf mit andünsten. Nun die Kohlrüben und die Kartoffeln schälen, waschen und in Würfel schneiden, abwechselnd in den Topf schichten. Jeweils etwas Salz, Kümmel und Majoran dazwischenstreuen. Reichlich ¼ Liter heißes Wasser aufgießen und das Gericht zugedeckt bei kleiner Flamme oder in der Backröhre garen. Vor dem Servieren noch eine oder auch zwei in kleine Würfel geschnittene saure Gurken hinzufügen.

Rostbraten mit Kräuterkruste

750 g Roastbeef, Salz, Pfeffer, 1 Knoblauchzehe, Petersilie, Thymian, Basilikum, Estragon, 1 Ei, 40 g Butter oder Margarine, 2 Eßl. Semmelbrösel.

Das Fleisch von Haut und Sehnen befreien. Waschen, abtupfen und die Fettseite mit einem Messer kreuzweise einschneiden (nur leicht ritzen). Salzen und pfeffern. Mit der Fettseite nach oben auf den Rost legen und in den gut vorgeheizten Backofen schieben. Die Fettpfanne zum Auffangen des abtropfenden Bratensaftes mit ein wenig heißem Wasser füllen und unter den Rost schieben. 30 Minuten braten und ab und zu etwas Wasser nachgießen. 1 Knoblauchzehe mit ½ Teelöffel Salz zerdrücken, mit gehackter Petersilie, Thymian, Basilikum und Estragon sowie einem Ei, etwas zerlassener Butter und 2 Eßlöffel Semmelbröseln mischen. Nach Geschmack würzen. Das Fleisch wenden und die Oberseite mit der Kräutermischung bestreichen. Weitere 10 bis 15 Minuten braten lassen.

Hammelkeule auf Wildbretart

750 g Hammelkeule, Salz, Pfeffer, gestoßene Wacholderbeeren, Möhren, Wurzelwerk, Zwiebeln, Pfefferkörner, 2 Nelken, 2 Lorbeerblätter, ¾ l Rotwein, ⅛ l Essig, Speck, 60 g Butter, etwas Fleischbrühe, saure Sahne, Zitronensaft.

Die Keule gut klopfen, mit Salz, Pfeffer und gestoßenen Wacholderbeeren einreiben. In ein großes Tongefäß legen. Die Möhren, das Wurzelwerk und die Zwiebeln vorbereiten, kleinschneiden und mit den Pfefferkörnern, den Nelken und den Lorbeerblättern darauflegen. Jetzt den Rotwein mit ⅛ Liter Essig aufkochen und heiß über das Fleisch gießen. Alles unter öfterem Wenden 4 bis 5 Tage zugedeckt stehenlassen. Dann die Keule gut abtropfen lassen, spicken und auf Speckscheiben mit etwas Butter und Fleischbrühe garen. Wenn das Fleisch gar ist, den Bratensaft durchseihen und mit saurer Sahne, Salz, Pfeffer und Zitronensaft abschmecken.

Gefüllte Rippchen

1,5 kg Rippchen, Backpflaumen, getrocknete Apfelringe, Sultaninen, Salz, Pfeffer, 60 g Butter oder Margarine, Mehl.

Die Rippchen so portionieren, daß immer zwei annähernd gleich große Stückchen zusammenpassen. Auf die eine Hälfte der Rippchen 1 bis 2 Backpflaumen, 3 getrocknete Apfelringe und einige Sultaninen legen. Mit der anderen Hälfte zudecken, beide Rippchenstücken mit Garn fest umwickeln. Jetzt erst mit Salz und Pfeffer würzen. Die Rippchenpaare in heißer Margarine oder Butter anbraten, garschmoren, zwischendurch mit der Bratensoße übergießen. Aus Gemüsewasser, Mehl und dem Bratenfett eine Soße bereiten. Dazu schmecken Petersilienkartoffeln und Rosenkohl.

Rindfleisch mit Plumen

1 kg Rindfleisch zum Schmoren oder Kochen (Keule oder Rippe), 3 bis 4 Zwiebeln, 1 Wurzelwerk, Salz, 300 g Backpflaumen, 2 Eßl. Butter oder Margarine, 2 Eßl. Mehl, 1 kg Kartoffeln.

Das Fleisch zusammen mit 1 Zwiebel und dem feingeschnittenen Wurzelwerk in Salzwasser aufsetzen, zum Kochen bringen, abschäumen und langsam kochen lassen. Die eingeweichten und entsteinten Backpflaumen mit wenig Brühe ganz weich dämpfen. Aus

der Butter oder Margarine und dem Mehl eine helle Schwitze anrühren, mit etwas Brühe löschen und die restlichen in Scheiben geschnittenen Zwiebeln darin weichdünsten. Die geschälten, in Viertel geschnittenen Kartoffeln in den letzten 15 Minuten in die Brühe geben und garkochen. Das Fleisch in die Mitte einer großen Platte legen. Die Kartoffeln und die Pflaumen darum anrichten. Die Zwiebelsoße in eine Soßenterrine geben und dazu reichen.

Schweinekopf mit Grünkohl

½ Schweinekopf, Salz, Pfefferkörner, 1 Lorbeerblatt, 3 Zwiebeln, 1 kg Grünkohl, 60 g Schmalz, Pfeffer, Muskat.

Den gewaschenen Schweinekopf mit Pfefferkörnern, Lorbeerblatt und 2 Zwiebeln im Salzwasser bei schwacher Hitze etwa 2 bis 3 Stunden weichkochen. Den Grünkohl putzen und fein schneiden. Eine Zwiebel schälen, in Würfel schneiden und im Schmalz anrösten. Den Grünkohl dazugeben, die Schweinekopfbrühe angießen und den Kohl mit Salz, Pfeffer und etwas Muskat würzen. Bei schwacher Hitze weichkochen. Dann den Schweinekopf herausnehmen, das Fleisch von den Knochen lösen und in dünne Scheiben oder auch Stücke schneiden. Auf den Grünkohl legen. Mit Salzkartoffeln auf den Tisch bringen.

Schnitzel Holstein

4 Kalbsschnitzel, Pfeffer, Salz, 2 Eßl. Butter, 4 Eier, Kapern, Petersilie, 4 Portionen Bratkartoffeln, 4 Weißbrotschnitten, Sardinen, Sardellen, Kaviar, Zitrone, Gewürzgurken, rote Bete.

Das Schnitzelfleisch klopfen, leicht einschneiden, pfeffern, salzen und von beiden Seiten in Butter braten. Inzwischen Spiegeleier bereiten und auf die fertigen Schnitzel legen, mit Kapern und Petersilie garnieren. Die Bratkartoffeln auf einem großen Teller anrichten, das Schnitzel mit dem Setzei darauf geben. Nun die Weißbrotschnitten mit Sardinen, Sardellen und Kaviar belegen, mit Zitrone und Petersilie garnieren. Alles links am Tellerrand anrichten. Die Gewürzgurke und rote Bete an den oberen Tellerrand legen.

Gegrillte Rumpsteaks

4 Rumpsteaks (3 cm dick), Öl, Pfeffer, Salz, 50 g Butter.

Die Fleischscheiben mit Öl oder Butter bepinseln und auf den gut vorgeheizten Grillrost legen. Bei voller Hitze auf jeder Seite 6 bis 8 Minuten braten lassen. Kurz vor dem Anrichten die Rumpsteaks mit Pfeffer und Salz würzen, mit etwas Butter belegen und am besten mit Pommes frites servieren.

Bouletten von Kochfleisch

Das vorhandene Rindfleisch wird mit dem daran befindlichen Fett recht fein zerhackt, mit etwas gestoßenem Pfeffer, Salz, Majoran, abgeriebenen Citronenschalen und in Wasser zerweichten und wieder ausgedrücktem Milchbrot nebst einigen Eiern zu einem Teig geknetet. Von diesem Teig formt man nach Belieben flachrunde Stücke, taucht sie in geschlagene Eier, damit sie recht saftig werden, und wälzt sie in geriebener Semmel. Dann werden sie in einer Pfanne mit zerlassener Butter unter öfterem Umlegen auf beiden Seiten hübsch hochbraun gebraten.

Kaßler Rippenspeer

1 kg Kaßler Rippenspeer, 1 Zwiebel, 1 Möhre, 2 Wacholderbeeren, $\frac{1}{8}$ l saure Sahne, 2 Teel. Stärkemehl.

Das Fleisch waschen und in der Bratpfanne mit $\frac{1}{2}$ Liter heißem Wasser begießen. Die zerkleinerte Zwiebel, Möhrenstückchen und die Wacholderbeeren dazugeben. Das Fleisch in der heißen Röhre bräunen und bei mittlerer Hitze garen. Dabei den Braten immer wieder wenden und regelmäßig mit dem Bratensaft begießen. Bei Bedarf ein wenig heißes Wasser hinzufügen. 15 Minuten vor der Fertigstellung den Braten mit saurer Sahne bestreichen und braun werden lassen. Die Soße leicht mit kalt angerührtem Stärkemehl binden und über die Kaßlerscheiben gießen. Dazu Salzkartoffeln und Sauerkraut reichen.

Märkischer Schmorbraten

1 kg Ochsenfleisch (Keule), 80 g fetter Speck, Salz, Pfeffer, 2 Eßl. Schmalz, Wurzelwerk, 1 Zwiebel, 1 Teel. Stärkemehl, 2 Eßl. saure Sahne, 1 Eßl. Senf.

Das gut abgewaschene und trockengeriebene Fleisch mit Speck spicken. Anschließend mit Salz und Pfeffer einreiben. Schmalz im Schmortopf erhitzen, das Fleisch hineingeben und von allen Seiten rasch bräunen. Vorbereitetes Wurzelwerk und die geschnittene Zwiebel kurz mitrösten. Etwas kochendes Wasser zugießen, den Topf schließen und das Fleisch auf kleiner Flamme weichschmoren. Regelmäßig heißes Wasser nachgießen. Das Fleisch 2 bis 3 Stunden schmoren lassen. Herausnehmen und nach einer kurzen Ruhezeit quer zur Faser in Scheiben schneiden. Die Soße mit Stärkemehl und saurer Sahne binden und mit Senf abschmecken. Alles noch einmal kurz durchkochen, durchseihen und nochmals abschmecken.

Gulasch mit sauren Gurken

100 g Speck, 300 g Rinderschmorfleisch, 300 g Schweineschnitzelfleisch, 300 g Kaßlerkamm, 4 große Zwiebeln, 4 große saure Gurken, Salz, Pfeffer.

Den Speck kleinschneiden und auslassen. Das Fleisch in grobe Würfel schneiden und in dem Speckfett von allen Seiten anbräunen. Die Zwiebeln feinschneiden, hinzugeben und alles nochmals durchrösten. Mit Wasser ablöschen und auf kleiner Flamme schmoren lassen. Öfter nachgießen. Die geschälten, entkernten und in Würfel geschnittenen Gurken erst dann hinzufügen, wenn das Fleisch gar ist. Alles kurz durchkochen lassen und mit Salz und Pfeffer kräftig abschmecken. Heiß servieren.

Berliner Eisbein

2,5 kg gepökeltes Eisbein, Salz, Pfeffer, Piment, 1 Lorbeerblatt, Gewürzkörner, 1 Zwiebel, Zucker.

Das gepökelte, portionierte Eisbein gut in klarem Wasser abwaschen und abtrocknen. Borstenreste mit dem Messer entfernen. Zusammen mit den Gewürzen, der geschälten Zwiebel und einer Prise Zucker in Salzwasser langsam weichkochen lassen; darauf achten, daß es nicht zerkocht. Wenn sich

das Fleisch leicht vom Knochen löst, ist es gar. Auf Tellern oder einer Platte anrichten. Typische Beilagen sind Erbspüree, Sauerkraut und Salzkartoffeln. Speisesenf nicht vergessen.

Rindfleisch mit Meerrettich

1 kg Rinderbrust, 1 Wurzelwerk, Salz, Pfeffer, 40 g Mehl, 50 g Margarine, 50 g Meerrettich, 1 Zitrone, 30 g Butter, Petersilie.

Die vorbereitete Rinderbrust in etwa 1 Liter siedendem Wasser ansetzen, kleingeschnittenes Wurzelwerk, Salz und Pfeffer zugeben und auf kleiner Flamme weichkochen. Aus Mehl und Margarine eine helle Schwitze bereiten, mit der durchgeseihten Brühe auffüllen, den Meerrettich hinzufügen und mit Zitronensaft und Salz abschmekken. Die Soße etwas ziehen lassen und zum Schluß mit etwas Butter verfeinern. Das Rindfleisch in Scheiben schneiden, auf einer vorgewärmten Platte anrichten, mit der Soße übergießen und mit gehackter Petersilie bestreuen. Dazu Salzkartoffeln oder Brühkartoffeln auftragen.

Sülze mit Bratkartoffeln

1 kg Schweinefleisch mit Knochen (Eisbein, Kopf), 300 g mageres Schweinefleisch, Salz, 1 Lorbeerblatt, Gewürzkörner, 2 Zwiebeln, 1 saure Gurke.

Das Fleisch gut waschen und mit etwa 2 Liter Wasser aufsetzen. Die Gewürze und die geschälten Zwiebeln dazugeben und auf kleiner Flamme so lange kochen, bis sich das Fleisch von den Knochen lösen läßt. Das Fleisch herausnehmen, in kleine Würfel schneiden, die Gurkenstückchen untermischen, alles in eine kalt ausgespülte Schüssel oder Form geben. Die Brühe durch ein Sieb gießen, kräftig mit Pfeffer und Salz abschmecken, über das Fleisch gießen und leicht umrühren. Kalt stellen und erstarren lassen. Mit Remouladensoße oder Zwiebeln, Essig und Öl servieren.

Sülzkotelett

500 g Fleischreste, ½ l Fleischbrühe, Salz, Pfeffer, 1 Prise Zucker, 3 Päckchen Gelatine, 2 hartgekochte Eier, 2 Gewürzgurken, 1 Möhre.

Die Fleischreste in Stücke schneiden, Fleischbrühe mit Salz, Pfeffer und 1 Prise Zucker aufkochen. Die Brühe durch ständiges Abschöpfen klären, damit die Aspikmasse später schön durchsichtig bleibt. Nun die Gelatine nach Vorschrift vorbereiten und mit der heißen Brühe vermischen. Etwas abkühlen lassen, mehrere kleine Förmchen oder eine große Form kalt ausspülen und eine etwa 0,5 cm hohe Schicht mit der Sülzflüssigkeit ausgießen und diese erstarren lassen. Aus dem Fleisch, den gekochten Eierscheiben, den Gurkenstreifen und Streifen der mitgekochten Möhre Muster legen. Mit abgekühlter Gelierbrühe begießen und erstarren lassen. Das restliche gekochte Fleisch darauf verteilen, mit der Sülzflüssigkeit übergießen und kalt stellen. Zum Anrichten die Form ganz kurz in heißes Wasser tauchen und dann die Sülze auf eine Platte stürzen. Mit Bratkartoffeln und Remouladensoße servieren. Dazu paßt ein Salat.

SPREEWALD

Kümmelbeefsteak

100 g Weißbrot, 250 g Hackfleisch halb und halb, 2 Eier, 1 Zwiebel, Salz, Pfeffer, Kümmel, 50 g Margarine.

Das eingeweichte und wieder ausgedrückte Weißbrot mit Fleisch, Eiern und Zwiebelwürfeln gut vermengen. Mit Salz, Pfeffer und viel Kümmel kräftig würzen. Kleine Klößchen formen, etwas flachdrücken und in der heißen Margarine auf der Seite, die beim Anrichten oben sein soll, anbraten. Dann vorsichtig wenden und unter mehrfachem Begießen mit dem Fond garbraten. Als warme Speise mit Kartoffeln oder kalt mit Butter und Brot servieren.

Spreewälder Kalbsbraten

1 kg Kalbskeule, Salz, Pfeffer, Majoran, Semmelbrösel, 100 g Butter, ⅛ l saure Sahne.

Das Kalbfleisch recht breit klopfen, salzen, pfeffern und mit feingeriebenem Majoran und den Semmelbröseln bestreuen. Das Fleischstück dann fest zusammenrollen und zubinden. In heißer Butter unter ständigem Begießen braten. Zum Schluß die saure Sahne vorsichtig mitbräunen. Die Soße mit etwas heißem Wasser verdünnen, den Bodensatz lösen und die Soße auflockern. Mit Salzkartoffeln anrichten.

Gefüllte Rinderroulade

4 Rouladen, Pfeffer, Salz, Senf, 2 Eßl. Öl, 80 g Speck, 2 Zwiebeln, 2 Salzgurken, 50 g Butter oder Margarine, 2 Eßl. Tomatenmark, 1 Eßl. Mehl.

Die Rouladen klopfen, pfeffern und salzen, mit Senf bestreichen, die in Öl angedünsteten Speck-, Zwiebel- und Gurkenwürfel darauf verteilen, zusammenrollen und mit Rouladennadeln oder Zwirnsfaden zusammenhalten.

Die Rouladen in heißer Margarine-Öl-Mischung anbraten, das Tomatenmark zugeben und von Zeit zu Zeit mit Wasser oder Brühe löschen, bis die Rouladen gar sind. Zum Schluß die fertige Soße mit Senf verfeinern und mit Mehl andicken. Dazu Klöße und Apfelrotkraut reichen.

Kaninchenbraten in Buttermilchsoße

1 Kaninchenkeule, 1 Kaninchenrücken, 1 l Buttermilch, Lorbeerblatt, Thymian, Salz, Pfeffer, 75 g Speck, 3 Zwiebeln, 2 Gewürzgurken, 2 Scheiben kräftiges Schwarzbrot.

Die gut gewaschene Kaninchenkeule und den gehäuteten Rücken in Portionsstücke von etwa 120 bis 150 g teilen und 2 Tage zugedeckt in Buttermilch, gewürzt mit Lorbeerblatt, Thymian, Salz und Pfeffer, einlegen. Dann das Fleisch aus der Marinade nehmen, gut abtropfen lassen, in ausgelassenem Speck anbraten, grobe Zwiebelwürfel dazugeben. Alles ein wenig durchschwitzen lassen. Mit einer halben Tasse Wasser ablöschen, nach und nach die durchgeseihte Buttermilchmarinade auffüllen und das Kaninchenfleisch in der Soße zugedeckt auf kleiner Flamme garen lassen. Dann Würfel von Gewürzgurken untermengen. Schwarzbrot in Stückchen schneiden oder reiben und damit die Soße binden. Alles gut durchziehen lassen. Mit Kartoffelklößen oder -püree servieren.

Spreewälder Braten

750 g Rindfleisch, Salz, Pfeffer, Semmelbrösel, 80 g Speck, 3 große Zwiebeln, einige Pfeffergürkchen, ½ kg Kartoffeln.

Das Rindfleisch gut klopfen, mit Pfeffer und Salz bestreuen und in große Würfel schneiden. In den Semmelbröseln wälzen und in die Form geben, deren Boden mit feingeschnittenem Speck belegt ist. Das Fleisch reichlich mit Zwiebeln und Gürkchen bedecken und obenauf geschälte, halbierte Kartoffeln schichten. Das Gefäß fest verschließen und ganz langsam dämpfen. Es ist zu empfehlen, oben auf das Gericht nochmals dünne Speckscheibchen zu legen, damit auch die Kartoffeln schön durchzogen werden. Die Form möglichst selten öffnen, lieber häufig schütteln. Wenn nötig, etwas Wasser oder Brühe zugießen. Keine lange Soße – sie muß kurz und herzhaft sein.

Würziger Kaninchenrücken

1 Kaninchenrücken, Salz, Glutal, Pfeffer, 1½ Eßl. Senf, Thymian, 100 g Speck, 3 Eßl. Butter oder Margarine, ¼ l Weißwein, ½ Zitrone, 1 Eßl. Mehl, ½ Flasche Joghurt.

Den Kaninchenrücken häuten und mit Salz, Glutal und Pfeffer einreiben. Dick mit Senf bestreichen, mit wenig Thymian bestreuen, in dünne Speckscheiben wickeln und in der heißen Butter oder Margarine anbraten. Nach und nach den Weißwein auffüllen, etwas Zitronenschale fein hacken und zugeben und etwa 35 bis 45 Minuten braten. Dabei öfter mit dem Bratensaft begießen. Dann den Speck abnehmen und das Fleisch warm stellen. Die Soße durchseihen, mit dem in Joghurt verquirlten Mehl binden und mit Zitronensaft abschmecken. Den Speck vom Braten kleinschneiden, hinzugeben. Den Kaninchenrücken nochmals in der Soße durchziehen lassen. Dazu Kartoffelklöße servieren.

Rollklops

4 Kalbsrouladen, Salz, Pfeffer, Kalbsniere, 1 Eßl. Butter oder Fett, 1 Ei, gewiegte Petersilie, Semmelbrösel nach Bedarf.

Die Rouladenscheiben recht breit klopfen und leicht salzen und pfeffern. Die rohe Niere mit dem Fett fein hakken, Ei, Petersilie und die nötige Menge Semmelbröseln dazumischen und diese Masse auf die Fleischscheiben streichen. Die bestrichenen Scheiben rollen, fest zubinden und langsam in Butter oder Fett und etwas Flüssigkeit dämpfen.

Kümmelfleisch mit Bier

75 g Speck, 4 Zwiebeln, 1 Teel. Kümmel, 600 g Schweineschulter, Salz, Paprika, ½ l saure Milch, 2 Scheiben Schwarzbrot, Zucker, Senf, ¼ l helles Bier.

Den Speck in Würfel schneiden und auslassen. Die Zwiebeln schälen, in grobe Würfel schneiden und darin anschwitzen. Einen Teelöffel gehackten Kümmel dazugeben. Die Schweineschulter in mundgerechte Stücke schneiden, mit Salz und Paprika würzen und im eigenen Saft gardünsten lassen. Die saure Milch auffüllen, mit gehacktem Schwarzbrot binden und mit Zucker und Senf abschmecken. Zuletzt das Bier dazugeben – dann aber nicht mehr kochen lassen. Zu Klößen und Salat auftragen.

Dillsoße nach Spreewälder Art

2 Stangen jungen Porree, 2 Eßl. Butter, 3 Eßl. Mehl, ½ l Buttermilch, Salz, Zucker, Pfeffer, 2 Bund frischer Dill.

Den vorbereiteten und in feine Streifen geschnittenen Porree nochmals waschen, gut abtropfen lassen. In zerlassener Butter andünsten, mit Mehl überstäuben und durchschwitzen lassen. Mit Buttermilch auffüllen und zu einer sämigen Soße verkochen. Würzen und den feingehackten Dill dazugeben, alles schön ziehen lassen. Zu gekochtem Rindfleisch oder Rauchfleisch, gekochtem Fisch und zu Fleischklößchen oder Fischbouletten reichen.

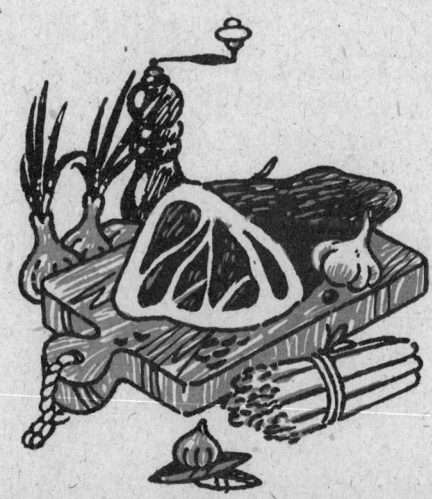

SACHSEN

Bratwurst mit Äpfeln

6 Äpfel, Zucker, Zimt, Korinthen, 2 Eßl. Butter oder Margarine, 400 g Bratwurst, 1 Zitrone, ⅛ l Weißwein, Speisewürze.

Die Äpfel schälen, in Stücke schneiden, mit Zucker und etwas Zimt bestreuen und einige Stunden stehenlassen. Vorbereitete Korinthen mit etwas lauwarmem Wasser zum Ausquellen auf eine warme Platte stellen. Die Butter oder Margarine in einer Pfanne zerlassen, die Bratwurst hineingeben, die Äpfel herumlegen, Korinthen und etwas Zitronenschale darübergeben. Zudecken und langsam braten. Sobald die Apfelstückchen unten weich sind, müssen sie gewendet werden. Gare Apfelstückchen herausnehmen, damit sie nicht zerfallen. Ist die Wurst gar, den Weißwein zugeben. Die Soße mit Speisewürze abschmecken und die Wurst darin anrichten. Mit den Äpfeln garnieren. Heiß servieren.

Moritzburger Bauernkotelett

800 g Kartoffeln, 1 Ei, 30 g Mehl, Salz, Kümmel, 2 Zwiebeln, 40 g Öl, 600 g Schweinskotelett, Pfeffer, 40 g Schmalz, 80 g Speck.

Die geschälten Kartoffeln reiben und mit Ei, Mehl, Salz, Kümmel und Zwiebelwürfeln zu einem Teig verarbeiten. In heißem Öl breitdrücken und 4 knusprige Kartoffelpuffer braten. An den Koteletts nur den Rippenknochen belassen, diesen am oberen Ende mit dem Messer abschaben. Das Fleisch mit Salz und Pfeffer würzen und in dem Schmalz saftig braten. Je ein Kotelett auf je einem Kartoffelpuffer an-

richten. Einen gebratenen Speckkamm daraufgeben.

Pfaffenschnitzel

1 kg Rindslende, Salz, Pfeffer, Zitronensaft, 1 Zwiebel, 3 Sardellen, ½ Zitrone, 1 Eßl. feine Kräuter (Basilikum, Petersilie, Estragon, Thymian), Mehl, 125 g Butter, 1 Eßl. Öl, ⅛ l Rotwein, ⅛ l Fleischbrühe.

Die Lende in dünne Scheiben schneiden, klopfen, leicht salzen und pfeffern, mit Zitronensaft beträufeln, Zwiebel, Sardellen, einen Ring Zitronenschale und die Kräuter sehr fein wiegen, eine Seite jeder Lendenscheibe damit bestreichen, Mehl darüberstreuen. Die Butter in flacher Pfanne heiß werden lassen, die Fleischschnitten mit der Kräuterseite nach oben hineinlegen und während des Anbratens mit dem heißen Öl begießen. Nach 2 Minuten die Scheiben vorsichtig wenden, dann noch einmal. Zuletzt den Rotwein und die Fleischbrühe dazugießen, einmal aufkochen lassen und sofort auftragen. Die Pfaffenschnitzel müssen in 10 Minuten fertig sein. Dazu Kartoffelbrei servieren.

Geschmorte Bratwurst mit Schwemmklößchen

4 Bratwürste, ½ l Bier, 40 g Zwiebel, Lorbeerblatt, Gewürzkörner, ¼ l Bratensoße, Salz, Zucker. Für die Klößchen: 80 g Butter, Zucker, Muskat, Salz, ½ l Milch, 400 g Mehl, 2 Eier, 1 l Brühe.

Die Bratwürste in mit Zwiebel, Lorbeerblatt und Gewürzkörnern versetztem Bier kurz garziehen, wieder herausnehmen und warm stellen. Den Fond einkochen, mit Wasser ablöschen und mit Bratensoße durchkochen. Mit Salz und ein wenig Zucker abschmecken. Die geschmorten Bratwürste in die Soße geben. Für die Schwemmklößchen die zerlassene Butter und die Gewürze in die Milch geben. Aufkochen lassen, das Mehl einsieben und mit dem Schneebesen unterschlagen. Nach dem Durchkochen vom Herd nehmen, nach und nach die Eier unterheben, mit dem Eßlöffel abstechen und in Brühe garen.

Meißner Schweinekammsteak

4 Scheiben Schweinekamm, Pfeffer, Salz, 50 g Mehl, 60 g Öl, 1 Zwiebel, 1 Teel. Tomatenmark, ½ l Fleischbrühe, 50 g Kondensmilch, ½ Glas Mixed Pickles.

Die Schweinekammscheiben leicht klopfen, von beiden Seiten mit Pfeffer und Salz einreiben, mit Mehl bestäuben und in heißem Öl scharf anbraten. Danach die Steaks warm stellen. In der Pfanne mit dem Bratsatz und Fett die Zwiebelwürfel anschwitzen, das Tomatenmark dazugeben, mit dem Rest Mehl bestäuben und kurz rösten. Dann mit heißer Brühe glattrühren. Die Soße etwa 30 Minuten gut durchkochen, passieren und mit Kondensmilch verfeinern. Die warmgestellten Schweinesteaks einlegen. Mixed Pickles in Würfel schneiden und als Einlage in die Soße geben. Alles kurz aufkochen. Mit je einer Portion Sauerkraut anrichten, darauf das Steak. Rundherum Kartoffelbrei, obenauf die Soße mit dem Essiggemüse geben.

Schusterpfanne

700 g Schweinefleisch ohne Knochen, Salz, Pfeffer, 50 g Butter oder Margarine, 1 Eßl. gehackter Kümmel, 750 g Kartoffeln, 500 g kleine säuerliche Birnen, ½ Eßl. gekörnte Brühe.

Das gewaschene und gut abgetrocknete Schweinefleisch mit Salz und Pfeffer einreiben. Butter oder Margarine in eine Schmorpfanne geben, den Schweinekamm hineinlegen und bei mittlerer Hitze unter öfterem Wenden von allen Seiten anbraten lassen. Etwas Wasser zugießen, zudecken und schmoren lassen. Nach 1 Stunde den Kümmel darüberstreuen. Jetzt die geschälten, in Scheiben geschnittenen rohen Kartoffeln und die vorbereiteten Birnenviertel in die Pfanne geben, zugedeckt anrösten lassen. 3 Tassen Brühe zugießen, leicht salzen und zugedeckt weitere 30 Minuten weichschmoren lassen.

Erzgebirgischer Kaninchenbraten

1 Kaninchen, Pfeffer, Salz, Zitronensaft, 4 Eßl. Butter oder Margarine, ½ l saure Sahne.

Das gut abgehangene Kaninchen ausnehmen, waschen und in Portionsstücke teilen. Das Fleisch kräftig mit Pfeffer und Salz einreiben, danach mit etwas Zitronensaft beträufeln. Butter oder Margarine zerlassen und das Fleisch unter häufigem Begießen von allen Seiten schön braun braten. Mit wenig Wasser ablöschen. Dann die saure Sahne zugießen und die Fleischstücke unter häufigem Übergießen 60 bis 70 Minuten garen lassen.

Dresdner gefülltes Kraut

1 Weißkraut, Salz, gehackter Kümmel, 320 g Hackfleisch, 1 Ei, 2 Zwiebeln, 1 Brötchen, Pfeffer, 100 g Schweineherz, 200 g Rauchfleisch, 50 g Speck, 3 Möhren, 1 Teel. Tomatenmark, 30 g Mehl, ½ l Brühe, ¼ l saure Sahne.

Das gewaschene und von dem Strunk befreite Kraut kurz in kochendes Salzwasser geben. Herausnehmen, abkühlen lassen und die Blätter lösen. Je Portion 4 große Blätter auf den Tisch legen, die kleineren darauf aufteilen und mit dem gehackten Kümmel bestreuen. Jetzt die Füllung wie folgt herstellen: Hackfleisch, Ei, feine Zwiebelwürfel, ein in Wasser eingeweichtes und gut ausgedrücktes Brötchen sowie Pfeffer und Salz gut mischen und durchkneten. Das Schweineherz roh in feine Würfel schneiden. Das Rauchfleisch in Scheiben schneiden und kurz in kochendes Wasser geben, danach in Würfel schneiden. Herz- und Rauchfleischwürfel unter die Hackfleischmasse mischen. Die Fleischmasse in die Weißkrautblätter einrollen und Rouladen formen. In einer flachen Bratpfanne Speckwürfel auslassen, eine Zwiebel und die Möhren in Scheiben geschnitten darin anschwitzen, die Krautwickel einlegen und in der Röhre schmoren. Tomatenmark dazugeben, Mehl anstäuben, mit der Brühe auffüllen und durchkochen. Mit saurer Sahne verfeinern. Dazu Salzkartoffeln reichen.

Dresdner Zwiebelrindfleisch

500 g Rinderschmorfleisch, 1 Lorbeerblatt, Wurzelwerk, 120 g Speck, 400 g Zwiebeln, 80 g Schmalz, 1 kg Kartoffeln, Pfeffer, Salz, $\frac{1}{8}$ l saure Sahne.

Das Rindfleisch mit dem Lorbeerblatt und dem vorbereiteten Wurzelwerk fast gar kochen, dann in Scheibchen schneiden. Den Speck in Würfel schneiden, die Zwiebeln schälen und in halbe Scheiben schneiden, mit dem Schmalz hellbraun anrösten. Die Fleischscheibchen, die Speckwürfel, die geschälten, in Scheiben geschnittenen Kartoffeln und die Zwiebelscheiben schichtweise in eine Kasserolle geben

und würzen. Mit der Brühe weichdämpfen. Mit saurer Sahne anrichten.

Dresdner Sauerbraten

Für die Beize: Lorbeerblatt, Nelken, Piment, Pfefferkörner, 0,1 l Essig, $\frac{1}{2}$ Flasche Malzbier. Für den Braten: 800 g Schmorfleisch, Salz, 60 g Speck, 40 g Schmalz, Zucker, Wurzelwerk, 3 Eßl. Tomatenmark, $\frac{1}{2}$ l Brühe, $\frac{1}{2}$ Päckchen Speisepfefferkuchen, Rosinen, 3 Eßl. Sahne.

Zunächst eine Beize herstellen. Dafür $\frac{1}{2}$ Liter Wasser kochen, Lorbeerblatt, Nelken, Piment, Pfefferkörner und Essig zugeben. Kalt werden lassen und mit $\frac{1}{2}$ Flasche Malzbier auffüllen. Das vorbereitete Fleisch etwa 6 Tage in diese Beize einlegen und kalt stellen. Dann das Fleisch herausnehmen, gut abtrocknen, salzen, mit Speckwürfelchen spicken und in dem erhitzten Schmalz ringsum kräftig anbraten. Etwas Zucker zu dem Bratsatz geben und karamelisieren lassen. Das gewaschene und grob geschnittene Wurzelwerk zugeben und anschwitzen. Mit Tomatenmark und etwas Bratsatz ablöschen. Fleischstücke in den Topf geben, mit Brühe auffüllen und fertiggaren. Mit geriebenem Speisepfefferkuchen bestreuen und nochmals mit Brühe auffüllen. Die Soße passieren und mit Rosinen und Sahne abrunden.

Schweinebauch altsächsisch

500 g Schweinebauch, Essig, Salz, 1 Lorbeerblatt, Gewürzkörner, 1 kleine Knolle Sellerie, 4 große Möhren, 2 Stangen Porree, 3 Zwiebeln, $\frac{1}{2}$ l Brühe, 1 Teel. geriebener Meerrettich, Petersilie, 1 kg Kartoffeln.

Den Schweinebauch in Essigwasser mit etwas Salz, Lorbeerblatt und den Gewürzkörnern kochen. Das Gemüse putzen, waschen, in feine Streifen schneiden und anbraten. Mit etwas Brühe weichdünsten. Den Schweinebauch in dicke Scheiben schneiden und auf flachem Teller anrichten. Auf das Fleisch Gemüsestreifen mit etwas Soße geben, darüber geriebenen Meerrettich und gehackte Petersilie. Mit Salzkartoffeln auftragen.

Radeberger Suppenfleischragout

40 g Margarine, 6 Zwiebeln, 60 g Mehl, ¾ l Brühe, Essig, Pfeffer, Salz, Zucker, 200 g Schweinebraten, 200 g gekochtes Rindfleisch.

Aus Margarine, Zwiebeln und Mehl eine braune Mehlschwitze bereiten und mit Brühe auffüllen. Gut auskochen lassen und passieren. Mit Essig, Pfeffer, Salz und 1 Prise Zucker abschmekken. Das geschnittene Fleisch in die Soße geben.

Dresdner Dickbein

1 200 g Eisbein, 4 Möhren, 60 g Sellerie, 3 kleine Zwiebeln, ½ Lorbeerblatt, Gewürzkörner, 4 Eßl. Essig, 1 Prise Zukker, Salz, 1 Eßl. Tomatenmark, 40 g Mehl, 1 l Fleischbrühe, 60 g Öl, 1 Scheibe Speisepfefferkuchen und Rosinen.

Bereits am Vortage das Dickbein auslösen und zu einer Rolle wickeln. Eine Marinade aus abgekochtem Wasser mit einigen Möhrenscheiben, Selleriestückchen, 1 Zwiebel, ½ Lorbeerblatt, 3 Gewürzkörnern, Essig, 1 Prise Zucker und Salz herstellen. Die Eisbeinrolle in diese Marinade legen. Am nächsten Tag die ausgelösten Knochen kleinhacken und anrösten, das restliche Gemüse und die Zwiebeln in grobe Würfel schneiden, dazugeben, alles schön braun braten. Tomatenmark und Mehl darangeben, durchschwitzen und

mit der Brühe etwa 2 Stunden auskochen, durch ein Sieb gießen. Das marinierte Eisbein gut abtropfen lassen und in heißem Öl knusprig braten. Zwischendurch zweimal ein wenig Marinade angießen, danach die hergestellte braune Soße darangeben und mit dem Speisepfefferkuchen kochen, bis das Fleisch gar ist. Mit Essig, Zucker und Salz abschmecken, einige Rosinen dazugeben. Das Eisbein in starke Scheiben schneiden, auf einer Platte anrichten und mit der passierten braunen Soße übergießen.

Gehackter Braten auf sächsische Art (Falscher Hase oder Farcebraten)

Man nehme auf 8 bis 10 Personen ein Kilogramm schieres Rindfleisch und 600 Gramm durchwachsenes Schweinefleisch, beides recht fein gehackt, vermenge es mit drei ganzen, zerklopften Eiern, 50–60 Gramm geschmolzener Butter, etwas geriebener Semmel, Salz, einer geriebenen Zwiebel, fein gestoßenem Nelkenpfeffer oder Muskatnuß. Aus dieser gut vermengten Masse mache man die Form eines Rehrükkens oder länglichen Brotes, spicke sie wie diesen in 2–3 Reihen oder lasse es ungespickt, dann muß es aber mit geriebener Semmel rund herum bestreut werden. Dann lege man den Braten in gelb gewordene Butter, lasse ihn unter öfterem Begießen ¾ Stunde braten, gieße allmählich zwei Obertassen saure Sahne darüber, lasse ihn noch ½ Stunde braten und richte ihn an, wobei für eine gute Sauce gesorgt werde, die mit Würze abgeschmeckt wird.

THÜRINGEN

Thüringer Rostbrätl

800 g Schweinekamm, Salz, Pfeffer, 1 kleine Knoblauchzehe, Senf, 3 Eßl. Öl, 300 g Zwiebeln, 1 Flasche Malzbier.

Den Schweinekamm in Scheiben schneiden, leicht klopfen, mit Salz, Pfeffer und zerdrücktem Knoblauch würzen. Beide Seiten mit Senf bestreichen und in eine Marinade aus wenig Öl, Zwiebelringen, Pfeffer und Bier geben. Einige Stunden kühl und gut abgedeckt durchziehen lassen. Dann die Rostbrätl gut abtropfen lassen und in heißem Öl saftig und knusprig braten. Mit reichlich gerösteten Zwiebelscheiben belegen.

Thüringer Bratwurst

1 Zwiebel, 50 g Speck, 50 g Schmalz, 800 g Sauerkraut, 1 Eßl. Majoran, 1 Eßl. Kümmel, Salz, 4 Bratwürste und 40 g Margarine zum Braten.

Die Zwiebel feinschneiden und mit Speckwürfeln in heißem Schmalz rösten. Sauerkraut, Majoran und Kümmel dazugeben und mit ein wenig heißem Wasser auffüllen. Zudecken und auf kleiner Flamme garen lassen. Mit Salz abschmecken. Nun die Margarine erhitzen und die Bratwürste knusprig braun braten. Auf dem Sauerkraut anrichten.

Bratwurst mit Äpfeln

500 g Äpfel, 60 g Zucker, 100 g Rosinen, einige Stückchen Zitronenschale, 1 Glas Weißwein, 500 g Bratwurst, 40 g Margarine zum Braten.

Die geschälten Äpfel vom Kerngehäuse befreien, vierteln und in Scheiben schneiden. Mit dem Zucker, den Rosinen und der Zitronenschale in Weißwein und ein wenig Wasser garen. Inzwischen die Bratwurst kräftig anbraten und auf die Äpfel geben. Kurz durchziehen lassen. Dazu Kartoffelklöße auftragen.

Eichsfelder Hammelkoteletts

4 Hammelkoteletts, 4 große Zwiebeln, 40 g Schmalz, ⅛ l Fleischbrühe, Salz, Pfeffer, Bratfett.

Das Fleisch vom Fett befreien, gut waschen. Die Zwiebeln schälen, hacken und in dem Schmalz anrösten. Mit Fleischbrühe auffüllen, weichkochen. Durch ein Sieb geben, würzen und zu einem dicken Püree kochen. Inzwischen die Hammelkoteletts schnell auf beiden Seiten durchbraten und sparsam mit Pfeffer und Salz würzen. Mit dem heißen Zwiebelpüree bestreichen und servieren.

Gefüllte Rostbrätel

1 kg Schweinekamm ohne Knochen in 4 cm starken Scheiben, Würzmischung aus Salz, Pfeffer, Knoblauch, Majoran, Senf, Zwiebeln, Delikateßgurken, 1 Flasche Pilsner Bier.

Die Schweinekammscheiben halbieren, aber an einer Seite zulassen. Eine Würzmischung herstellen und die aufgeklappten Rostbrätelscheiben innen beiderseitig bestreichen. Dann Zwiebelscheiben und Delikateßgurkenstreifen auf die eine Seite legen, die nun gefüllten Rostbrötel zuklappen und verschließen. Beiderseitig anbraten. Dann in die heiße Backröhre auf ein flaches Blech schieben. Mit Bier begießen, einwirken lassen, ein wenig Bier nachgießen und zudecken. 30 bis 40 Minuten in der Backröhre lassen.

Bratwurst im Bierteig

200 g Mehl, 50 g Öl, 40 g Zucker, 1 Ei, ½ l Bier, 1 Prise Salz, 4 Bratwürste.

Aus Mehl, Öl, Zucker, Eigelb, Bier und 1 Prise Salz eine zähflüssige Masse rühren. Warm stellen und etwa 30 Minuten ruhen lassen. Dann Eischnee vorsichtig darunterheben. Nun die Bratwürste anbraten und in dem Bierteig wälzen. Anschließend im siedenden Öl-Fettbad etwa 5 Minuten bakken. Dazu Kartoffelsalat reichen.

Geschmorte Schweinerippchen

1 200 g Schweinerippchen, Salz, 50 g Margarine, 1 große Zwiebel, 1 Knoblauchzehe, Fleischbrühe, Pfeffer, 1 Lorbeerblatt, 1 Eßl. Mehl.

Die Rippchen waschen, abtrocknen und mit Salz einreiben. Die Margarine in einer Pfanne erhitzen, die Rippchen darin anbraten. Die Zwiebel in Würfel schneiden und mit dem Knoblauch zerdrücken, beides dazugeben. Mit etwas Fleischbrühe auffüllen. Nun die übrigen Gewürze hinzufügen und alles etwa 60 Minuten garen lassen. Zum Schluß die Soße mit dem Mehl andikken. Dazu Sauerkraut und Salzkartoffeln reichen.

Berlstedter Schweinsrücken

800 g Schweinekotelett, 120 g Thüringer Knackwurst, 1 Wurzelwerk, 60 g Margarine, 300 g Sellerie, 300 g Möhren, Salz, Pfeffer, ¼ l saure Sahne, 800 g Pellkartoffeln, 50 g Speck, 1 Zwiebel, 100 g Champignons, Petersilie oder Dill.

Den Knochen vom Kotelettstück auslösen, das Fleisch einschneiden, mit Knackwurst füllen und gemeinsam mit dem kleingeschnittenen Wurzelwerk in etwas Margarine anbraten. Dann bei mittlerer Hitze in der Röhre garen und eine braune Soße ziehen lassen. Den Sellerie und die Möhren putzen, in Streifen schneiden und in Margarine garschwitzen. Mit Salz und Pfeffer abschmecken, saure Sahne unterziehen und auf dem Schweinsrücken anrichten. Unterdessen die Pellkartoffeln schälen, in Scheiben schneiden und goldgelb schwitzen. Mit Pfeffer und Salz würzen. Den Speck in Würfel schneiden, auslassen, die kleingeschnittene Zwiebel darin andünsten. Mit feingehackten Champignons und Petersilie vermischen, über die Kartoffelscheiben geben.

Schweinekammbraten nach Alt-Jenaer-Art

1 kg Schweinekamm, Senf, ½ l Bier, Zwiebeln, Lorbeerblätter, Pimentkörner, Salz, Pfeffer, Kümmel, Fett oder Margarine, Möhren, Sellerie, Tomatenmark, ¼ l Fleischbrühe, Stärkemehl.

Den Schweinekamm dünn mit Senf bestreichen. In eine Marinade aus Bier, Zwiebeln, Lorbeerblättern und Pimentkörnern legen. 24 Stunden kalt stellen. Dann das Fleisch herausnehmen, gut abtropfen lassen und mit Salz, Pfeffer und Kümmel in sehr heißem Fett anbraten. Mehrmals ablöschen. Nun Zwiebeln, Möhren und Sellerie, alles geschält und geschnitten, zugeben, mit kaltem Wasser ablöschen und einkochen lassen. Etwas Tomatenmark zugeben, nochmals einkochen. Mit kochender Brühe auffüllen und in der Röhre zugedeckt weichschmoren. Kurz vor dem Garwerden den Rest Bier zugeben. Alles garkochen und die Soße mit Stärkemehl binden.

Jenaer Gulasch

300 g Rindfleisch, 300 g Schweinefleisch, Salz, Pfeffer, Kümmel, 3 Zwiebeln, 2 Eßl. Schmalz, ½ l Bier, 6 Pfefferkörner, 1 Lorbeerblatt, ½ Tasse Semmelbrösel, 3 bis 4 Tomaten, 400 g Sauerkraut.

Die Fleischwürfel würzen und mit Zwiebelwürfeln scharf anbraten. Mit dem Bier ablöschen. Die übrigen Gewürze hinzugeben und die Soße mit den Semmelbröseln binden. Die Tomaten in Würfel schneiden und gemeinsam mit dem Sauerkraut darübergeben. Alles etwa 60 Minuten unter mehrfachem Umrühren schmoren lassen. Eventuell Bier nachgießen. Das Gericht mit Salzkartoffeln servieren.

»Nackigter« Braten

1 kg Schweinekotelett, Salz, 50 g Schwarzbrotbrösel, 1 Teel. Zucker, 1 Messerspitze Zimt.

Vom Kotelett das Fett abschneiden, das Fleisch salzen und in sehr wenig Wasser anbraten. Etwas Wasser zugießen und garen, dabei öfter wenden. Dann das Fleischstück mit Schwarzbrotbröseln, Zucker und Zimt bestreuen und nach Bedarf noch etwas salzen. Den Braten schön bräunen lassen und mit Salat anrichten.

Nordhäuser Lammbraten

1 kg Lammkeule, Salz, Pfeffer, Senf, 50 g Schmalz, 100 g Speck, 2 Möhren, 2 kleine Zwiebeln, 1 Stengel Rosmarin, ¼ l Fleischbrühe, ¼ l Weißwein, einige Löffel Sahne.

Die Keule mit Salz und Pfeffer einreiben und dünn mit Senf bestreichen. Das Schmalz erhitzen und das Fleisch mit den Speckwürfeln und dem vorbereiteten Gemüse von allen Seiten knusprig braun braten. Dabei die Keule ständig mit der Fleischbrühe und dem Weißwein begießen und den Stengel Rosmarin hinzufügen. Nach einer Garzeit von 60 Minuten die Soße abschmecken und mit der Sahne binden. Dazu neue Kartoffeln, in Petersilie geschwenkt, auftragen.

Hammelrücken in Kräutersoße

1,5 kg Hammelrücken, Salz, Pfeffer, 4 Wacholderbeeren, 4 gehackte Zwiebeln, 2 zerdrückte Knoblauchzehen, 1 Prise Majoran, 1 Prise Rosmarin, Estragon, ½ Lorbeerblatt, 1 Flasche Bier, ½ l Rotwein, 125 g Speck, 2 Eßl. Schmalz, 1 Teel. saure Sahne.

Den Hammelrücken vorbereiten. Gut mit den Gewürzen einreiben und in eine tiefe Schüssel legen. Mit Bier und Rotwein übergießen. Mehrere Tage stehenlassen, häufig wenden. Herausnehmen, gut abtropfen lassen und mit Speckstreifen spicken. Von allen Seiten in Schmalz anbraten, unter Zugabe von Marinade garschmoren. Die Soße mit der sauren Sahne binden. Als Beilage Semmelknödel reichen.

Hammelzunge in Biersoße

3 Hammelzungen, Salz, 1 Zwiebel, ½ Lorbeerblatt, 6 Pfefferkörner, 1 Nelke, 2 Gewürzkörner, 60 g Fett, 50 g Mehl, ½ l helles Bier, ¼ l Fleischbrühe, Pfeffer, Zucker.

Die Zungen in heißes Salzwasser legen, die Gewürze dazugeben und so lange kochen, bis sich die Spitzen leicht durchstechen lassen. Nun die Zungen häuten, die Knorpelteile entfernen und das Fleisch schräg in Scheiben schneiden. Aus Fett und Mehl eine helle Schwitze bereiten, mit dem Bier und der Brühe ablöschen. Die Soße gut durchkochen, dann pikant abschmecken. Zum Schluß die Zungen darin erhitzen. Mit Salzkartoffeln und Salat anrichten.

Kochklops nach Biersieder-Art

500 g Hackfleisch, 1 Brötchen, 2 Eier, 1 Zwiebel, Salz, Pfeffer, Kümmel, 40 g Margarine, 40 g Mehl, 2/3 l Brühe, 1/3 l Bier, Pfefferkörner, Pimentkörner, 1 Lorbeerblatt, 1 Zitronenscheibe, Schwarzbrotrinde.

Das Hackfleisch, das eingeweichte und ausgedrückte Brötchen, die Eier, die geschnittene und angeschwitzte Zwiebel sowie Salz und Pfeffer verarbeiten und Klopse formen. Eine helle Mehlschwitze bereiten und mit heißer Brühe und Bier auffüllen. Die Gewürze und etwas Schwarzbrotrinde zufügen, kochen lassen. Das Lorbeerblatt und die Zitronenscheibe herausnehmen, sobald die Soße genügend Aroma hat. Jetzt die Klopse hineingeben und garziehen lassen. Dann die Soße passieren und mit Kartoffelpüree anrichten.

Rodetaler Zwiebelfleisch

800 g Schweineschulter, 1 Eßl. Paprika Edelsüß, 300 g Zwiebeln, 100 g Schmalz, 1 Teel. Kümmel, 1/2 l Bier, 3 Eßl. geriebenes Schwarzbrot, Salz, Pfeffer.

Das Fleisch in Würfel schneiden und mit Paprika bestäuben. Die Zwiebeln fein schneiden und im erhitzten Schmalz bräunen. Jetzt die Fleischwürfel kurz mitbräunen lassen. Den Kümmel und 1/4 Liter Bier zugeben, den Topf schließen und das Fleisch auf kleiner Flamme langsam garen. 10 Mi-

nuten vor Ende der Garzeit das geriebene Schwarzbrot und das restliche Bier zufügen, alles weiterkochen lassen. Mit Salz und Pfeffer abschmecken.

Krautklump

550 g magerer Schweinebauch, Salz, Pfeffer, gehackter Kümmel, 550 g Weißkraut, 250 g kleine Birnen, 1 Eßl. Essig, Zucker, 700 g Kartoffeln, 3 Semmeln, 30 g Butter, 1 Ei, 2 Eßl. Mehl, Salz, Pfeffer.

Den mageren Schweinebauch in grobe Würfel schneiden, in Salzwasser mit Pfeffer und gehacktem Kümmel kochen. Inzwischen das Weißkraut putzen, waschen und zerschneiden, die Birnen schälen, in Viertel schneiden und vom Kerngehäuse befreien. Das Weißkraut zum halbgaren Fleisch geben, kurz vor Ende der Garzeit die Birnen zugeben. Alles gut, aber nicht zu weich kochen. Mit Essig und Zucker abschmecken. Für den »Klump«: Von den geschälten rohen Kartoffeln die eine Hälfte abkochen und durchpressen, die andere fein reiben und auspressen. Die Semmeln in kleine Würfel schneiden, anrösten und mit der Kartoffelmasse, dem Ei, dem Mehl sowie Salz und Pfeffer zu einer Kloßmasse vermischen. Kräftig durchkneten. Von dieser Masse mit dem Eßlöffel längliche Klöße abstechen und in der langsam kochenden Suppe 10 bis 15 Minuten durchziehen lassen.

WILD
UND
GEFLÜGEL

Unbestreitbar gebührt dem Wild das Siegel des dienstältesten Fleischliefe-ranten in unserer Küche. Vielleicht ist dies auch der tiefe und ehrenvolle Grund, weshalb wir mit ihm seit jeher so gerne und häufig den festlichen Tisch krönen. Möglicherweise liegt diese schöne Sitte aber auch nur in einer überlieferten Gewohnheit be-gründet, denn der erlegte Hirsch, das überlistete Reh oder ein gefangenes Wildschwein – sie waren schon unse-ren Vorfahren einen gemeinsamen fest-lichen Schmaus wert.

In jener Zeit übrigens gehörte die Jagd zu den natürlichen und ursprüng-lichen Rechten eines jeden Menschen. Später, mit Beginn der Sklavenhalter-ordnung, war dieses Recht schon arg beschnitten, und noch später, im 16. Jahrhundert, jagte nur noch der Feudaladel; die Hatz mit Spieß und Armbrust wurde ausschließlich zum Hoheitsrecht des jeweiligen Landesher-ren. Wer es dennoch wagte, sich ein Stück Wildbret aus dem Walde zu ho-len, mußte schon vom Mute der Ver-zweiflung getrieben sein, wie dieses sächsische Mandat aus dem Jahre 1584 ahnen läßt: »Als ordnen und setzen Wir aus obrigkeitlicher Macht hiermit, daß hinfüro die Strafe der Wildprets-deuben (Wilddiebe) und Schützen, auch deren, so dieselbigen hausen und hegen, in unseren Landen der Galgen sein soll.«

Gleich dem Wild hat sich auch das Geflügel einen Logenplatz in der Ge-schichte der »gehobenen« menschli-chen Ernährung reservieren lassen; daß er auch heute noch besetzt ist, muß das Federvieh zu allererst der Gans dan-ken, die – das ist wissenschaftlich be-wiesen – zu den ältesten Haustieren des Menschen gehört.

Die Gans, die für die Germanen ein Symbol ehelicher Treue war, stand jahrhundertelang auf der Liste der Fa-stenspeisen – zum Glück. Denn dies hat ihr offenbar den Weg in unsere weihnachtliche Küche gewiesen. Einer alten Sage zufolge schlüpften die Rin-gelgänse nämlich nicht aus Eiern, son-dern sie wuchsen als Äste auf den Ufer-bäumen an Flüssen und Seen. Nach einer gewissen Zeit fielen die Äste, die sich in Gänse verwandelt hatten, ins Wasser, wo sie ihr weiteres Leben ver-brachten. Da die alte christliche Kirche die vorweihnachtliche Adventszeit zur Fastenzeit bestimmt hatte, in der es verboten war, Fleisch zu essen, erinner-ten sich findige Köpfe dieser alte Sage und brieten also die Gänse, die ja nicht aus Fleisch, sondern nur aus Ästen be-standen! Über diesen Brauch, gegen den die Kirche mehrfach vergebens zu Felde zog, wurde bereits im 6. Jahrhun-dert berichtet. Er ist bis heute erhalten geblieben, wenngleich sich die Fasten-gans nach und nach in unsere beliebte Festtagsgans verwandelte.

Schon früher sannen die Köche nach Möglichkeiten, dem Gänsefleisch noch diesen oder jenen Geschmacks-Bonus mit auf den Weg in die Pfanne zu ge-ben. Besonders hemdsärmelig gingen in dieser Beziehung die Küchenmeister des Mittelalters zu Werke, die die Gänse und auch Hühner lebend rupf-ten, um angeblich den Geschmack des Fleisches zu verbessern. Später ließ man von dieser Roheit ab und begann, die Vögel mit Brat-Begleitern zu verse-hen – Zwiebeln zum Beispiel, aber auch Backpflaumen, Weintrauben oder Äpfel. Dies – so spottete der Volks-mund – gebe der jungen Hausfrau überdies eine vorzügliche Gelegenheit, sich zu überzeugen, ob die Gans auch wirklich ausgenommen ist.

In Mecklenburg, wo die erste, meist mit Äpfeln und Backpflaumen gefüllte Gans oft schon Ende September, in manchen Gegenden aber erst im No-vember, gegessen wurde, entwickelte sich eine ganz eigene Art der Gänsezu-bereitung – das Räuchern. Dieser zur

Tradition gewordene Brauch war das übliche Konservierungsverfahren zu einer Zeit, da man keine andere Art des Erhaltens von Fleisch kannte. Im Laufe der Jahrhunderte hatten sich die Mecklenburger so sehr an das geräucherte Fleisch gewöhnt, daß sie es durchaus nicht mehr missen mochten. Die Kunst, eine Spickgans fachgerecht zu räuchern, wurde früher in vielen bäuerlichen Familien von Generation zu Generation weitervererbt. Die besten Räucherergebnisse erzielte man mit Buchenholz und Wacholderzweigen; Torf dagegen eignete sich lediglich als Räuchermaterial für minderwertige Gänse.

Während auch in Mecklenburg die frisch gebratene Gans am liebsten mit Rotkohl auf den Tisch kam, gehört zur geräucherten Spickgans unbedingt Rosenkohl und eine kräftige Portion Kartoffeln. In Thüringen hingegen müssen es Klöße aus rohen Kartoffeln sein: »5 Klöße und 'ne Gans, 5 Kilo im Gewicht, das ist dem Thüringer sein Leibgericht.«

MECKLENBURG

Broiler in Kognak

1 Broiler von etwa 1,5 kg, Salz, 40 g Butter, Zitronensaft, 1 große Zwiebel, etwas Weißwein, Pfeffer, Chillipulver, Weinbrand.

Den Broiler innen und außen mit Salz einreiben. Das Innere mit Butter bestreichen und mit Zitronensaft beträufeln, anschließend 1 große Zwiebel hineinstecken. Den Broiler in einen größeren Topf legen, mit Weißwein begießen und zum Kochen bringen. Auf kleiner Flamme 20 bis 30 Minuten garen. Dann den Broiler aus dem Topf nehmen und in Portionsstücke zerlegen. Die Soße mit Salz, Pfeffer und Chillipulver abschmecken. Weinbrand zugießen und noch weitere 10 Minuten leicht kochen lassen.

Mecklenburger Entenbraten

1 Ente, Salz, Pfeffer, Beifuß, Majoran, 250 g Äpfel, 250 g Rosinen oder Sultaninen, 2 Zwiebeln, 30 g Stärkemehl.

Die vorbereitete Ente innen mit Salz, Pfeffer, Beifuß und Majoran würzen, von außen salzen und pfeffern. Die Äpfel waschen und vom Kerngehäuse befreien. Die Rosinen oder Sultaninen ebenfalls waschen. Die Ente mit den Früchten sowie mit den in Scheiben geschnittenen Zwiebeln füllen, fest zunähen und mit dem Rücken nach oben auf den Backofenrost legen. Auf die unterste Schiene in den vorgeheizten Ofen schieben und bei guter Mittelhitze etwa 2 Stunden braten. Von Zeit zu Zeit mit dem Bratensaft aus der Auffangwanne übergießen. Nach 1 Stunde Bratzeit die Ente wenden. Sobald sie gar ist, warm stellen. Den Bratensatz mit etwas Wasser loskochen. Mit dem angerührten Stärkemehl binden und mit Salz und Pfeffer abschmecken.

Gänseleber im Steintopf mit Sauerkraut

1 Zwiebel, 1 Eßl. Schmalz, 600 g Sauerkraut, 800 g Gänseleber, Salz, Pfeffer, Paprika, $\frac{1}{8}$ l Weißwein, Zucker, 1 Kartoffel, 2 große Äpfel, Kartoffelmehl.

Die Zwiebel schälen, in Scheiben schneiden und in dem Schmalz anschwitzen. Das Sauerkraut dazugeben, mit Wasser auffüllen. Nach Belieben darin einige Wacholderbeeren und Speckreste mitkochen, die gegen Ende des Kochprozesses wieder herausgenommen werden. Inzwischen die Gänseleber vorbereiten und mit Salz, Pfeffer und edelsüßem Paprika würzen und in einer Kasserolle zugedeckt mit dem Weißwein und Bratenfond 1 Stunde dämpfen lassen. Ist das Sauerkraut weichgekocht, mit Salz, Pfeffer und Zucker abschmecken und mit einer rohen geriebenen Kartoffel binden. Nun die beiden Äpfel schälen, Kerngehäuse entfernen und in Scheiben schneiden. Diese Scheiben auf den Boden eines Steintopfes und darüber die in Scheiben geschnittene Gänseleber legen. Darauf das Sauerkraut. Den Gänseleberbertopf etwa 20 Minuten im Ofen dämpfen lassen. Den Gänseleberfond leicht mit kalt angerührtem Kartoffelmehl binden und mit Salz und Pfeffer abschmecken.

Gänseklein

750 g Gänseklein, 1 Petersilienwurzel, ½ Sellerieknolle, 2 Möhren, 3 Gewürzkörner, Salz, 250 g Backobst, 2 Gewürznelken, 2 Eßl. Zucker, 1 kg Kartoffeln, 6 Eßl. Mehl.

Das vorbereitete, gut ausgewaschene und einige Zeit gewässerte Gänseklein in 2 Liter heißem Wasser mit dem geputzten Gemüse, den Gewürzkörnern und etwas Salz zum Kochen bringen. Öfter abschäumen. Backobst, Gewürznelken und Zucker zufügen, wenn das Fleisch halbgar ist. Alles bei schwacher Flamme garkochen lassen. Inzwischen die Kartoffeln schälen, reiben, durch ein Tuch drücken, Salz und Mehl hinzufügen und einen Teig kneten. Mit einem Eßlöffel längliche Klöße abstechen, in Salzwasser garen und in das süßsauer abgeschmeckte Gänseklein geben. Dazu Salzkartoffeln auftragen.

»Geriebener« Gänsemagen

600 g gepökelte Gänsemägen, 2 kleine Zwiebeln, 2 Teel. Kräuteressig, 1 Prise Pfeffer, 1 Prise Thymian.

Die vorbereiteten Gänsemägen reiben. Die Zwiebeln fein hacken, beides mit Kräuteressig, Pfeffer und Thymian vermengen. Man kann auch die Gänsemägen mit den Zutaten zweimal durch den Fleischwolf geben und die Masse pikant abschmecken. «Geriebener» Gänsemagen schmeckt zu Pellkartoffeln oder als Brotaufstrich.

Mecklenburger Gänsebraten

1 junge Gans, Salz, Pfeffer, Beifuß. Für die Füllung: 250 g Backpflaumen, 250 g Würfel von ungeschälten Äpfeln, 2 Eßl. Zucker, 3 Eßl. geriebenes Schwarzbrot, 50 g Speckwürfel und etwas Kartoffelmehl.

Keulen und Flügel abtrennen und die bratfertige Gans innen mit Salz, Pfeffer und Beifuß einreiben, außen nur mit Salz und Pfeffer. Mit den eingeweichten und entsteinten Backpflaumen, Apfelwürfeln, Zucker, Schwarzbrot und Speckwürfel, die man miteinander vermengt hat, füllen und zunähen. In der Bratpfanne in den vorgeheizten Backofen schieben und, sobald sich Fond in der Pfanne gebildet hat, immer wieder damit begießen. In den letzten 10 Minuten kaltes Wasser darübergeben, damit sich eine schöne braune Kruste bildet. Das «Ingedühm», die Füllung, auf der Schüssel neben die Gans legen. Für die Soße den Fond, nachdem die Gans aus der Bratpfanne genommen und warm gestellt wurde, entfetten und alles, was sich am Boden und Rand festgesetzt hat, abkratzen. Kalt angerührtes Kartoffelmehl unterrühren. Kochendes Wasser zusetzen, dabei mit dem Schneebesen schlagen und zum Schluß abschmecken.

Schwarzsauer von Gänseklein

1 Gänseklein, Gänseblut, Essig, Salz, 375 g Birnen, Nelken, Nelkenpfeffer, schwarzer Pfeffer, Zucker, Kartoffeln, 1 Eßl. Mehl.

Unter Gänseklein versteht man Alles von der Gans, was nicht mit zum Braten benutzt wird, mit Ausnahme der Leber, also den Kopf, den Hals, die Flügel, die Füße, den Magen, das Herz und die Lunge. Der Hals und die Flügel werden in einige Stücke zerhauen, von den Füßen zieht man, nachdem man sie abgebrüht hat, die Haut ab und umwickelt sie mit den aufgeschlitzten und sauber gereinigten Gedärmen. Um nun das Schwarzsauer zu bereiten, muß man zunächst beim Schlachten der Gans das Blut auffangen und sogleich mit etwas Essig zusammenrühren, wo es sich dann nach der Jahreszeit 4 bis 8 Tage hält. Das Gänseklein wird in nicht zu viel Wasser auf das Feuer gebracht, gesalzen und in kurzer Brühe gar gekocht, worauf man in derselben Brühe geschälte frische, zerklüftete und von

den Kerngehäusen befreite Birnen oder auch Backbirnen gar kocht und das Blut nebst feingestoßenen Nelken, Nelkenpfeffer, auch ein paar Körnchen schwarzem Pfeffer und

etwas Zucker dazu rührt. Nachdem diese Brühe, welche dickseimig werden muß, unter scharfem Rühren ein paar Mal mit den Birnen aufgekocht ist, richtet man das Ganze über das in einer Schüssel gelegte Fleisch nebst Kartoffeln oder Klößen, welche Letzteren die Meisten vorziehen, an. Anm. Sollte das Schwarzsauer von dem Blute nicht seimig genug werden, so muß man mit etwas Klarmehl nachhelfen.

Gänseschmalz

500 g Gänseflomen (Schmer), 125 g Schweineflomen, 1 großer Apfel, 1 große Zwiebel, 1 Zweig Thymian.

Die zu großen Würfeln geschnittenen Gänse- und Schweineflomen langsam auslassen. Dann den von Stengel und Blütenansatz befreiten ganzen Apfel, die Zwiebel und den Thymianzweig hinzugeben. Alles wieder herausnehmen, wenn die Zwiebel braun geworden ist. Das Gänseschmalz nun durch ein Sieb geben und zum Festwerden in einen Steintopf füllen.

Wildschweinpastete

800 g Wildschweinbauch, 4 Zwiebeln, 2 Eier, 1 Brötchen, Salz, Pfeffer, Schwarzbrot, 25 g Margarine, ½ Lorbeerblatt, 6 schwarze Pfefferkörner, 2 Pimentkörner, 2 Wacholderbeeren, etwas Rotwein oder saure Sahne.

Das Wildschweinfleisch gründlich von Knochen und Sehnen befreien und sorgsam waschen. Das magere und fette Fleisch aus dem Bauch herausnehmen, so daß eine dünne große Bauchplatte übrig bleibt. Das herausgenommene magere und fette Fleisch mit 3 Zwiebeln durch den Wolf drehen. Eier, 1 eingeweichtes Brötchen sowie Salz und Pfeffer hinzugeben, alles gut miteinander verkneten. Diese Masse auf der Bauchfleischplatte verteilen, diese zusammennähen und in geriebenem Schwarzbrot wälzen. Die Margarine und 1 eingekerbte Zwiebel erhitzen, den zusammengenähten Wildschweinbauch anbraten, anschließend in die vorgeheizte Bratröhre schieben. Nach 10 Minuten mit kochendem Wasser übergießen, jetzt die Gewürze dazugeben. Den Braten ab und zu wenden. Die Garzeit beträgt etwa 90 Minuten. Die Soße mit Rotwein oder saurer Sahne abschmecken.

Würziges Wildgulasch

700 g Wildgulasch, Salz, 50 g Möhre, etwas Apfelwein, 2 Lorbeerblätter, 3 bis 4 Wacholderbeeren, 2 Nelken, 6 schwarze Pfefferkörner, 2 Äpfel, Pfeffer, Zucker.

Das Fleisch goldbraun anbraten und salzen. Kleingeschnittene Möhre zufügen. Apfelwein aufgießen, die Lorbeerblätter, Wacholderbeeren, Nelken und Pfefferkörner dazugeben und 90 Minuten zugedeckt schmoren. Inzwischen 2 Äpfel in dicke Scheiben schneiden und 15 Minuten vor dem Garwerden des Fleisches zum Gulasch geben. Die Soße mit Salz, Pfeffer und Zucker nochmals abschmecken.

Hase in Marinade

1 junger Hase, 75 g Speck, Salz, 2 Zwiebeln, 2 Möhren, Petersilie, 2 Lorbeerblätter, 2 Gewürznelken, 2 Pfefferkörner, 1 l Weinessig, Butter, Brühe, 1 l saure Sahne, ½ Zitrone.

Den vorbereiteten Hasen häuten, spicken und salzen. In Scheiben geschnittene Zwiebeln, geputzte Möhren, Petersilie und Gewürze in einen Topf geben, mit Weinessig übergießen. Den Hasen eine Nacht in diese Marinade legen. Dann herausnehmen, abtrocknen, in Butter bräunen und in einer Mischung aus Brühe und etwas Marinade halbgar schmoren. Dann die saure Sahne hinzugießen und unter ständigem Begießen weiterschmoren, bis der Hase gar ist. Den Bratensatz mit etwas Brühe losrühren, den Zitronensaft dazugeben und die Soße noch einmal aufkochen. Durch ein Sieb auf den Hasen gießen. Dazu Salzkartoffeln auftragen.

Jägerschüssel

1 Hase, 60 g Speck, Salz, 150 g Butter, 1 kleine Zwiebel, 6 Gewürznelken, ⅛ l Rotwein, 1 Rotkohl, 1 sauren Apfel, 1 Eßl. Essig, 1 Eßl. Zucker.

Den Hasen ohne Klein herrichten, spicken, salzen und in Stücke teilen. Die Stücke in Butter schnell und scharf rundum anbraten. Inzwischen in einen gut verschließbaren Topf den feingeschnittenen Speck, die Zwiebel, Nelken, den Rotwein und etwas Wasser geben, die Hasenstücke hineinlegen und weichdämpfen. Das Rotkraut hobeln und mit dem Apfel in Butter weichdünsten. Salzen, mit Essig und Zucker abschmecken. Die Hasenstücke etwa ½ Stunde vor dem Anrichten oben auf das Kraut legen. Die Hasensoße durch ein Sieb darüber gießen und alles noch ein wenig ziehen lassen. Auch beim Auftragen die Hasenteile auf das Kraut legen und darüber die Soße gießen. Das Rotkraut schmeckt sehr saftig. Dazu Bratkartoffeln, Salzkartoffeln oder Kartoffelbrei servieren.

RUND UM BERLIN

Gefüllte Pute

1 Pute von etwa 3 kg, 1 altbackenes Brötchen, 500 g Hackfleisch halb und halb, 2 Eier, Salz, Pfeffer, Muskat, 100 g Speck, 50 g Bratfett, 30 g Mehl, ¼ l saure Sahne, 2 Eßl. geriebener Käse.

Die Pute ausnehmen und säubern, die Keulen entsehnen. Das altbackene Brötchen einweichen und gut ausdrükken, mit Hackfleisch, Eiern, Salz, Pfeffer und Muskat durchmengen, die Pute damit füllen und dann zunähen. Mit ein wenig Salz einreiben und mit dem in dünne Scheiben geschnittenen Speck umwickeln. Inzwischen einen halben Liter Wasser aufsetzen, heiß in eine Bratpfanne geben und die gefüllte Pute hineinlegen. Im vorgeheizten Backofen etwa 40 Minuten zugedeckt dünsten. Dann das Bratfett zugeben und die Pute in offener Pfanne von allen Seiten goldbraun braten. Dabei mehrmals begießen. Anschließend das Mehl in der Sahne verquirlen, die Soße durch ein Sieb geben und damit binden. Mit Salz, Pfeffer und geriebenem Käse abschmecken.

Berliner Bierhähnchen

1 Brathähnchen (etwa 1,5 kg), 1 l Bier, Salz, Pfeffer, Thymian, 200 g Speck, 2 Zwiebeln, 50 g Schmalz, 1 Teel. Mehl, Majoran, ⅛ l Sahne, Dill.

Das Hähnchen in Portionsstücke teilen und in eine Marinade aus Bier, Salz, Pfeffer und Thymian einlegen. 24 Stunden ziehenlassen. Dann die Hälfte des Specks und die Zwiebeln in kleine Würfel schneiden und mit dem Geflügel in erhitztes Schmalz geben. Goldgelb braten. Ab und zu mit etwas Marinade auffüllen, mit Mehl bestäuben. Dann den Rest der Marinade zu-

geben. 10 Minuten kochen lassen, mit Salz, Pfeffer, Majoran und Thymian abschmecken. Das Hähnchen noch etwa 15 Minuten in der Soße ziehenlassen. Nun den restlichen Speck in Scheiben schneiden, gesondert rösten und vor dem Servieren auf die Hähnchenstücke legen. Darüber Sahne und feingehackten Dill geben.

Hühnerfrikassee

1 Eßl. Butter, 2 Eßl. Mehl, ½ l Hühnerbrühe, 1 Eigelb, 2 Eßl. Sahne, 1 kg gekochtes und in Würfel geschnittenes Hühnerfleisch, 1 kleine Dose Spargel, 1 kleine Dose Champignons, 1 Teel. Kapern, Salz, Zucker, Zitronensaft.

Aus Butter und Mehl eine helle Schwitze bereiten, soviel Hühnerbrühe zugießen, bis eine sämige Soße entsteht. Eigelb und Sahne verrühren und die Soße damit binden. Das Hühnerfleisch, den abgetropften Spargel und die Champignons sowie die Kapern dazugeben und alles erhitzen. Zuletzt mit Salz, Zucker und Zitronensaft würzig abschmecken. Mit körnig gekochtem Butterreis anrichten.

Gefüllter Gänsehals

2 Gänsehalshäute, 2 Gänseleber, 1 Gänsemagen, 400 g Hackfleisch vom Schwein, 1 Zwiebel, 1 Ei, 1 Eßl. Semmelbrösel, Salz, Pfeffer, etwas Gänsefett.

Den gewaschenen und gesäuberten Gänsehals an einem Ende zunähen. Gänseleber und Gänsemagen grob zerschneiden und durch den Fleischwolf drehen. Hackfleisch, die kleingeschnittene Zwiebel, das Ei und die Semmelbrösel hinzufügen und zu einer Füllmasse verarbeiten. Mit Salz und Pfeffer abgeschmeckt in den Gänsehals stopfen, zunähen. Gänsefett zerlassen, auf den Grillrost streichen, den Gänsehals darauflegen und von allen Seiten schön braun grillen. Heiß servieren.

Gebratene Gänseleber

500 g Gänseleber, 3 Eiweiß, 1 Teel. Semmelbrösel, 1 Teel. Mehl, Pfeffer, 2 Eßl. Butter, Salz, 2 Äpfel, 1 kleine Zwiebel.

Die Gänseleber gut waschen und, wenn nötig, häuten. Durch das mit der Gabel verschlagene Eiweiß ziehen. Semmelbrösel und Mehl miteinander mischen und die Leber darin wälzen. Mit Pfeffer bestreuen, in heißer Butter auf beiden Seiten braten. Die fertige Leber herausnehmen, warm stellen und salzen. Im gleichen Fett Apfelscheiben und die in Ringe oder Würfel geschnittene Zwiebel braten.

Hirschkeule in Burgunder

700 g Hirschkeule ohne Knochen, Salz, Pfeffer, 50 g Margarine, Wurzelwerk, ⅛ l Weißwein, 8 Wacholderbeeren und Salbei.

Die Hirschkeule kräftig mit Salz und Pfeffer einreiben und wickeln. Eine Bratpfanne mit Margarine ausreiben und das Fleisch mit dem geputzten und gewaschenen Wurzelwerk darin anbraten. Mit dem Wein ablöschen und auffüllen. Wacholderbeeren und Salbei hinzufügen und den Braten zugedeckt etwa 90 Minuten garen. Mit frischem Salat und Petersilienkartoffeln zu Tisch bringen.

Gepökelte Gänsekeule mit Teltower Rübchen

2 Gänsekeulen, 500 g Teltower Rübchen oder weiße Rüben, 1 kg Kartoffeln, Salz, 50 g Butter oder Gänsefett, 2 Eßl. Zucker, 2 Eßl. Mehl, Weinessig.

Die Gänsekeulen gut waschen, in kaltem Wasser ansetzen und langsam kochen. Inzwischen die Rübchen waschen, schälen oder die Haut abreiben. Kartoffeln schälen, in Viertel schneiden und in Salzwasser kochen. Nach etwa 45 Minuten Kochzeit der Gänsekeulen die Rübchen oder Rüben in Fett, das mit Zucker schön gebräunt ist, ebenfalls schön braun werden lassen, dann die Gänsekeulen dazugeben und beides noch 15 Minuten weichschmoren. Die Soße mit gut gebräuntem Mehl binden, mit ein wenig Weinessig abschmecken. Die Gänsekeulen in die Mitte einer heißen Anrichteplatte legen und mit den Rübchen garniert auftragen. Dazu Salzkartoffeln oder Kartoffelbrei servieren.

SPREEWALD

Hirschgulasch

700 g Hirschfleisch (Schulter oder Keule), Salz, Pfeffer, 75 g Speck, 1 Eßl. Öl, 2 Zwiebeln, Zucker, Essig, 1 Eßl. Mehl, ¼ l Weißwein, 1 Zitrone, 1 Gläschen Weinbrand, 150 g Backpflaumen, 2 Eßl. gehackte Mandeln oder Nüsse.

Die Fleischwürfel salzen, pfeffern und in ausgelassenen Speckwürfelchen kräftig anbraten. Zwiebelscheiben dazugeben, alles gut durchdünsten, bis das Fleisch Farbe angenommen hat. Einen Eßlöffel Zucker darüberstreuen und leicht bräunen lassen. Mit wenigen Tropfen Essig ablöschen, mit Mehl bestäuben und gut durchschwitzen lassen. Weißwein und etwas Wasser auffüllen und das Fleisch unter mehrfachem Umrühren zugedeckt garschmoren. Dann die in Zitronensaft und Weinbrand geweichten Backpflaumen untermischen. Zum Schluß das Gericht mit gehackten Mandeln bestreuen.

Spreewälder Putenbraten

3 Putenkeulen, Salz, Glutal, Paprika, 3 Eßl. Öl, 2 Eßl. Butter, ¼ l Weißwein, 1 Eßl. Tomatenmark, 2 Zwiebeln, 350 g Sauerkraut, ⅛ l Kondensmilch, ½ Eßl. Mehl, 4 halbe Pfirsiche, 2 Eßl. Sauerkirsch- oder Johannisbeerkonfitüre.

Die in zwei Stücke geteilten Putenkeulen mit Salz, Glutal und Paprika einreiben. In einer Mischung von Öl und Butter rundum anbraten. Zum Begießen etwas mit Wein verdünntes Tomatenmark verwenden. Die Zwiebeln fein reiben und im Bratfett mit anschwitzen, das rohe und kurz geschnittene Sauerkraut dazugeben. Mit einer Gabel gut auflockern und dünsten lassen. Nach und nach ein wenig Brühe und etwas Weißwein auffüllen und zu-

gedeckt garen lassen. Mehl und Paprika an die Kondensmilch quirlen. Die Soße damit binden, wenn das Putenfleisch gar ist. Nun nochmals aufkochen lassen. Den Braten mit halbierten Pfirsichen, in die etwas Sauerkirsch- oder Johannisbeerkonfitüre gefüllt wurde, anrichten. Dazu Petersilienkartoffeln auftragen.

Entenbraten mit Gurkensoße

1 Ente, Salz, Pfeffer, 2 Eßl. Öl, 2 Zwiebeln, ⅛ l Apfelsaft, 1 Salatgurke, ⅛ l saure Sahne, Senf, 1 Eßl. Mehl, Petersilie.

Die vorbereitete und geteilte Ente mit Salz und Pfeffer würzen. Von allen Seiten in Öl anbraten. Zwiebelwürfel hinzufügen, hell anschwitzen und mit etwas Apfelsaft ablöschen. Die Salatgurke schälen, die Kerne entfernen, in Würfel schneiden und dazugeben, wenn die Ente halbgar ist. Alles garen lassen. Saure Sahne, Senf und Mehl verrühren, zugießen, aufkochen lassen. Erst zuletzt reichlich gehackte Petersilie untermischen.

Alte Gans mit Meerrettich

1 Gans, 2 Lorbeerblätter, Pfefferkörner, 1 Zwiebel, Wurzelwerk, 1 Tasse Semmelbrösel, 1 Stange Meerrettich etwas Zucker.

Die vorbereitete Gans mit dem Klein (ohne Leber) in reichlich Wasser mit den Gewürzen und dem kleingeschnittenen Wurzelwerk 3 bis 4 Stunden weichkochen. Von der Brühe einen Teil – nach Bedarf – mit den Semmelbröseln und der feingewiegten Leber kurz kochen. Anschließend den geriebenen Meerrettich und 1 Prise Zucker dazugeben. Nicht mehr kochen, aber heiß lassen. Abschmecken und diese Soße zu der in Stücke geteilten Gans geben. Die übrige Gänsebrühe kann anderweitig, ähnlich wie Fleischbrühe, verwendet werden.

Hasenbraten Spreewälder Art

½ Hasenrücken, 2 Hasenkeulen, 75 g Speck, 3 Zwiebeln, Lorbeerblätter, Nelken, Salz, Pfeffer, ½ l Buttermilch, 75 g Margarine, 1 saure Gurke, ⅛ l Joghurt, 1 Teel. Mehl, 4 Eßl. gehackte rote Bete.
Den Hasenrücken und die Hasenkeulen häuten und mit Speck spicken. Mit einer geriebenen Zwiebel, 2 Lorbeerblättern, 2 Nelken sowie Salz und Pfeffer in Buttermilch einlegen. Zugedeckt 2 bis 3 Tage an einem kühlen Ort stehen lassen. Dann herausnehmen, gut abtropfen lassen. Das Fleisch nochmals leicht salzen und pfeffern und in der erhitzten Margarine anbraten, dabei öfter mit Bratfett begießen. Zwei Zwiebeln in Würfel schneiden und die saure Gurke kleinhacken, beides an das Bratfett geben. Nach und nach mit der durchgeseihten Buttermilchmarinade auffüllen, zugedeckt garen. Nun die Soße mit in Joghurt verquirltem Mehl binden. Unmittelbar vor dem Servieren gehackte marinierte rote Bete als Einlage hineingeben.

SACHSEN

Hirschragout

800 g Hirschklein, 100 g Zwiebeln, Petersilienwurzel, Sellerielaub, Lorbeerlaub, Pfefferkörner, Wacholder, Essigbeize, Thymian, Nelke, Salz, Pfeffer, 150 g Speck, ⅛ l Rotwein, ¼ l Brühe, 150 g Sellerie, 150 g Möhren, Soßenpfefferkuchen, 50 g saure Sahne, Zucker, etwas Butter, 100 g Saftschinken, einige Johannisbeeren.
Das Hirschfleisch in Stücke schneiden, mit der Zwiebel und den Gewürzen in einen Topf schichten und mit der Essigbeize begießen. Mindestens einen Tag durchziehen lassen. Dann das Fleisch herausnehmen, gut abtropfen lassen, würzen und mit dem zerlassenen Speck kräftig anbraten. Mit Rotwein ablöschen, Brühe und einen Teil der Essigbeize auffüllen. Sellerie und Möhren putzen und in Würfel schneiden, die Würfel andünsten. Das gare Hirschragout abschmecken, die Gemüsewürfel mit dem Gemüsefond dazugeben. Aus dem Bratenfond unter Verwendung von Soßenpfefferkuchen und der sauren Sahne die Soße zubereiten. Mit Rotwein, Essig, Pfeffer und einer Prise Zucker kräftig abschmecken. Beim Anrichten die in Butter geschwenkten Kochschinkenstreifen darüber geben und vorbereitete Johannisbeeren aufsetzen.

Rebhühner auf sächsische Art

4 Rebhühner, etwas Salz, 200 g Speck, 8 Weintraubenblätter, 80 g Butter, ¼ l saure Sahne.
Die vorbereiteten Rebhühner leicht salzen. Den Speck in 4 Scheiben schneiden, die Brust des Geflügels damit belegen und je 2 Weintraubenblätter an jedem Rebhuhn festbinden. Butter erhitzen, die Rebhühner zugedeckt

und nicht zu stark braten lassen, nach und nach ein wenig Wasser zugießen. Nach 90 Minuten löffelweise saure Sahne darübergeben, zuletzt etwas zerlassene Butter. Speck und Weintraubenblätter, die sich beim Braten ablösen, extra anrichten und als Delikatesse mit den Rebhühnern zur Tafel geben.

Erzgebirgisches Pilzhähnchen

1 Hähnchen, Salz, Bratfett, etwa 250 g gedünstete Pilze, $\frac{3}{8}$ l Brühe, 1½ Teel. Stärkemehl, gehackter Dill.

Das vorbereitete Hähnchen zerlegen, mit Salz einreiben und kräftig anbraten. Die Brühe zugießen – eventuell auch die Dünstflüssigkeit der Pilze – und zugedeckt garen. Stärkemehl kalt anrühren, die Soße damit binden. Nun die Pilze zugeben und nochmals stark erhitzen. Vom Feuer nehmen und mit gehacktem Dill bestreuen.

Hirschbraten mit Champignons

500 g Knochen vom Wild, Wurzelwerk, 15 g Wacholderbeeren, 1 kleiner Tannenzweig, 700 g Hirschfleisch, 50 g Schmalz, 2 Zwiebeln, Salz, Pfefferkörner, 1 Lorbeerblatt, 1 Knoblauchzehe, ⅛ l Rotwein, 3 Eßl. Sahne, 2 Eßl. Stärkemehl, 200 g Preiselbeeren, etwas Butter, Champignons.

Die Knochen mit der Hälfte des vorbereiteten Wurzelwerks, den Wacholderbeeren und dem kleinen Tannenzweig in reichlich Wasser ansetzen, etwa 90 Minuten kochen lassen. Diesen Fond dann als Aufguß für die Soße verwenden. Nun das gut geklopfte Hirschfleisch in heißem Schmalz ringsum anbraten, dann das restliche Wurzelwerk, die geschnittenen Zwiebeln, Gewürze, den Rotwein und die Sahne zugeben. Während des Garens häufig mit dem Bratsatz begießen und von Zeit zu Zeit mit Wildfond auffüllen. Das gare Fleisch warm halten, die Soße durchseihen und mit kalt angerührtem Stärkemehl binden. Mit Preiselbeeren und in Butter gedünsteten Champignons anrichten. Dazu Rotkraut und vogtländische Klöße auftragen.

Wildschweinbraten auf sächsische Art

800 g Wildschweinkeule, ½ l Buttermilch, Salz, Pfeffer, 2 Eßl. Schmalz, Wurzelwerk, 50 g Speckschwarte, Tomatenmark, 1 Teel. Gewürzkörner, 1 Teel. Wacholderbeeren, 1 Lorbeerblatt, 40 g Mehl, ⅛ l Rotwein, Zucker, Zitronensaft.

Das vorbereitete Fleisch in die Buttermilch legen und 2 Tage zugedeckt an kühlem Ort liegen lassen. Dann herausnehmen, abtropfen lassen, mit Salz und Pfeffer einreiben und rundum anbraten. Das Wurzelwerk putzen und grob zerschneiden und ebenso wie die Speckschwarten mit anrösten lassen. Dann das Tomatenmark erhitzen, Wasser angießen, Gewürzkörner, Wacholderbeeren und Lorbeerblatt zugeben. Die Wildschweinkeule unter öfterem Wenden und Begießen braten. Der Bratfond sollte nicht mehr als ½ Liter ausmachen. Wenn das Fleisch gar ist, herausnehmen und warm stellen. Mehl in Rotwein verquirlen und die Bratensoße damit binden. Abschließend mit Salz, Pfeffer, 1 Prise Zucker und Zitronensaft abschmecken. Das warm gestellte Fleisch mit der Soße übergießen und servieren.

Rebhuhn mit Linsen

2 Rebhühner, 150 g Speck, 2 Zwiebeln, 2 Eßl. Mehl, heiße Brühe, 250 g Linsen, 400 g Kartoffeln.

Die vorbereiteten Rebhühner anbraten und dünsten. Den Speck in kleine Würfel, die Zwiebeln klein schneiden, beides hell bräunen. Mit Mehl binden, etwas heiße Fleischbrühe auffüllen und die vorgeweichten Linsen darin gerade eben zum Kochen bringen. Nun die halbgaren Rebhühner in die Suppe geben und alles zusammen bei mäßiger Hitze fertiggaren. Die Kartoffeln schälen, in Würfel schneiden und ebenfalls in der Linsensuppe weichkochen.

Rehrücken in Rotweinsoße

1 kg Rehrücken, 100 g Speck, Salz, Pfeffer, 100 g Margarine, Wurzelwerk, 1 Zwiebel, 2 Eßl. Tomatenmark, 1 Lorbeerblatt, 5 Wacholderbeeren, 5 Pfefferkörner, 1 Teel. Thymian, $\frac{1}{4}$ l Rotwein, $\frac{1}{8}$ l saure Sahne, 2 Eßl. Mehl, Preiselbeeren.

Den Rehrücken häuten, waschen, reichlich spicken und mit Salz und Pfeffer einreiben. Durch die Rückenknochen einen Metallspieß schieben, damit sich der Rehrücken während des Bratens nicht krümmt. Die Margarine erhitzen, das Fleisch darin anbraten. Das Wurzelwerk waschen und kleinschneiden, die Zwiebel in Würfel schneiden und mit dem Tomatenmark, den Gewürzen und dem Rotwein dazugeben. Aufkochen lassen und danach zugedeckt bei mittlerer Hitze garen. Von Zeit zu Zeit das Fleisch begießen und auch wenden, damit es von allen Seiten gleichmäßig weich wird. Zum Schluß die Soße durch ein Sieb passieren, saure Sahne zugießen und mit dem Mehl binden. Den Rehrücken mit Preiselbeeren garnieren. Mit Thüringer Klößen und Rotkraut anrichten.

Rotwickel mit Wildfleisch

4 große Rotkrautblätter, Salz, Essig, 1 Pfefferkorn, 1 Nelke, etwas geriebene Zwiebel, 250 g gares Wildfleisch, 250 g gedünstete Pfifferlinge, 2 Eier, 3 Eßl. Semmelbrösel, Pfeffer, 1 Zwiebel, 60 g Bratfett, 40 g Mehl, 2 Eßl. saure Sahne, 1 Eßl. Zitronensaft, 1 Teel. Zucker.

Die Rotkrautblätter mit den Gewürzen in kochendes Wasser geben und halbgar kochen. Herausnehmen, abtropfen lassen. Das Fleisch und die Pilze durch den Fleischwolf drehen, mit den Eiern, den Semmelbröseln, Pfeffer, Salz und Zwiebel zu Fleischteig verarbeiten. Die Füllmasse auf die Krautblätter streichen. Die Blätter zusammenrollen und mit Rouladenklammern oder Fäden festhalten. In heißem Fett ringsum anbraten, etwas heißes Wasser angießen, zugedeckt garen. Die Soße mit dem Mehl binden, Sahne zugießen und mit Zitronensaft, Zucker, Pfeffer und Salz abschmecken. Dazu Klöße oder Salzkartoffeln und Salat reichen.

Gespickter Hasenrücken

1 großer Hasenrücken, Salz, Pfeffer, 125 g Speck, 40 g Öl, 2 Zwiebeln, 5 zerdrückte Wacholderbeeren, $\frac{1}{8}$ l Sahne, Stärkemehl, $\frac{1}{8}$ l Rotwein, Zitronensaft, Zucker.

Den Hasenrücken enthäuten, säubern, leicht salzen und pfeffern und quer zum Rückgrat mit dünnen Speckstreifen spicken. Das Öl in der Bratpfanne heiß werden lassen, den Hasenrücken mit der Spickseite nach unten in die Pfanne legen und in die vorgeheizte Röhre schieben. Nach 15 Minuten wenden, die grob geschnittenen Zwiebeln und die Wacholderbeeren zugeben und mit anrösten lassen. Den Hasenrücken in dem Bratsatz wenden. Später den Rücken mit einem Schuß Sahne übergießen. Ist der Rücken gar, herausnehmen und warm stellen. Die restliche Sahne in den Bratsatz gießen. Das Stärkemehl mit dem Rotwein anrühren, die Soße binden. Noch mit Salz, Pfeffer, Zitronensaft und einer Messerspitze Zucker abschmecken.

Gespickte Hirschleber mit Linsengemüse

350 g Linsen, Salz, 200 g Speck, 1 Zwiebel, 1 kg Hirschleber, Pfeffer, 100 g Butter, 1 Kartoffel, Zucker, Essig, Brühe, Rotwein, Stärkemehl.
Die am Vortag eingeweichten Linsen mit etwas Salz im Einweichwasser aufsetzen und zum Kochen bringen. Die Hälfte des Specks in Würfel schneiden und anbraten, die Zwiebelwürfel zufügen, kurz durchbraten und dann beides zu den Linsen geben. Die Hirschleber mit dem restlichen, in Streifen geschnittenen Speck spicken, salzen und pfeffern. In heißer Butter anbraten, anschließend 30 Minuten im vorgeheizten Ofen braten. Unter gelegentlichem Wenden begießen. Die gegarten Linsen mit der geschälten und geriebenen Kartoffel binden, süßsauer mit Salz, Pfeffer, Zucker und einem Spritzer Essig abschmecken. Jetzt den Bratsatz der Hirschleber mit ein wenig Brühe und Rotwein ablöschen. Aufkochen lassen, würzen und mit kalt angerührtem Stärkemehl binden. Die auf Teller verteilten Leberscheiben mit Soße bedecken

und mit dem Linsengemüse auftragen. Dazu Salzkartoffeln servieren und nach Belieben Rotwein reichen.

Hasenpastete

1 Hase (ohne Hasenklein), 250 g Speck, 30 g Butter, 500 g Bratwurstfleisch oder Kotelettstück, 2 Zwiebeln, 125 g Leber, 1 altbackenes Brötchen, 50 g Rindermark, Salz, Pfeffer, Zitronensaft.
Das vorbereitete Hasenfleisch spicken und 30 Minuten in Butter braten. Inzwischen das Fleisch, Speck und die Zwiebeln 60 Minuten in nicht zu viel Wasser kochen. Die Leber durch den Fleischwolf drehen. Das gare Fleisch und den Speck in Stücke schneiden und ebenfalls durch den Fleischwolf drehen. Das Brötchen einweichen und mit dem Rindermark dazugeben. Alles gut mischen. Die Masse noch einmal durch den Fleischwolf geben und gut mit Salz, Pfeffer und Zitronensaft abschmecken. Nun das Hasenfleisch von den Knochen lösen und in längliche, nicht zu dicke Stücke schneiden. Die Knochen zerkleinern und mit der Bratensoße etwa 30 Minuten in der Speckbrühe kochen. Die Knochenbrühe sollte etwa $\frac{3}{8}$ bis $\frac{1}{2}$ Liter ergeben. Durch ein Sieb an die Leber-Bratwurstfleisch-Masse gießen, so daß ein geschmeidiger, dicker Brei entsteht. Eine Kastenform ausfetten, dünn mit Speckscheiben auslegen. Abwechselnd Hasenfleisch und Pastetenbrei hineinfüllen, die oberste Schicht muß Brei sein. Mit Speckscheiben bedecken, gut verschließen und bei schwacher Mittelhitze etwa $1\frac{1}{2}$ Stunden in der Röhre backen. Die Form darf nicht zu voll sein, weil sonst das Fett ausläuft und die Pastete trocken wird. Ungeöffnet hält sie sich wochenlang. Beim Anrichten mit einem Messer vom Rand lösen, stürzen und in halbfingerdicke Scheiben schneiden. Mit verschiedenen frischen Salaten auftragen.

FISCHE
UND
KREBSE

Wenn es früher in Rostock, Schwerin, Neubrandenburg oder anderswo in Mecklenburg hieß: »Runner von'n Disch, Mutte kaokt Fisch«, dann konnte man eines durchaus gewöhnlichen Wochentages gewiß sein; Fisch – und so schnell ändern sich mit den Zeiten auch die Ernährungsmöglichkeiten – war einst ein häufiges und billiges Nahrungsmittel. Das demzufolge viele lange Jahre argwöhnisch von den Festtafeln ferngehalten und in Mecklenburg erst zu Beginn des 17. Jahrhunderts für würdig befunden wurde, einen Hochzeitsschmaus gebührlich zu bereichern.

Als Glücksbringer jedoch konnte der Fisch selbst schon damals auf eine gehörige »Dienstzeit« zurückblicken: Seit jeher scheinen in Mecklenburg die Fische unter den Silvestergerichten eine besondere Stellung eingenommen zu haben. Schließlich sollte Fischessen Glück bringen, wie diese mecklenburgische Volksweisheit verrät: »Olljohrsabend (Silvester) möt man Schuppenfisch äten un den Schuppen in't Portemonnaie stäken, denn ward dat nich leddig.«

Warum es ausgerechnet dem Karpfen gelungen ist, nicht nur am Silvester-, sondern immer häufiger auch am Weihnachtsabend Stammgast in Mecklenburger, Thüringer oder Lausitzer Haushalten zu sein, wird wohl ewig ein Geheimnis bleiben. Zumal er in der Regel blau – also gastronomisch nicht gerade ausgesprochen aufregend – auf den Tisch kommt. Vielleicht liegt die inzwischen europäisch gewordene Karpfen»liebe« ganz einfach aber auch nur darin begründet, daß mit dem Karpfen besonders schnell besonders große Fischportionen auf die Teller wachsen. In unserem Land jedenfalls sind es inzwischen weit über 12 000 Tonnen, die in nur einem Jahr produziert, geerntet und verspeist werden – ohne die geangelten.

Weit mehr Beachtung als der Karpfen fand schon vor Jahren der Hering; auch in Volksmund und Literatur. Und dies, obwohl er – vor allem im Binnenland – lange Zeit sogar als ungenießbar galt. So verunsicherte 1581 in Sachsen die Fisch-Feinschmecker das Gerücht, der Hering habe Würmer im Bauch! Erst als eine besorgt zusammengetretene Sachverständigen-Kommission diese sehr üble Nachrede widerlegte, öffneten sich auch die Sachsen wieder dem wohl schmackhaftesten und sicher auch am vielseitigsten zu nutzenden Meeresbewohner. Die unbestreitbaren Vorzüge des Herings hatten gut 250 Jahre vor dem sächsischen Heringsboykott die Preußen schon lange erkannt; sie waren dem schlanken und silberglänzenden Fisch so verfallen, daß sie 1313 einen mißratenen Heringsfang als Strafe Gottes auffaßten. Diese Meinung wurde durch den Zufall begünstigt, daß im Jahr davor ein so großer Fisch ins Netz gegangen war, daß man im Nachhinein glaubte, den Königshering gefangen zu haben. Ein wieder reichlicher Fang ein Jahr später ließ die Preußen erleichtert aufatmen und die Version von der »Gottesstrafe« für alle Zeit im Meer versinken.

Vor allem für die armen Menschen an der Küste war der Hering jahrhundertelang ein Inbegriff für Fisch schlechthin. Ob eingelegt oder in Stücke geschnitten, ob gebraten oder gebacken, garniert mit Zwiebel oder Gurke – der Hering konnte sich auf jedem Tisch sehen lassen; auch (aber eben erst seit dem 17. Jahrhundert) auf dem Sonntagstisch, was dieser alte Reim belegt: »Wenn't Sönndag is, wenn't Sönndag is, / Da gift et widder Hering, / De Voader krigt das Middelstück, / De Moeder krigt den Kopp und Steert, / Wi Kinner krigt den Rögen.« Kochbücher jener Zeit erhoben »gesaltzene frische Heringe« sogar in den Stand der »Medicinal-Speise« –

freilich nur, wenn man sie »mäßig« und »zu Zeiten genossen«.

Auch heute noch genießt der Hering – der sich inzwischen sehr rar gemacht hat – noch oder seiner Seltenheit wegen gerade wieder eine Favoritenstellung. Und wenn man ihn »zu Zeiten genießt«, dann ist ihm eine gewisse medizinische Wirkung in der Tat nicht abzusprechen. Hermann Mostar, ein in Gerbitz bei Bernburg geborener Schriftsteller, sieht es so: »Er ist der hilfreichste Fisch, denn er beseitigt den Katzenjammer.« Nüchtern betrachtet, kann man es aber auch so formulieren: Der Hering unterstützt die menschlichen Bemühungen, den manchmal durch Alkohol strapazierten Salzhaushalt des Körpers – zum Beispiel am Neujahrstag! – wieder in Ordnung zu bringen. Was ihm als Rollmops bekanntlich am besten gelingt. Und der wurde erstmals in Berlin gewickelt!

Daß solcherart Herings-Wohlwollen vor allem in den »Kreisen der Fische« auf Neid und Mißgunst traf, läßt sich denken. Fritz Reuter weiß davon ein Lied zu singen – in seinem Flundermärchen »Läuschen un Rimels«. Denn als bei einem Wettschwimmen der Fische ausgerechnet der Hering leichtflossig davoneilte, rief die Flunder verbittert: »Ist der Hering auch ein Fisch?« Da diese Frage eine vorsätzliche Beleidigung war, blieb der Flunder ihr hämisches Maul schief stehen. Bis heute.

Natürlich begeistern sich die Feinschmecker zwischen Kap Arkona und Bad Brambach auch noch für viele andere große und kleine Fische. Für die Forelle zum Beispiel, die nicht mehr nur in klaren Bergbächen blinkt, sondern sehr erfolgreich auch im Brackwasser der Ostseeküste gehalten und gemästet wird. Oder für den Hecht, der allerdings schon zu Theodor Fontanes Zeiten und auch von ihm selbst besungen wurde: »Das wäre kein echtes Spreewaldmahl, wenn nicht ein Hecht auf dem Tisch stünde.

Die Leber ist von einem Hecht und nicht von einem Schleie. Der Fisch will trinken, gebt ihm was, daß er vor Durst nicht schreie.«

Womit sich im Gefolge eines solchen Spreewaldmahles diese alte Zustandsbeschreibung – die in einen Tellerspruch gekleidet ist – bewahrheitet haben dürfte: »Der Hecht ist grau. / Recht hat die Frau. / Blau ist der Hecht. / Die Frau hat Recht.« Eine alte, in kühlschranklosen Zeiten entstandene »Regel« empfiehlt, in Monaten ohne »r« keinen Fisch zu essen. Diese schlimme Periode konnte nur freudvoll überstehen, wer sich dafür an Krebsen schadlos hielt; diese sollten – wahrscheinlich, weil sie in den Sommermonaten am leichtesten zu fangen waren – in Monaten ohne »r« am schmackhaftesten sein. Wie dem auch sei – als die besten ihrer Art galten seit jeher die Oder- und Havelkrebse. Vor allem aber gab es von ihnen so viele, daß man sie im Frühjahr, wenn sich im Oderbruch das Hochwasser verlief, zu Tausenden von den Bäumen schütteln konnte. Damals brachte ein Schnellzug die Krebse täglich von Berlin nach Paris, wo sie in Feinschmeckerrestaurants als begehrte Spezialitäten angeboten wurden. Eine Krebsseuche, die in den 80er Jahren des vergangenen Jahrhunderts von Italien ausging, bereitete dem Oder-Havel-Krebs-Hoch allerdings recht schnell ein Ende. Dies war auch die Zeit, da – der bewußten Monate ohne »r« wegen – die Entwicklung von Kältemaschinen dem Fischverzehr eine »grenzenlose« Zukunft wies.

MECKLENBURG

Gebratener Hecht

1,5 kg Hecht, 100 g Speck, 1 Teel. Salz, 50 g Butter, ⅛ l saure Sahne.

Den vorbereiteten Fisch spicken, danach salzen. In einer flachen Bratpfanne ohne jedes Gewürz in Butter braten. In den letzten 10 Minuten die saure Sahne neben den Fisch geben und vorsichtig etwas anbräunen lassen. Den fertigen Hecht herausnehmen, den Sahne- und Butteransatz in der Pfanne lösen, indem man ihn mit heißem Wasser verrührt. Den Fisch mit dieser Sahnetunke servieren.

Gebratene Heringe

1 kg Heringe, 2 Zitronen, Salz, Pfeffer, 4 Eßl. Mehl, ⅛ l Öl, Dill, 125 g Mayonnaise, 1 Flasche Joghurt, 4 kleine Gewürzgurken, 1 eingelegte Paprikafrucht, 2 hartgekochte Eier, Petersilie.

Die gesäuberten Heringe mit etwas Zitronensaft beträufeln, salzen, pfeffern, in Mehl panieren und in heißem Öl von beiden Seiten knusprig braten. Dann warm stellen. Etwas Dill hacken, mit Mayonnaise, Joghurt, Gewürzgurken- und Paprikawürfeln vermischen. Eier und Petersilie fein hacken und unter die Remouladensoße rühren. Die Fische mit Zitronenscheiben und dem restlichen Dill garnieren. Die Remouladensoße extra servieren.

Gebratene Flundern

1 kg Flundern, Salz, Pfeffer, Zitronensaft, 4 Eßl. Mehl, 100 g Speck, 50 g Butter.

Die Fische ausnehmen und säubern, die Flossen kürzen. Mehrere Kerben in den Rücken schneiden, salzen und pfeffern. Mit Zitronensaft beträufeln, kurz ziehen lassen. Die Fische in Mehl panieren, Speck auslassen und darin von beiden Seiten braun braten. Zum Schluß Butter zugeben. Beim Anrichten das heiße Fett über die Flundern gießen.

Eingelegter Ostseehering nach Stralsunder Art

8 Heringe mittlerer Größe, Salz, Pfeffer, 2 Eßl. Mehl, 4 Eßl. Öl, 2 Zwiebeln, 1 Zitrone, ¾ Eßl. Essig, ½ l helles Bier.

Die Heringe ausnehmen, schuppen und säubern. Abtropfen und trocknen lassen, mit Salz und Pfeffer würzen und in Mehl wälzen. In der Pfanne in heißem Öl unter öfterem Wenden durchbraten, bis sie eine schöne braune Farbe haben. Die gebratenen Heringe in eine Schüssel legen. Zwiebeln schälen und in Scheiben schneiden, die Zitrone ebenfalls schälen und in Scheiben schneiden. Die Scheiben zwischen die Heringe legen, Essig und Bier darübergießen und einen Tag lang marinieren lassen.

Gebackene Heringsdorfer Flundern

8 kleine Flundern, Salz, 2 verquirlte Eier, 100 g Semmelbrösel, 200 g Speck, Petersilie.

Die vorbereiteten Fische mit Salz einreiben und 2 Stunden ziehen lassen. Dann in Ei und danach in den Semmelbröseln wälzen. In dem zerlassenen Speck ausbacken, bis sie goldgelb sind. Mit Petersiliensträußchen, die in das siedende Fett getaucht wurden, garnieren. Dazu paßt Kartoffelsalat.

Gebackene Salzheringe auf mecklenburgische Art

Die Flossen werden abgeschnitten, Gräten und Rogen oder Milch entfernt, und die Heringe einen Tag in Milch gelegt, damit die salzigen Teile herausziehen. Danach werden sie abgetrocknet, in einer Tunke von Wein, einigen Eidottern und etwas Mehl umgedreht und in heißer Butter gebacken. Man gibt diese Heringe zu Sauerkraut.

Aal gebacken

1 Aal (etwa 750 g), Salz, 2 Eier, 100 g Mehl, 100 g Semmelbrösel, Backfett.

Den vorbereiteten Aal in Stücke schneiden. In Salzwasser einmal aufkochen, abtropfen lassen. In Ei, Mehl und Semmelbröseln wälzen und von allen Seiten schön braun backen.

Hechtfrikassee

1 Hecht (1,5 kg), Salz, 60 g Butter, 20 g Margarine, $\frac{1}{4}$ l Weißwein, 5 Sardellenfilets, 5 Zitronenscheiben, Semmelbrösel, $\frac{1}{8}$ l saure Sahne.

Den vorbereiteten Hecht in Stücke schneiden und in ein feuerfestes Gefäß legen. Salzen, mit Butter und Margarine bestreichen. Den Wein darübergießen. Die Sardellenfilets und die Zitronenscheiben fein wiegen, dazugeben und alles mit Semmelbröseln überstreuen. Die Kasserolle zudecken, die Hechtstücken langsam weichdämpfen. Den Fischsud mit verrührter saurer Sahne binden. Das Hechtfrikassee auf einer vorgewärmten Platte in einem Kartoffelbreirand anrichten.

Barsch mit Dill

1,5 kg Barsch, 1 Eßl. Salz, Petersilie, Lorbeerblatt, 6 Pfefferkörner, 1 Möhre, 2 Eßl. Mehl, 2 Eßl. Butter, $\frac{1}{8}$ l saure Sahne, 1 Eßl. Dill.

Den Barsch vorbereiten, in Stücke schneiden und im Fischsud mit den Gewürzen und der Möhre garkochen. An die Brühe eine helle Mehlschwitze, saure Sahne und Dill geben. Über Salzkartoffeln anrichten.

Aal in Bier

1 großer oder mehrere kleine Aale, Salz, 1 Flasche helles Bier, 3 kleine gehackte Zwiebeln, 1 Lorbeerblatt, Gewürzkörner, 2 Eßl. Butter, etwas Kartoffelmehl.

Den großen Aal enthäuten, die kleinen Aale nur gründlich mit Salz abreiben, ausnehmen und waschen. Aale in eine tiefe Kasserolle legen und Bier darüber gießen. Zwiebeln und Gewürze hinzufügen, kochen und mehrmals abschäumen. Zum Schluß die Butter hinzufügen und die Brühe mit kalt angerührtem Kartoffelmehl leicht sämig kochen.

Zander auf mecklenburgische Art

1 Zander (1,5 kg), Salz, Mehl, Eiweiß, Semmelbrösel, 50 g Butter, 1 Eßl. Öl, 1 Zitrone.

Den Fisch schuppen, säubern, von den Gräten lösen und in Filetstücke schneiden. Salzen und 2 Stunden ziehen lassen. Abgetrocknet mit Mehl bestäuben, durch Eiweiß ziehen und in Semmelbröseln wälzen. Butter und Öl erhitzen, die Filetstücke von jeder Seite goldbraun backen. Warm stellen und zum Anrichten mit Zitronenachteln garnieren. Dazu Salzkartoffeln und Salat auftragen.

Zander mit Meerrettich

1 Zander (etwa 1,5 kg), Salz, 1 grob gehackte Zwiebel, 1 Lorbeerblatt, 1 Eßl. Fischgewürz, 100 g frisch geriebener Meerrettich, 100 g Butter.

Den Fisch schuppen, ausnehmen und waschen. In 3 cm breite Streifen schneiden und in Salzwasser mit der Zwiebel, dem Lorbeerblatt und dem Gewürz garziehen lassen. In einer Schüssel anrichten, mit Meerrettich überstreuen und mit zerlassener Butter übergießen.

Heringspfännchen

2 große Salzheringe, 6 Eßl. in Würfel geschnittene Bratenreste, 1 in Butter weich gedünstete Zwiebel, 3 Eigelb, gehackte Petersilie, 4 Eßl. saure Sahne, 6 Eßl. Semmelbrösel und Butter zum Überbacken.

Die Heringe 3 Stunden wässern, enthäuten, entgräten und sehr fein hakken. Mit den übrigen Zutaten gut vermischen und in feuerfeste Förmchen füllen. Semmelbrösel darüberstreuen, mit Butterflöckchen belegen und etwa 20 Minuten in der Röhre goldgelb überbacken.

Aal in Sauer

2 Aale (etwa 1,5 kg), Salz, Essig, Scheiben von 1 Zitrone, 1 Teel. Salbei, 1 grob gehackte Zwiebel, Lorbeerblatt, Gewürzkörner.

Die Aale so lange mit Salz reiben, bis die Haut bläulich schimmert. Dann ausnehmen und in fingerlange Stücke schneiden. In die Haut mehrere Kerben schneiden und die Aalstücke noch 1 Stunde ziehen lassen. Nun je zur Hälfte mit so viel Essig und Wasser übergießen, daß die Aalstücke bedeckt sind. Zitronenscheiben, Salbei, Zwiebel, Lorbeerblatt, Salz und Gewürzkörner hinzugeben, etwa 30 Minuten auf kleiner Flamme kochen und dabei öfter abschäumen. Alles in eine Porzellanschüssel gießen, kalt werden lassen und bis zum Gebrauch fest zudecken oder zubinden.

Heringsfilet auf Apfelscheiben

8 Salzheringe, Pfeffer, Zitronensaft, 4 feste, säuerliche Äpfel, 4 Zwiebeln, Petersilie.

Die Heringe filetieren und gut wässern, mit Pfeffer und Zitronensaft würzen. Die Äpfel schälen, Kerngehäuse entfernen, in Scheiben schneiden. Die Fische darauf anrichten und mit feinen Zwiebelringen belegen. Mit gehackter Petersilie bestreuen und garnieren.

Heringssoße

2 Salzheringsfilets, 2 Zwiebeln, 2 Eßl. Mehl, 50 g Schmalz, etwas Fleischbrühe, Weißwein, 1 Teel. gehackte Kapern, Zitronenschale, Muskat, 2 Teel. gehackte Kräuter.

Die Heringsfilets wässern und anschließend fein wiegen. Zwiebeln schneiden, fein hacken und mit dem Mehl in zerlassenem Schmalz gelb rösten. Mit Brühe auffüllen, die feingewiegten Salzheringe dazugeben. Mit Weißwein, Kapern und der abgeriebenen Zitronenschale zu einer pikanten Soße verkochen. Nach Belieben passieren. Zum Schluß mit etwas Muskat würzen und die feingehackten Kräuter dazugeben.

Barsche in Weingelee

1,2 kg Barsche, Essig, Salz, 1 Zwiebel, 1 Lorbeerblatt, Pfefferkörner, 1 Nelke, 2 Zitronenscheiben, 1 Messerspitze Basilikum, 1 Messerspitze Thymian, 1 Päckchen weiße Gelatine, ¼ l Weißwein, Zitronensaft, Pfeffer.

Die Barsche sorgfältig ausnehmen und gründlich waschen. 1 Liter Wasser mit Essig und Salz kräftig abschmecken. Die Zwiebel, das Lorbeerblatt und die anderen Gewürze hineingeben, 15 Minuten zugedeckt durchkochen, dann abseihen. Jetzt die Fische dazugeben und bei schwacher Hitze garziehen lassen. Herausnehmen, wenn sie im Sud ausgekühlt sind, schuppen und nebeneinander auf einer Platte anrichten. Nun Gelatine in 6 Eßlöffel Wasser 10 Minuten quellen lassen und in ¼ Liter heißem Fischsud lösen. Mit dem Weißwein verrühren und mit Zitronensaft, Salz und Pfeffer abschmecken. Kurz vor dem Erstarren über die Barsche geben.

Heringsklopse

500 g Hering, 375 g Hackfleisch halb und halb, 1 Brötchen, 1 Zwiebel, 1 Ei, Salz, Pfeffer. Für die Soße: 40 g Mehl, 40 g Butter, ½ l Fleischbrühe, Salz, 1 Eßl. Kapern, 1 Eßl. saure Sahne, 1 Eigelb.

Die Heringe über Nacht wässern, filetieren und abtropfen lassen. Durch den Fleischwolf drehen und mit dem Hackfleisch, dem eingeweichten und gut ausgedrückten Brötchen, der in feine Würfelchen geschnittenen Zwiebel und dem Ei zu einem Teig verarbeiten. Mit Salz und Pfeffer abschmecken und 8 bis 10 kleine Klopse formen. Mehl in Butter hellgelb schwitzen, unter ständigem Rühren die Fleischbrühe angießen, 10 Minuten kräftig durchkochen. Mit Salz abschmecken, Kapern, Sahne und Eigelb hineingeben. Die Klößchen etwa 30 Minuten in der würzigen Soße garen. Mit Kartoffelbrei auftragen.

Tomatenfisch

800 g Fischfilet, Zitronensaft, Salz, 500 g Tomaten, 500 g Zwiebeln, 50 g Butter oder Margarine, Pfeffer, 2 Eßl. Reibekäse, 1 Eßl. Semmelbrösel, Schnittlauch.

Das Fischfilet waschen, in Portionsstücke schneiden, mit Zitronensaft beträufeln, salzen und zugedeckt ein wenig stehen lassen. Tomaten und Zwiebeln in Scheiben schneiden und mit den Fischwürfeln in eine gefettete feuerfeste Form geben. Leicht salzen und pfeffern, den Reibekäse, die Semmelbrösel und Margarineflöckchen darüberstreuen. Den Fisch bei Mittelhitze im Backofen 20 Minuten backen. Mit Schnittlauchröllchen bestreuen und alles mit Salzkartoffeln oder Risotto servieren.

RUND UM BERLIN

Gebackener Hecht

1 Hecht (etwa 1 kg), Salz, 40 g Speck, 50 g Butter oder Margarine, ⅛ l saure Sahne, 1½ Teel. Stärkemehl, Zitronensaft.

Den Hecht vorbereiten und filetieren, die Portionen auf beiden Seiten salzen und in eine Pfanne legen. Speckwürfel auslassen, auf kleiner Flamme mit der Butter verrühren und über die Filetstücke gießen. In der heißen Röhre garen, dabei mehrfach mit dem Fett begießen. Gegen Ende der Bratzeit saure Sahne und Stärkemehl verrühren, den Bratsatz damit löschen und mit Zitronensaft und Salz abschmecken. Mit Kartoffelsalat auftragen.

Aal grün

1 kg Aal, 2 Zwiebeln, 1 Zweig Salbei, Salz, 12 Pfefferkörner, Lorbeerblatt, 2 Eßl. Mehl, 2 Eßl. Butter, ⅛ l saure Sahne, Petersilie, 1 bis 2 Eßl. Dill.

Den Aal in Stücke schneiden, in wenig Wasser legen und Zwiebeln, Salbei, Salz, Pfefferkörner und Lorbeerblatt dazugeben. Alles weichkochen lassen. Dann die Brühe abgießen und sorgfältig entfetten. Eine helle Mehlschwitze mit der Aalbrühe ablöschen und sämig aufkochen. Die saure Sahne und die gehackten Kräuter dazugeben und die Aalstücke hineinlegen. Kurz aufwallen lassen. Die Speise gleich mit Salzkartoffeln zu Tisch geben.

Aal in Dillsoße

1 kg Aal, ⅛ l Essigwasser, 40 g Margarine, 40 g Mehl, ¾ l Brühe oder Wasser, Wurzelwerk, 1 Zwiebel, Estragon oder Thymian, Salbei oder Pfefferminze, 2 Eßl. gehackter Dill.

Den sauber ausgenommenen Aal gut waschen, in Portionsstücke von etwa 50 Gramm teilen und mit kochendem Essigwasser übergießen. In der Margarine das Mehl gelb schwitzen und mit der Brühe auffüllen. Für die Brühe Wasser mit vorbereitetem kleingeschnittenem Wurzelwerk und 1 kleinen Zwiebel ansetzen und etwa 10 Minuten sieden lassen. Dann Estragon oder Thymian und 1 Blatt Salbei oder Pfefferminze zugeben. Aufkochen und 10 Minuten ziehen lassen. Die Aalstücke zugeben und 15 bis 20 Minuten auf kleiner Flamme sieden lassen. Dann den Dill zugeben und den Fisch noch 10 Minuten ziehen lassen.

Hecht auf Potsdamer Art

1,5 kg Hecht, ¼ l Weißwein, Pfeffer, Salz, 1 Zwiebel, 50 g Butter, 1 Eßl. Mehl, Kapern, Gurkenscheiben, Meerrettich, Petersilie.

Die Hechtstücke in einer flachen Kasserolle mit Weißwein und Gewürzen kochen, dann herausnehmen, den Sud durch ein Sieb gießen. Inzwischen etwas Zwiebel und Butter angehen lassen, mit etwas Mehl bestreuen, den Sud hinzugießen, die Tunke auf dem Feuer rühren, bis sie gebunden ist, beiseite stellen und noch einige Zeit ziehen lassen. Entfetten, über den Fisch gießen, alles noch 10 Minuten ziehen lassen. Das Gericht mit Kapern, Gurkenscheiben, geriebenem Meerrettich und gehackter Petersilie vollenden.

Schleie blau

1 kg Schleie, ⅛ l Essig, Salz, 100 g Meerrettich, ¼ l Sahne, Zucker, 1 Zitrone.

Die Fische vorsichtig und sauber ausnehmen, gut säubern, dabei aber nicht die Schleimhaut verletzen. Dann mit warmem Essig übergießen. In etwa 2 Liter Wasser Essig und Salz geben, aufkochen lassen. Die Fische einzeln hineingleiten und auf kleiner Flamme etwa 15 bis 20 Minuten ziehen lassen. Geriebenen Meerrettich mit Sahne, einigen Tropfen Essig, Salz und Zucker verrühren, auf die Fische geben und mit Zitronenecken garnieren.

Forelle blau

4 Forellen, 1 Zwiebel, Saft von $\frac{1}{2}$ Zitrone, Wurzelwerk, 2 Lorbeerblätter, 5 Pimentkörner, $\frac{1}{4}$ l Essig, 1 Prise Salz, 120 g Butter.

Die Forellen sorgfältig vorbereiten – dabei beachten, daß der Schleim der Forellenhaut nicht verletzt wird. Dann die Zwiebel, den Zitronensaft, das kleingeschnittene Wurzelwerk, die Lorbeerblätter, die Pimentkörner, den Essig und Salz in 2 Liter Wasser zu einem Sud verkochen. Die Forellen hineinlegen und bei etwa 90 Grad 10 Minuten garziehen lassen. Mit frischer oder zerlassener, nicht gebräunter Butter heiß auftragen.

Schleie in Senfsoße

1 kg Schleie, Salz, Zitronensaft, Butter, $\frac{1}{8}$ l Weißwein, 1 Zwiebel, 1 Möhre, $\frac{1}{2}$ Lorbeerblatt, 3 Pfefferkörner, 1 Eßl. gehackte Kräuter, Butterflöckchen. Für die Senfsoße: 30 g Butter, 30 g Mehl, $\frac{1}{2}$ l Brühe, 2 Eßl. Senf, 3 Eßl. Sahne, gehackte Petersilie.

Den vorbereiteten Fisch mit Salz und Zitronensaft würzen. Eine feuerfeste Form fetten, die Fische hineinlegen, Wein angießen, Zwiebel, in Scheiben geschnittene Möhre, Gewürze und Kräuter dazugeben. Die Schleie mit Butterflöckchen belegen und im vorgeheizten Backofen 20 bis 25 Minuten

gardünsten. Brühe vorsichtig abgießen. Von Butter und Mehl eine helle Schwitze bereiten, mit Brühe auffüllen und 10 Minuten durchkochen. Mit Senf abschmecken, Sahne hineingeben. Die Senfsoße über den Fisch gießen, Kräuter aufstreuen, nochmals kurz im Ofen überbacken.

Karpfen mit polnischer Sauce

Bei dem Stechen des Karpfens muß das Blut hierzu recht sorgfältig in rothem Wein aufgefangen und der Fisch geschuppt werden. Dann schneidet man ihn nach dem Aufreißen in ziemlich große Stücke, thut Lorbeerblätter, Salz, englisches Gewürz, Nelken, einige in Viertel geschnittene Bollen und Mohrrüben in einen breiten Topf, legt die Karpfenstücke so hinein, daß ihre Fleischseite nach unten kommt, und thut ein gutes Theil Butter daran. Nun wird das aufgefangene Blut mit so viel kaltem, recht starkem Weißbiere begossen, daß es die Fischstücke nur spärlich bedeckt. Hiermit muß der Karpfen ganz langsam weich kochen, bis die Sauce noch mit geriebenem Pfefferkuchen sämig gemacht wird.

Rollmops

8 grüne Heringe, Salz, 2 Eßl. Senf, 1 Röhrchen Kapern, 1 Eßl. Pfefferkörner, 2 Zwiebeln, 4 saure Gurken, Essig, 2 Lorbeerblätter, Zucker, Dill.

Die vorbereiteten Heringe aufklappen, salzen und mit Senf bestreichen. Kapern und Pfefferkörner grob hakken, die Zwiebeln in feine Scheiben und die Gurken in Keile schneiden. Dies alles über die Heringsinnenseiten verteilen. Die Heringe zusammenrollen, mit einem kleinen Hölzchen zustecken und in einen Steintopf schichten. Aus dem Wasser mit Essig, Lorbeerblättern, wenig Salz und etwas Zucker eine kräftige Marinade kochen, erkalten lassen und über die gerollten Heringe gießen. Ein paar Stiele Dill dazwischenlegen. 4 bis 5 Tage zugedeckt und kühl gestellt durchziehen lassen.

Schellfisch in Senfbutter

1,2 kg Schellfisch, 1 Zwiebel, Salz, 1 kleines Lorbeerblatt, 10 Gewürzkörner, 1 Nelke, 80 g Butter, 1 Eßl. Senf, Petersilie, Zitronenscheiben.

Den vorbereiteten und in Stücke geschnittenen Schellfisch in 1 Liter kochendes Wasser legen, das mit der Zwiebel und den Gewürzen angesetzt wurde. 10 Minuten darin ziehen lassen. Die Butter in einer Pfanne aufschäumen lassen, mit dem Senf verrühren und in eine vorgewärmte Soßenschüssel geben. Die Schellfischstücken herausnehmen, abtropfen lassen und auf einer ebenfalls vorgewärmten Platte anrichten. Mit Petersilie und Zitronenscheibchen garnieren. Dazu die Senfbutter geben.

Hechtklöße

600 g Hechtfilet, 200 g Kalbsnierenfett, Salz, weißer Pfeffer, Zitronensaft, $\frac{1}{8}$ l Milch, 4 Eigelb, 1 Lorbeerblatt, 2 Gewürzkörner, 2 Eßl. Essig, $\frac{1}{2}$ Zwiebel, Petersilie.

Das Filet enthäuten und entgräten, mit dem Nierenfett kleinhacken und zweimal durch den Fleischwolf drehen. Mit Salz, Pfeffer und Zitronensaft würzen. Die Milch zum Kochen bringen, die Eigelb hineingeben, verrühren und mit der Hechtmasse gut vermischen. Klöße formen und in siedendem Salzwasser unter Zugabe von Lorbeerblatt, Gewürzkörnern, Essig und Zwiebel garziehen lassen. Herausnehmen, mit gehackter Petersilie bestreuen und zu Butterreis und Salat auftragen.

SPREEWALD

Glashüttenessen

8 Salzheringe, 1 kg Kartoffeln, 100 g Speck, Pfeffer, Petersilie, 1 Eßl. Margarine, 4 Zwiebeln, Lorbeerblätter, $\frac{1}{2}$ l helles Bier, saure Gurken.

Die 24 Stunden gewässerten, geputzten und gewaschenen Fische etwas abtropfen lassen. Die Kartoffeln in der Schale kochen, pellen und in Scheiben schneiden. Den Speck in lange dünne Scheiben schneiden und je zwei davon in den Bauch der Heringe geben. Grobgemahlenen Pfeffer und grobgehackte Petersilie darüberstreuen. Eine Bratpfanne mit Margarine ausfetten, die Heringe hineinlegen und die in Scheiben geschnittenen Zwiebeln sowie die Kartoffelscheiben und 1 bis 2 Lorbeerblätter darübergeben. 2 bis 3 Eßlöffel Bier angießen und das Ganze etwa 30 Minuten bei mittlerer Hitze in der Röhre garen lassen. Anschließend das restliche Bier dazugießen und nochmals 10 Minuten in der Röhre dünsten lassen. Das Gericht mit grobgemahlenem Pfeffer und gehackter Petersilie überstreut und mit sauren Gurken garniert anrichten.

Bratfisch mit Petersilie

1,2 kg Bratfisch, Salz, Pfeffer, 2 Eßl. Mehl, 2 Eßl. Margarine, Petersilie.

Den vorbereiteten Fisch entgräten und portionieren. Mit Salz und Pfeffer bestreuen und in Mehl wenden. In der erhitzten Margarine braten, anschließend auf eine vorgewärmte Platte legen. Die gewaschene Petersilie leicht in einem sauberen Tuch abtrocknen und mit in das vom Braten des Fisches übriggebliebene Fett tauchen. Schnell überbraten und damit den Fisch garnieren. Das restliche Fett über den Fisch gießen.

Gebackene Karpfenstücke

1 Karpfen (1,5 kg bis 2 kg), Pfeffer, Salz, Mehl, Öl, 4 Eier, Semmelbrösel, 1 Zitrone, Petersilie, Meerrettich.

Den vorbereiteten Karpfen halbieren und in Portionsstücke teilen. Pfeffern, salzen, in Mehl wenden, durch mit wenig Wasser und Öl geschlagene Eier ziehen und mit Semmelbröseln panieren. Die Karpfenstücke mit der Hautseite nach unten in einen hohen Topf mit heißem Öl geben und von beiden Seiten goldgelb backen. Nach etwa 15 Minuten herausnehmen und abgetropft auf einer Platte anrichten. Mit Zitronenscheiben und Petersilie garnieren. Dazu Meerrettich reichen.

Fischfilet auf Spreewälder Art

1 kg Fischfilet, 1 Zitrone, Glutal, 3 Möhren, ½ Knolle Sellerie, 4 Zwiebeln, 2 Stangen Porree, 6 Eßl. Öl, ¼ l saure Sahne, ½ Eßl. Stärkemehl, 1 Salatgurke, Petersilie.

Das Fischfilet mit dem Saft einer Zitrone und Glutal kurz marinieren. Möhren, Sellerie, Zwiebeln und Porree putzen und in feine Streifen schneiden. In erhitztem Öl anschwitzen, etwas Wasser zugießen und 5 Minuten dünsten lassen. Das marinierte Fischfilet auf das Gemüse geben. Die saure Sahne mit Stärkemehl verrühren und darübergießen. Alles etwa 10 Minuten garziehen lassen. Dann den Fisch herausnehmen und auf einer Platte anrich-

ten. Den Gemüseansatz noch einmal aufkochen lassen. Die Salatgurke in Streifen schneiden, die Petersilie feinhacken, beides untermischen. Die Soße pikant abschmecken.

Aal in Bier

1,2 kg Aal, 1 Flasche helles Bier, 1 Glas Rotwein, 1 große Zwiebel, 1 Lorbeerblatt, 10 Pfefferkörner, 6 Nelken, etwas Kartoffelmehl, Salz.

Den Aal putzen und in Stücke schneiden. Bier, Rotwein, Gewürze und die Aalstückchen mit dem nötigen Wasser in einer Kasserolle ansetzen und weichkochen. Die Brühe sorgfältig entfetten und mit Kartoffelmehl eindicken, so daß eine sahnige Biertunke entsteht. Fisch in eine Schüssel und die Soße durch ein Sieb darüber geben.

Karpfen Sohländer Art

1 mittelgroßer Karpfen (etwa 1,5 kg), Zitronensaft, Wurzelwerk, 2 Nelken, 1 Lorbeerblatt, 1 Liter Malzbier, 50 g Margarine, etwas Zucker, Mehl, 100 g Speisepfefferkuchen, 200 g Rosinen, 200 g Mandelstifte.

Vorbereitete Karpfenfilets mit Zitronensaft beträufeln und zunächst beiseite stellen. Kopf, Schwanz, kleingeschnittenes Wurzelwerk, Nelken, Lorbeerblatt und Bier in eine Kasserolle geben. Aufkochen lassen und abschäumen, danach noch 30 Minuten kochen. Inzwischen aus Margarine, Zucker und Mehl eine Schwitze bereiten und mit dem durchgeseihten Fischsud, dem geriebenen Speisepfefferkuchen, den Rosinen und den Mandelstiften leicht kochen. Die Karpfenstücke in der sämigen Soße garziehen lassen.

Schleie in Dillsoße

4 Schleie, Salz, ⅜ l Milch, 100 g Butter, 2 Eßl. Mehl, 1 Eigelb, Dill.

Die vorbereiteten Fische nach dem Einschneiden in das Rückgrat in siedendes Salzwasser legen und garziehen lassen. Inzwischen die Milch aufkochen, einige Eßlöffel Fischsud zufügen, die Hälfte der Butter mit dem Mehl verkneten und zugeben. Mit dem Eigelb die Soße abziehen. Zuletzt den Dill fein wiegen und hineingeben. Erst jetzt die Flosse der Schleie abschneiden, die Fische auf eine heiße Platte legen und mit der Soße begießen. Darüber zerlassene Butter geben.

Hecht in Spreewaldsoße

Wurzelwerk, 2 Zwiebeln, 2 Lorbeerblätter, 8 Pimentkörner, Salz, 1 Hecht von 1,5 kg, ⅛ l Buttermilch, ⅛ l Sahne, 2 Eßl. Mehl, ¼ l helles Bier, 50 g Butter, Petersilie, Dill.

Das Wurzelwerk kleinschneiden und mit den Zwiebelscheiben und den Gewürzen in 2 Liter Wasser aufsetzen, 10 Minuten kochen lassen. Inzwischen den vorbereiteten Hecht in Portionsstücke teilen, in den Sud geben und auf kleiner Flamme garen. Einen halben Liter Sud abnehmen, Buttermilch und Sahne darin verquirlen und mit Mehl andicken. Jetzt das Bier hinzufügen, alles kurz aufkochen lassen, Butter unterrühren und mit Salz abschmecken. Die Hechtstücke auf eine vorgewärmte Platte geben, mit Soße übergießen und mit gehackter Petersilie und Dill bestreuen.

Überbackener Karpfen mit Meerrettich

1 Karpfen (1,5 kg bis 2 kg), Salz, 2 bis 3 Eßl. saure Sahne, 1 Eßl. Margarine, 100 g Meerrettich, Essig, Zucker, 2 Eier, Petersilie.

Den vorbereiteten Fisch innen und außen mit Salz einreiben und mit saurer Sahne bestreichen. Eine Pfanne mit

Margarine ausstreichen, den Fisch hineinlegen und 30 bis 40 Minuten in die vorgeheizte Backröhre stellen. Ab und zu mit Bratsaft begießen. Den auf einer feinen Reibe geriebenen Meerrettich mit Essig, Salz und Zucker verrühren. Nun den Karpfen aus der Röhre nehmen, vorsichtig auf eine Platte legen, mit der Meerrettich-Mischung umgeben und mit den gekochten und gehackten Eiern bestreuen sowie mit Petersilie garnieren.

Fischwürstchen

1 kg Fisch, Zitronenschale, Petersilie und Zwiebel, fein gewiegt, Salz, Pfeffer, 2 Eier, 100 g Semmelbrösel, 4 Eßl. Butter oder Fett.

Den vorbereiteten zerkleinerten Fisch mit den gewiegten Zutaten und den Gewürzen vermengen und mit den Eiern und der reichlichen Hälfte der Semmelbrösel vermischen. Aus dieser Masse Würstchen formen, in den restlichen Bröseln wälzen und in Butter oder Fett wie Frikadellen backen.

Tomaten-Meerrettich-Fisch

1250 g Fischfilet, 5 Eßl. Tomatenmark, 5 Eßl. geriebener Meerrettich, Salz, Pfeffer, 3 Gewürzgurken, 4 Zwiebeln, 75 g Margarine, Petersilie.

Das vorbereitete Fischfilet in Stücke schneiden und in eine leicht gefettete feuerfeste Form legen. Das Tomatenmark mit dem Meerrettich mischen, mit Salz und Pfeffer abschmecken. Die Gewürzgurken und die Zwiebeln schneiden; die Scheiben und Ringe auf die Filetstücke legen. Mit der Tomaten-Meerrettich-Mischung bestreichen. Margarineflöckchen obenauf setzen. Etwa 20 Minuten bei mittlerer Hitze in der Röhre garziehen lassen. Mit Petersilie bestreut auftragen.

SACHSEN

Karpfen vogtländisch

1 Karpfen (1,5 kg), Salz, 40 g Margarine, 2 Möhren, ½ Sellerie, 2 Stangen Porree, 1 Petersilienwurzel, 2 Zwiebeln, 1 Flasche helles Bier, 5 Gewürzkörner, 1 Stück Lorbeerblatt.

Den Karpfen ausnehmen, schuppen, längs halbieren, in Portionsstücke teilen und salzen. Die Margarine erhitzen, darin das kleingeschnittene Gemüse und die Zwiebelscheiben etwas dünsten, die Hälfte des Biers auffüllen, zudecken und einige Minuten weiterdünsten lassen. Nun die Karpfenstücke darauflegen, Gewürzkörner, Lorbeerblatt und das restliche Bier zugeben. Das gare Gericht kann nach Belieben leicht gebunden werden.

Moritzburger Karpfensuppe

800 g Karpfen, Wurzelwerk, Lorbeer, Piment, Salz, weißer Pfeffer, 150 g Möhren, 200 g Zwiebeln, 100 g Sellerie, 50 g Margarine, 3 Eßl. Tomatenmark, 100 g Zitrone, Petersilie.

Den Karpfen filetieren. Gräten, Kopf und Flossen mit kleingeschnittenem Wurzelwerk und den Gewürzen zu einer Fischbrühe ansetzen. Die Möhren, Zwiebeln und den Sellerie putzen, waschen und in Streifen schneiden. Das Gemüse in der Margarine anschwitzen, Tomatenmark dazugeben und mit der passierten Brühe auffüllen. Etwas abgeriebene Zitronenschale an die Suppe geben und abschmecken. Nun die möglichst grätenfreien Karpfenfilets in Portionsstreifen schneiden und in der fertigen Fischsuppe garziehen lassen. Beim Anrichten auf jeden Teller einen Streifen Fisch und eine Scheibe Zitrone geben, die heiße Suppe darübergießen und mit reichlich feingehackter Petersilie bestreuen.

Gebackene Karpfenschnitte

1 Karpfen (1,5 kg), Salz, Pfeffer, 400 g Zwiebeln, 150 g Butter, ¼ l saure Sahne, 150 g Semmelbrösel, Zitrone, Petersilie.

Den Karpfen ausnehmen, schuppen, waschen und portionieren. Leicht mit Salz und Pfeffer würzen. Die Zwiebeln in Scheiben schneiden und in einer mit Butter ausgestrichenen Pfanne verteilen. Die Karpfenportionen nebeneinander legen und mit der sauren Sahne überziehen. Jetzt den Fisch mit Semmelbröseln bestreuen und Butterflöckchen aufsetzen. Das Gericht in die vorgeheizte Röhre schieben und von beiden Seiten etwa 30 Minuten backen. Mit Zitrone und Petersilie garnieren. Dazu Petersilienkartoffeln und frischen Salat anrichten.

Frische Heringe auf Forellenart

8 grüne Heringe, Salz, Weinessig, Butter zum Zerlassen, Petersilie.

Die Heringe ausnehmen, schuppen und waschen. Leicht salzen und in Essig wenden. Dem Hering den Schwanz abschneiden und ins Maul stecken. Salzwasser zum Sieden bringen und die in einem weiten Topf vorsichtig eingelegten Heringe etwa 10 Minuten auf kleiner Flamme garziehen lassen. Portionsweise auf den Tellern anrichten, mit zerlassener Butter übergießen und mit Petersiliensträußchen verzieren. Dazu Kartoffeln und Salat reichen.

Meißner Wurzelkarpfen

1 Karpfen (1,5 kg), 2 Möhren, ½ Knolle Sellerie, 1 Stange Porree, 2 Eßl. Öl, Pfefferkörner, Lorbeerblätter, Salz, 2 Eßl. Butter, 2 Schoppen Weißwein, Petersilie.

Den Karpfen vorbereiten und in Portionsstücke teilen. Das Gemüse putzen, waschen und zerkleinern, den Porree in feine Streifen schneiden. Alles in Öl leicht anschwitzen. Grobgemahlenen Pfeffer und zwei Lorbeerblätter dazugeben und die gewaschenen und leicht gesalzenen Karpfenstücke daraufelegen. Einige Butterflöckchen obenauf setzen und mit Weißwein auffüllen. Zudecken und alles etwa 20 Minuten bei geringer Hitze dünsten lassen. Die Fischstücke beim Anrichten mit dem Gemüse-Weißweinsud übergießen und mit reichlich gehackter Petersilie bestreuen. Dazu Petersilienkartoffeln und Salat reichen.

Hecht mit Aal

1 Hecht (etwa 1 kg), 1 Aal (500 g), 3 Zwiebeln, Salz, 2 Eßl. Mehl, 50 g Butter, Muskatnuß, Pfeffer, 1 Zitrone, 1 bis 2 Eßl. milder Essig, Kapern, Sardellen.

Den vorbereiteten Hecht und den abgezogenen, ausgenommenen und sauber gewaschenen Aal in Stücke schneiden. Die Aalstücke in die Mitte einer Kasserolle legen, Zwiebelscheiben und Salz darüberstreuen und den ebenfalls etwas gesalzenen Hecht ringsherum legen. Wasser zugießen, die Fischstücke zugedeckt fast gar ziehen und die Fischbrühe nahezu einkochen lassen. Dann die Stücke herausnehmen und warm stellen. Unterdessen 2 Eßlöffel in Butter gedünstetes Mehl, etwas geriebene Muskatnuß, Pfeffer, einige Zitronenscheiben und Essig zu der Fischbrühe rühren. Alles zu einer sämigen Soße kochen, die warm gestellten Fischstücke hineinlegen und noch eine Weile mitkochen lassen. Beim Anrichten den Fisch mit Kapern bestreuen. In die Soße einige fein gehackte Sardellen rühren.

Moritzburger Spiegelkarpfen

1 Karpfen (1,5 kg), Salz, weißer Pfeffer, 100 g Zitrone, 200 g Zwiebeln, 150 g Möhren, 150 g Sellerie, 80 g Butter, ¼ l Brühe.

Den Karpfen ausnehmen, die Kiemen entfernen. Den Fisch in Portionsstücke teilen und mit Salz, Pfeffer und etwas Zitronensaft marinieren. Das Gemüse putzen und in Streifen schneiden. Die Butter in einer Pfanne mit Deckel auslassen und die Gemüsestreifen andünsten. Die vorbereiteten Karpfenstücke nebeneinander auf das Gemüse legen, wenig Brühe angießen (der Karpfen darf nicht bedeckt sein), zudecken und in der Röhre garen. Den Karpfen auf dem Gemüse anrichten, mit zerlassener Butter begießen und eine Zitronenecke anlegen. Wichtig für den guten Geschmack des Gerichtes ist, daß der Anteil der Zwiebeln gegenüber dem anderen Gemüse höher ist.

Karpfen in Rahmsoße

1 Karpfen (1,5 kg), Salz, Pfeffer, 80 g Butter, 4 Zwiebeln, Saft 1 Zitrone, ¼ l saure Sahne, 4 Eßl. Semmelbrösel.

Den Karpfen schuppen, ausnehmen, Kopf und Flossen abschneiden, waschen. Abtrocknen, in dicke Stücke schneiden, salzen und pfeffern. Eine flache, feuerfeste Form buttern, die Zwiebeln fein wiegen und hineinstreuen. Die Karpfenstücke darauflegen, mit Zitronensaft und saurer Sahne übergießen. Semmelbrösel darüberstreuen, mit zerlassener Butter beträufeln. Die Fischschnitten im Backofen bei mittlerer Hitze garziehen lassen. Mit Kartoffelbrei auftragen.

THÜRINGEN

Bierkarpfen

250 g Butter, 2 bis 3 Möhren, 1 Sellerie, 1 kleine Zwiebel, 2 Lorbeerblätter, 2 Nelken, 15 Pfefferkörner, 4 bis 5 Pimentkörner, 1,5 kg Karpfen, Salz, 1 Soßenpfefferkuchen, ½ l Bier, 1 Teel. Mehl.

150 g Butter mit dem geputzten, in Würfel geschnittenen Gemüse sowie den Gewürzen in eine Pfanne geben. Den vorbereiteten und in Portionsstücke geteilten Karpfen innen und außen salzen und darauf legen, ¾ Liter Wasser hinzufügen. Nun den Soßenpfefferkuchen in Bier aufweichen, verquirlen und über den Karpfen schütten. Die zugedeckte Pfanne in die Bratröhre schieben. Bei 250 °C etwa 15 Minuten kochen. Bei Bedarf noch etwas Bier auffüllen. Die garen und auf einer Platte angerichteten Karpfenstücke mit 50 g zerlassener Butter übergießen. Den Rest Butter auslassen, mit 1 Teelöffel Mehl verrühren und zur Soße geben. Dazu Salzkartoffeln oder Thüringer Klöße servieren.

Krebse auf Thüringer Art

16 Krebse, Salz, Kümmel, 100 g Butter, gewiegte Petersilie.

Die vorbereiteten Krebse 15 Minuten kochen, Salz und Kümmel beigeben. Dann das Wasser ab-, aber nicht weggießen. Butter und gewiegte Petersilie sowie ½ Liter des Krebswassers zu den Krebsen geben. Alles unter häufigem Schütteln 30 Minuten ziehen lassen. Die Krebse in einer gewärmten Deckelschüssel anrichten, die Soße getrennt in einer gewärmten Soßenschüssel. Dazu frische Brötchen reichen.

Heringsleber

500 g Kalbsleber, 500 g Kartoffeln, 125 g Speck, 1 große Zwiebel, 250 g Salzheringe, Majoran, 2 Eßl. Semmelbrösel, Salz.

Leber, Kartoffeln, Speck und die Zwiebel sehr fein schneiden. Die Heringe waschen, häuten und entgräten. In eine gut schließende Kasserolle die Hälfte des Specks geben, darauf die Hälfte der in Streifen geschnittenen Heringe, dann Kartoffeln. Darüber die Leber legen und mit Majoran bestreuen; darauf die Zwiebel, dann wieder Kartoffeln, die andere Hälfte Heringsstreifen und obenauf Speck. Semmelbrösel darüberstreuen und wenig salzen. Das Ganze mit 2 Eßlöffeln Wasser anfeuchten und 45 Minuten bei schwacher Hitze dämpfen.

Karpfen auf Greizer Art

1 Karpfen (1,5 kg), Salz, Zitronensaft, 60 g Butter, 10 Sardellen, 1 große Zwiebel, Petersilie, ½ Zitrone.

Den vorbereiteten Karpfen in Portionsstücke teilen, salzen und mit Zitronensaft beträufeln. Auf eine breite Schüssel legen und 60 Minuten stehen lassen. In einer gut schließenden Kasserolle Butter zergehen lassen, eine Schicht Karpfenstücke hineinlegen, darüber Sardellenstreifchen, gewiegte Zwiebel und gehackte Petersilie, wieder Karpfen und so fort. Obenauf einige Zitronenscheibchen und Butterflöckchen. Die Karpfenstücken in der zugedeckten Kasserolle 45 Minuten auf schwachem Feuer dämpfen. Im Kochgefäß servieren, dazu Salzkartoffeln und einen Salat reichen.

Forelle Müllerinart

4 Forellen, ¼ l Milch, Salz, Pfeffer,
1 Eßl. Mehl, 1 Eßl. Semmelbrösel, 80 g
Butter, etwas Zitronensaft, Petersilie.

Die vorbereiteten Forellen durch
leicht mit Salz und Pfeffer gewürzte
Milch ziehen. Mehl und Semmelbrösel
vermengen, die Forellen darin wälzen.
Butter erhitzen und die Fische von beiden Seiten knusprig braten. Mit Zitronensaft beträufeln, gehackte Petersilie
darüberstreuen. Vor dem Anrichten
mit zerlassener Butter begießen. Dazu
Petersilienkartoffeln auftragen.

Sächsische Forellen

8 grüne Heringe, Zitronensaft, Salz,
3 Eßl. Essig, 4 Pfefferkörner, 1 Zwiebel,
1 Lorbeerblatt. Für die Soße: Schnittlauch, Basilikum, Petersilie, Dill, 60 g
Butter, 40 g Mehl, ⅜ l Fisch- oder
Fleischbrühe, Salz, Zitronensaft,
1 Eigelb, ⅛ l Sahne.

Die vorbereiteten Heringe mit Zitronensaft ausreiben und salzen. Kopf
und Schwanz zusammenbinden, zum
Bläuen mit siedendem Essigwasser
übergießen. Jetzt die Fische mit den
Gewürzen in Essigwasser ansetzen und
zum Kochen bringen. 5 Minuten ziehen lassen. Für die Soße die feingehackten Kräuter in Butter anschwitzen

und mit Mehl bestäuben. Gut durchrühren, langsam mit Brühe auffüllen.
10 Minuten kochen lassen. Mit Salz
und Zitronensaft abschmecken. Das
Eigelb in der Sahne verquirlen, die
Soße damit binden. Mit gehacktem
Schnittlauch bestreuen.

Rollmops
auf Thüringer Art

8 Salzheringe, 2 Eßl. Senf, 2 große
Zwiebeln, 2 Gewürzgurken, 2 Eßl.
Senfkörner, 1 l Buttermilch, 2 Lorbeer-
blätter.

Die vorbereiteten Heringe häuten,
der Länge nach teilen, völlig entgräten,
waschen, aber nicht wässern. Die abgetropften Stücke mit Senf bestreichen,
Zwiebelringe, einige Stückchen Gurke
und ein wenig von den Senfkörnern
darauf verteilen. Dann die Heringe zusammenrollen und mit kleinen Hölzchen zustecken oder mit Fäden zubinden. Die Rollmöpse in ein Porzellangefäß schichten, möglichst eng, die
Buttermilch mit den Resten der Zwiebeln, Gurken und Senfkörner sowie
Lorbeerblätter darübergeben. Zudekken und kühl stellen. Jeden Tag ein wenig durchschütteln. Nach 3 bis 4 Tagen
sind die Rollmöpse gut. Dazu Pellkartoffeln reichen.

KARTOFFEL-GERICHTE

Obwohl es kein Berliner, Sachse oder Mecklenburger war, der die Kartoffel Mitte des 16. Jahrhunderts von Südamerika nach Europa gebracht hatte und obwohl es ganz gewiß auch nicht die deutsche Sprache war, in der die Knolle zuerst und auch noch lange Jahre später gelobt und gepriesen wurde – heute suggeriert uns der gewohnte Blick auf unsere Felder, Speisekarten und häuslichen Küchenpläne keine andere Vorstellung als die von »unserer« Kartoffel. Dabei hatte es in jenen frühen europäischen Kartoffeljahren – abgesehen von kurzen Zwischenhochs, in denen das fremde Nachtschattengewächs als Zierpflanze in Lustgärten gepflegt und bestaunt wurde – gar nicht gut ausgesehen für die »papa« der Inkas: Teufelswurzel und Schweinebrot nannten sie die einen, aber das war noch milde, denn andere schoben ihr die Schuld an der Lepra, damals eine unheilbare Infektionskrankheit, unter ihre schlichte braune Schale. Daß eine solche Verleumdung die Kartoffelneurose vieler europäischer Bauern nicht nur gefördert, sondern häufig erst hervorgerufen hat, scheint nachvollziehbar. Auch Freunde und Förderer der Knolle taten sich Jahre und sogar Jahrhunderte schwer, ihre gutgemeinten Kartoffelanregungen auf fruchtbare Äcker fallen zu lassen. Einen von ihnen fanden sie im Vogtland vor, das damals reich an Menschen, aber arm an Nahrung war und somit aber einen günstigen Boden für den sättigenden »Erdapfel« besaß. Mindestens seit 1680 wird hier die Knolle feldmäßig angebaut, was auf die Dauer nicht ohne Folgen für die benachbarten Landstriche – Thüringen und das Erzgebirge – bleiben konnte: 1712 wurde die Kartoffel um Annaberg heimisch, 1720 in Schmiedefeld und 1722 in der Gegend um Freiberg. Bereits wenige Jahre später, 1730, soll im Erzgebirge eine »gewaltige Menge dieses Gewächses erbaut« und nahe der zahlreichen Städte auch schon in größerem Umfang verkauft worden sein. In den letzten Jahrzehnten des 18. Jahrhunderts hatte sich die Knolle im Vogtland, dem Erzgebirge und in Thüringen so unentbehrlich gemacht, daß es hieß: »Erdaepfelsupp in der Früh, / Erdaepfel zu Mittag in der Brüh, / Erdaepfel am Abend in der Schal, – / macht den Tag dreimal.« Das aber schien den Erzgebirglern noch lange nicht zu genügen, denn viele von ihnen wollten nicht nur gefüllte Kartoffelteller, sondern auch den vermeintlichen Stifter dieser Wohltat schauen: Noch um 1850 hing das Bild des damals als Kartoffelbringers gefeierten englischen Seefahrers Francis Drake in zahlreichen erzgebirgischen Wohnstuben!

Vom Vogtland aus drang die verächtlich als »vogtländische Knolle« bezeichnete Kartoffel dann nach Sachsen vor, wo sie allerdings – vor allem in den fruchtbaren Gegenden – lange keine Wurzeln schlagen konnte. Erst die Not- und Hungerjahre von 1770 machten der Kartoffel als »wohlfeile Kost« Platz auf den Feldern, in den Kellern und nun auch auf den Tellern.

Besonders lange und hartnäckig aber verschlossen die preußischen Bauern ihre Felder den Knollen. Da half es auch nichts, daß Friedrich II. kostenlos Saatkartoffeln in den Dörfern verteilen ließ und auf dem Balkon seines Palastes öffentlich und in der Hoffnung auf Nachahmung Kartoffeln verspeiste – die Bauern bissen nicht an. Erst als der König mit harter Hand zu handeln begann und die Aussaat und Ernte der Knollen von Ratsdienern und Feldwächtern kontrollieren ließ und den Kartoffel»verweigerern« heftige Strafen androhte, öffneten sich die preußischen Äcker endlich den Knollen. Später, als auch der Berliner buchstäblich Geschmack an der »Tartuffel« gefunden hatte, konnte sie nicht oft genug auf seinem Tisch erscheinen – einfach als Bratkartoffel, Schnittlauchkartoffel, Quetschkartoffel oder als Kartoffelbrei. Noch Ende des 19. Jahrhunderts sollen sich kartoffelbegeisterte Berliner an jedem Donnerstag im »Dustern Keller« zum stadtbekannten Kartoffelpicknick – es gab Pellkartoffeln, die besten der Stadt, mit frischer Butter – getroffen haben. Möglicherweise war es aber auch die in einen anderen Aggregatzustand verwandelte Knolle, die die Offiziere, Beamten und Bürger in den »Dustern Keller« gelockt hatte; seit die preußischen Junker entdeckt hatten, daß sie mit der Errichtung von Schnapsbrennereien auf eine äußerst lukrative Einnahmequelle gestoßen waren, blühte in Berlin das Geschäft mit dem aus Kartoffeln gebrannten Spiritus. Allein zwischen 1800 und 1819 soll sich die Zahl der Berliner Schnapskneipen von 150 auf 567 erhöht haben!

In etwa dieser Zeit war es auch, da der Kartoffel mit heißem Herzen und – offenbar – vollem Magen weitgehend unwidersprochen dankbare Lieder gesungen wurden. Beschied sich der Dresdner Kochlehrer August Erd-

mann Lehmann noch mit des Fachmannes sachkundigem Lob, die Kartoffel sei »eines der vorzüglichsten und unentbehrlichsten Knollengewächse«, schwelgte der Dichter Matthias Claudius in satten Reimen: »Schön rötlich die Kartoffeln sind, / Und weiß wie Alabaster, / Sie däun sich lieblich und geschwind / Und sind für Mann und Frau und Kind / Ein rechtes Magenpflaster.« Dieses ist es wohl noch immer, wenngleich wir unseren Magen heutzutage denn doch ein wenig anders »verpflastern« als damals. Denn nach einer Schilderung aus dem Vogtland wurden in jenen Jahren – und teilweise auch noch lange danach – die »ganzen Kartoffeln« heiß auf den Tisch geschüttet und mit dem Topflappen ein wenig auseinandergeschoben; die entstandene Lücke nahm die Schüssel mit der Zukost auf. Bestand diese aus Quark oder Brühe oder Leinöl, dann »spitzte« man die Kartoffel auf das Messer und versenkte sie zuerst in der Zukost und dann im Magen. So einfach war das und so schmackhaft, daß es wieder Liebhaber dieser ursprünglichen Form des Kartoffelgenusses gibt.

MECKLENBURG

Gefüllte Kartoffeln

8 große, längliche Kartoffeln, 8 kleine Kartoffeln, Salz, 50 g Butter, 50 g Reibekäse, 3 Eßl. Sahne, Pfeffer, etwas Muskat, Petersilie, 40 g Butter zum Bepinseln.

Die Kartoffeln schälen und in Salzwasser garkochen, die großen jedoch nicht zu weich. Die 8 großen Kartoffeln der Länge nach halbieren und das Innere vorsichtig mit einem Löffel aushöhlen. Die restlichen Kartoffeln zusammen mit 50 g Butter, dem Reibekäse und der süßen Sahne zu einer feinen Masse verarbeiten. Mit Salz, Pfeffer und Muskat würzen. Die fertige Masse in einen Spritzbeutel geben und die Kartoffelhälften füllen. Anschließend mit zerlassener Butter oder Margarine bepinseln und auf einem gefetteten Blech in der Backröhre goldbraun überbacken.

Apfelkartoffeln mit Blutwurst

750 g Äpfel, 1 Eßl. Zucker, das Abgeriebene von ½ Zitrone, 1½ kg Kartoffeln, Salz, 4 frische Blutwürste, Mehl, Margarine.

Die Äpfel schälen, entkernen und in Stücke schneiden. In Zuckerwasser mit Zitronenschale auf kleiner Flamme dünsten. Die gewaschenen und geschälten Kartoffeln in Würfel schneiden, in Salzwasser garkochen und abgießen. Mit den Äpfeln mischen und zu einem glatten Brei stampfen. Die Blutwürste in Mehl wenden und in heißer Margarine auf kleiner Flamme rundherum braten. Mit dem Bratfett auf dem Mus anrichten. Als Beilage eignet sich auch Bratwurst oder Leber.

Scharfe Tüften

½ l Buttermilch, 1250 g Kartoffeln, 1 Salzhering, 1 saure Gurke, 2 Eßl. Zwiebeln, 2 Teel. Senf, Salz, Essig, Pfeffer, etwas Zucker.

Zur kochenden Buttermilch die geschälten, geschnittenen und gekochten heißen Kartoffeln geben. Beides eine Weile miteinander verkochen. Dann Hering, Gurke und Zwiebeln fein wiegen und zu den Kartoffeln geben. Alles gut mit Senf, Salz, ein wenig Essig, Pfeffer und etwas Zucker würzen und kurz aufkochen. Ist die Speise zu dick, Wasser oder Buttermilch hinzugießen. Zu gekochtem Rindfleisch auftragen.

Saure Kartoffelstückchen

2 Zwiebeln, 50 g Speck, 1 Eßl. Mehl, ½ l Fleischbrühe, Salz, Pfeffer, 12 rohe Kartoffeln, 1 kleine saure Gurke, 1 Schuß Essig.

Die Zwiebeln schälen, fein hacken und in dem in Würfel geschnittenen Speck goldbraun dünsten. Mit Mehl bestäuben und mit der Fleischbrühe löschen. Salz und Pfeffer nach Geschmack hinzugeben. Die geschälten, in kleine Stücke geschnittenen Kartoffeln weichkochen und die in Würfel geschnittene saure Gurke hinzufügen. Mit einem Schuß Essig abschmecken.

Saßnitzer Herings-Kartoffel-Topf

500 g Kartoffeln, 2 Möhren, Salz, Thymian, 2 Gewürzgurken, 1 Eßl. Edelsüßpaprika, Knoblauch, 4 Zwiebeln, 4 Eßl. Öl, 750 g frische grüne Heringe, Pfeffer, Speisewürze, 1 Flasche Joghurt und Petersilie.

Die Kartoffeln schälen und die Möhren putzen; beides in kleine Würfel schneiden. In Salzwasser mit Thymian nicht zu weich kochen, kleingeschnittene Gewürzgurken, etwas Gurkenbrühe, Edelsüßpaprika und Knoblauch dazugeben. Die Zwiebeln in Scheiben schneiden und in Öl leicht anrösten. Die in grobe Stücke zerteilten filetierten Heringe mit Pfeffer und Salz würzen, daraufgeben und mitdünsten lassen. Nicht rühren. Mit etwas Speisewürze beträufeln, zu den Kartoffeln geben und erhitzen. Mit Joghurt und gehackter Petersilie verfeinern. Sofort servieren.

Parres Trost

1250 g Kartoffeln, Schweine- oder Gänsefett nach Belieben, 130 g Mehl, reichlich Kümmel, mäßig Salz, etwas Pfeffer.

Die Kartoffeln in der Schale kochen, sofort abziehen und zerstampfen oder durchs Sieb drücken. In das heiße Fett geben, nach und nach das Mehl zusetzen und würzen. Die heiße Speise 15 Minuten lang immerzu umrühren und wenden. Dann mit einem Löffel abstechen, auf eine heiße Schüssel legen und mit etwas Bratensoße begießen. Sofort zum Braten anrichten; nicht stehen lassen! Der Name dieser Speise kommt von »Pfarrers Trost« – vielleicht, weil die Beigabe deftig ist, wenn der Braten einmal nicht reichen sollte.

Stampfkartoffeln mit Buttermilch

1 kg Kartoffeln, Salz, 125 g Speck, 2 Zwiebeln, 2 Eßl. Mehl, ¾ l Buttermilch, Pfeffer, Thymian, Muskat.

Die Kartoffeln schälen und in Salzwasser garkochen. Abgießen, zerstampfen und warm stellen. Speck und Zwiebeln in Würfel schneiden und anbra-

ten. Das Mehl unterrühren, eine Schwitze bereiten und mit der Buttermilch auffüllen. Die Soße mit Pfeffer, Thymian und ein wenig Muskat würzen und aufkochen lassen. Heiß über die Stampfkartoffeln geben. Gut verrühren. Eine Beilage zu Schweinebraten, aber auch zu gewürztem Quark oder beliebigen herzhaften Gerichten.

Majorankartoffeln

1 kg Kartoffeln, 40 g Butter oder Margarine, 2 Eßl. Mehl, ½ l Fleischbrühe, 1 Eßl. Majoran, Salz.

Die Kartoffeln in der Schale kochen, abpellen und in Scheiben schneiden. Aus Fett und Mehl eine hellgelbe Schwitze bereiten. Fleischbrühe angießen, Majoran und Salz dazugeben und 10 bis 15 Minuten kochen lassen. Dann die Kartoffelscheiben in die Soße geben und schön durchziehen lassen. Zu gekochtem Rindfleisch servieren.

Apfelkartoffeln

1 kg Kartoffeln, 375 g säuerliche Äpfel, Salz, 10 g Zucker, 40 g Speck, 1 Zwiebel.

Die gewaschenen Kartoffeln schälen, in Würfel schneiden und kochen. Die Äpfel schälen, in Achtel schneiden und in ⅜ Liter Wasser weichdünsten. Zu den abgegossenen Kartoffeln geben, das Gericht mit Salz und Zucker abschmecken. Speck und Zwiebelringe rösten und darübergeben. Als Beilage gebratene Leber, gebackene Blutwurst oder Bratwurst.

Gurkenkartoffeln

1 kg Kartoffeln, 2 große Zwiebeln, Speck, 3 große grüne Gurken, Öl, Salz, Pfeffer, 1 Teel. Essig, Petersilie.

Die Kartoffeln in der Schale kochen, schälen und in dünne Scheiben schneiden. Die Zwiebeln klein schneiden und hinzufügen. Speckwürfel bei geringer

Hitze anschwitzen und ebenfalls hinzugeben. Die Gurken schälen und über die Kartoffelscheiben raspeln. Alles gut vermischen, mit Öl, Salz, Pfeffer und Essig abschmecken. Kalt stellen. Mit fein gehackter Petersilie bestreuen. Dazu Würstchen oder auch Spiegeleier reichen.

Kartoffeln mit Äpfeln

1 kg Kartoffeln, Salz, 750 g säuerliche Äpfel, Semmelbrösel, 75 g Butter oder Margarine.

Die Kartoffeln kochen, schälen, zerstampfen und durch ein Sieb streichen. Salz hinzugeben und mit den geschälten, entkernten und in wenig Wasser weichgedünsteten Äpfeln vermischen. Semmelbrösel darüberstreuen. Anschließend mit zerlassener Butter oder Margarine übergießen.

Rügener Kartoffelsalat

500 g Kartoffeln, 4 bis 6 Eier, 200 g Lachsschnitzel, Essig, Öl, Salz, Zucker, Petersilie, frischer Kopfsalat.

Die Kartoffeln schälen und kochen. Die Eier 10 Minuten kochen, abpellen, alles in kleine Würfel schneiden und locker mit den Lachsschnitzeln vermengen. Aus Essig, Öl, Salz, Zucker und reichlich gehackter Petersilie eine Marinade bereiten und den Salat darin anrichten. Gut durchziehen lassen. Auf frischen Salatblättern servieren.

Gefüllter Kartoffelauflauf

100 g Butter oder Margarine, 1 kg gekochte Kartoffeln, 4 Eier, 60 g Mehl, 1 Eßl. Parmesankäse, Blumenkohl, Tomaten oder anderes Gemüse.

Die Butter oder Margarine sahnig rühren, die gekochten Kartoffeln reiben und mit den Eiern, dem Mehl und dem Käse zu einer festen Masse vermischen. Die Hälfte dieses Teiges in eine Auflaufform füllen, das Gemüse darauf schichten, die andere Teighälfte darüberstreichen. In der Röhre backen.

Kartoffel-Kuchen

Man rührt 16 Eidotter mit ¾ Pfd. Zucker, worauf die Schale einer Citrone abgerieben worden, dem Safte der Citrone und 8 Loth geriebenen süßen und 1½ Loth bittern Mandeln eine halbe Stunde gut durch. Ferner hat man gekochte, recht mehlige Pellkartoffeln, nachdem man sie von der Haut befreit, erkalten lassen und so viel davon feingerieben, daß man 1¼ Pfd. von der Masse hat. Diese gibt man nach und nach unter fortgesetztem Rühren zu den Eiern und mischt endlich 2 gute Eßlöffel voll Kartoffelmehl nebst dem zu Schnee geschlagenen Weißen der Eier unter den Teig, thut ihn in eine Form und backt ihn in 1½ Stunde gar.

Kartoffelkuchen mit Kümmel

1 kg gekochte, geriebene, kalte Kartoffeln, 100 g Mehl, 150 g Margarine, Salz, ½ Eßl. feingehackter Kümmel, 100 g Speck, 3 Zwiebeln, 4 Eier, ¼ l saure Sahne.

Aus 750 Gramm Kartoffeln, dem Mehl, 100 g Margarine, Salz und Kümmel einen Teig kneten, dünn ausrollen und auf ein gefettetes Kuchenblech legen. Speckwürfel mit der restlichen Margarine auslassen. Die Zwiebeln kleinschneiden, darin anschwitzen und die übriggebliebenen geriebenen Kartoffeln dazugeben. Alles gut verrühren, abkühlen lassen. Mit den Eiern, der sauren Sahne, etwas Salz und ein wenig gehacktem Kümmel vermengen, auf den ausgerollten und auf dem Kuchenblech liegenden Teig streichen und in die Backröhre geben. Bei mittlerer

Hitze etwa 35 Minuten backen. Warm servieren. Nach Belieben Salat dazu reichen.

Überbackene Quarkkartoffeln

1 kg Kartoffeln, 80 g Speck, 2 Zwiebeln, Salz, 250 g Quark, ¼ l Milch, 1 bis 2 Eier, 1 Teel. Paprika, Schnittlauch, 2 Eßl. Semmelbrösel, 1 Eßl. Reibekäse, 40 g Butter oder Margarine.

Die Kartoffeln kochen, schälen und in Scheiben schneiden. Speck und Zwiebeln in Würfel schneiden und anbraten, die Kartoffeln dazugeben. Kurz anrösten, leicht salzen und abkühlen lassen. Inzwischen den durchgestrichenen Quark mit Milch und Eiern schaumig rühren. Paprika und den gehackten Schnittlauch untermischen. Die Kartoffeln mit dem Quark vermengen, alles in eine gefettete feuerfeste Form füllen. Semmelbrösel und Reibekäse mischen und daraufstreuen. Zum Schluß Fettflöckchen aufsetzen und die Quarkkartoffelmasse etwa 40 Minuten im Ofen backen. Dazu frischen Salat reichen.

Kartoffelpudding

200 g Butter, 125 g Zucker, 1 Päckchen Vanillinzucker, ¼ l Milch, 200 g Kartoffelstärke, etwas Sahne, 6 Eier, etwas Salz.

Butter, Zucker und Vanillinzucker in der Milch aufkochen. Kartoffelstärke unterrühren, Sahne hinzufügen und alles zu einem dicken Brei verkochen, bis dieser sich von den Wänden des Topfes löst. Nun die Masse zum Auskühlen in eine Schüssel geben und etwa 15 Minuten lang mit einem Löffel nach einer Seite hin verrühren. Dann Eigelb daruntermischen, wieder etwas verrühren und die zu Schnee geschlagenen Eiweiß unterheben und alles etwas salzen. In eine Puddingform füllen und etwa 1½ Stunden im Wasserbad kochen. Zum Pudding nach Belieben Fruchtsaft oder Vanillesoße reichen.

RUND UM BERLIN

Berliner Kartoffelform

1 kg Kartoffeln, 2 Eßl. Öl, 300 g Hackfleisch halb und halb, 2 Zwiebeln, 3 Eier, Pfeffer, Petersilie, Salz und ¼ l Milch.

Die Kartoffeln schälen, in dünne Scheiben schneiden und in Öl braten. Das Fleisch mit den kleingeschnittenen, gebratenen Zwiebeln vermengen. 1 Ei, Pfeffer, gehackte Petersilie und Salz dazugeben. Dann die Kartoffeln und die Fleischmasse abwechselnd in eine gefettete Form schichten; mit einer Kartoffelschicht abschließen und in der Röhre garen. 2 Eier in der Milch verrühren, würzen und über die Kartoffeln gießen. 20 Minuten backen lassen. Mit frischem Salat auftragen.

Bernauer Kartoffelpfanne

750 g Kartoffeln, 1 Glas Mischgemüse, 1 Eßl. Margarine, ⅛ l helle Buttersoße, 4 Eßl. Semmelbrösel, 2 Eßl. Reibekäse, 60 g Butter.

Die Kartoffeln schälen, kochen und in dicke Scheiben schneiden. Abwechselnd mit Mischgemüse aus einem Glas in die gefettete Pfanne geben. Die helle Buttersoße darübergießen. Das Gericht unter vorsichtigem Wenden garen. Zuletzt mit 4 Eßlöffeln Semmelbrösel sowie 2 Eßlöffeln geriebenem Käse – beides vermischt – bestreuen und mit Butter bestreichen. Abschließend kurz überbacken.

Hoppelpoppel

750 g gekochte Kartoffeln, 200 g Schinken, Bratfett, 4 bis 6 Eier, Salz.

Die gekochten und gepellten Kartoffeln in Scheiben schneiden und gemeinsam mit den Schinkenwürfeln in erhitztem Fett braten. Die Eier mit Salz verquirlen und erst kurz vor Beendigung der Bratzeit darübergießen. Unter vorsichtigem Anheben der Kartoffeln stocken lassen. Es können auch fein geschnittene Zwiebeln mitgebraten und unter die Eier knapp ⅛ Liter Milch gerührt werden. Dazu saure Gurken und Tomatenviertel reichen.

Bouillonkartoffeln

1 kg Kartoffeln, 1 Wurzelwerk, 1 Zwiebel, 1 Stange Porree, 40 g Schmalz, 60 g Speck, 1 l Fleischbrühe, Salz, Pfeffer, Muskat, Petersilie.

Die geschälten und gewaschenen Kartoffeln in grobe Würfel schneiden. Das vorbereitete Wurzelwerk, die geschälte Zwiebel und den geputzten Porree kleinschneiden und im Schmalz und in Speckwürfeln anbraten. Fleischbrühe angießen. Die gut abgetropften Kartoffelwürfel dazugeben und alles bei geringer Hitze garen. Mit Salz, Pfeffer und etwas Muskat würzen. Zuletzt gehackte Petersilie aufstreuen. Als Beilage zu gekochtem Rindfleisch reichen. Dazu paßt ein Salat.

Béchamelkartoffeln

1 Zwiebel, 100 g Schinkenspeck, 20 g Fett, 40 g Mehl, ¼ l Fleischbrühe, ¼ l Milch, Pfeffer, Salz, Muskat, Zitronensaft, 1 kg Kartoffeln.

Zwiebelwürfel und kleingeschnittenen Schinkenspeck in dem erhitzten Fett glasig dünsten. Mehl darin schwitzen, nach und nach Fleischbrühe und Milch auffüllen. Gut durchkochen und mit Pfeffer, Salz, Muskat und Zitronensaft kräftig abschmecken. Die gekochten Kartoffeln noch heiß pellen, in Scheiben schneiden und sofort in die Soße geben. Gut durchziehen und darin heiß werden lassen. Dazu grünen Salat auftragen.

Schnittlauchkartoffeln

1 kg Kartoffeln, 40 g Margarine, 80 g Mehl, ½ l Brühe, Salz, 2 Bund Schnittlauch, Zitronensaft.

Die Kartoffeln in der Schale kochen, abpellen und in Scheiben schneiden. Die Margarine erhitzen, das Mehl zugeben und hell anschwitzen. Während des Kochens die Soße immer wieder glattrühren. Mit Salz abschmecken und reichlich feingeschnittenen Schnittlauch dazugeben. Die Kartoffeln 10 Minuten in der Soße ziehen lassen. Mit Zitronensaft abschmecken.

Kartoffelring

1 kg Kartoffeln, 60 g Butter, 3 Eier, Salz, Muskat, 30 g Butter zum Ausstreichen der Form.

Die Kartoffeln kochen, abpellen und heiß durchpressen. Die Butter schaumig rühren und mit 2 bis 3 Eigelb, den durchgepreßten Kartoffeln, Salz und Muskat vermischen. Zuletzt den Eischnee unterziehen und den Brei in eine gut gefettete Ringform füllen. 30 Minuten im Wasserbad backen, auf eine flache runde Schüssel stürzen und den Ring mit Fleisch- oder Pilzragout füllen.

Quetschkartoffeln

1 kg Kartoffeln, Salz, ⅜ l Milch, 60 g Butter, Muskat.

Die Kartoffeln schälen, in Viertel schneiden und in Salzwasser kochen. Nach dem Abgießen mit dem Stampfer nicht fein, sondern nur grob zerquetschen. Dann die heiße Milch, Butter, ein wenig Salz und eine Spur Muskatnuß dazugeben. Alles gut durchrühren. Bei den Quetschkartoffeln müssen noch die Kartoffelstückchen zu spüren sein.

Altberliner Kartoffelsalat

1 250 g Pellkartoffeln, Essig, Öl, Salz, Pfeffer, Zucker, 2 Zwiebeln.

Die Kartoffeln kochen, heiß pellen und sofort in Scheiben schneiden. Mit Essig und Öl übergießen, gut durchschwenken, mit Salz, Pfeffer und ein wenig Zucker würzen. Nochmals gut durchmischen und die in ganz feine Würfel geschnittenen Zwiebeln unterziehen. Gut durchziehen lassen. Nicht zu kalt servieren.

SPREEWALD

Sorbische Kartoffeln

1 kg Kartoffeln, 50 g Margarine, 80 g Reibekäse, Salz, Pfeffer, ½ l Fleischbrühe, Petersilie.

Die geschälten Kartoffeln raspeln und mit Margarine, Reibekäse, Salz und Pfeffer vermischen. In eine gefettete Form füllen, mit heißer Fleischbrühe begießen. Zugedeckt 30 Minuten auf kleiner Flamme dünsten. Dann in der Röhre überbacken, bis eine goldgelbe Kruste entsteht. Mit gehackter Petersilie überstreuen.

Kartoffelpuffer, in Leinöl gebacken

1 250 g Kartoffeln, Salz, 1 Ei, 75 g Mehl, Leinöl.

Die rohen Kartoffeln reiben, mit Salz, Ei und Mehl verrühren. Das Leinöl erhitzen. Den Teig zu handtellergroßen Plinsen formen und auf beiden Seiten goldbraun braten. Mit Zucker bestreuen und mit Kompott auftragen. Oder zum Kaffee reichen.

Kartoffelnudeln mit Quark

1 kg Kartoffeln, 2 Eier, 1 Eßl. Kartoffelstärke, 2 Eßl. Mehl, 1 Eßl. Grieß, Salz, Muskat, 750 g Quark, Öl zum Braten, geröstete Zwiebackbrösel.

Die in der Schale nicht zu weich gekochten Kartoffeln nach dem Pellen durch ein Sieb streichen. Eier, Kartoffelstärke, Mehl, Grieß, etwas Salz, wenig Muskat und den trockenen, ebenfalls durch ein Sieb gestrichenen Quark dazugeben und alles gut durcharbeiten. Aus dem Teig fingerdicke Streifen – Nudeln – formen und in Öl braten. Nach Geschmack in gerösteten Zwiebackbröseln wenden. Dazu Apfelkompott auftragen.

Kartoffelschnee

1 250 g Kartoffeln, Salz, Butter, Muskat.

Die gekochten Salzkartoffeln noch heiß durch die Presse drücken und sofort in eine Schüssel geben. Dann rasch zerlassene Butter darauf tropfen, eine Messerspitze Muskat darüberstäuben und gleich zu Tisch geben.

Spreewälder Kartoffelsalat

600 g Kartoffeln, Weißweinmarinade, 400 g Salatgurken, 2 Eßl. Öl, 1 Prise Pfeffer, Salz.

Die geschälten gekochten Kartoffeln in Scheiben schneiden und mit der heißen Marinade übergießen. Die in Scheiben geschnittenen Gurken, Öl, Pfeffer und Salz vorsichtig unter die Kartoffeln mischen. Warm servieren.

SACHSEN

Quarkkäulchen

1250 g Kartoffeln, 500 g Quark, 100 g Zucker, 1 Zitrone, Muskat, Zimt, Salz, 5 Eier, 4 Eßl. Mehl, 2 Eßl. Rosinen oder Korinthen, Öl zum Braten.

Die mit der Schale gekochten Kartoffeln noch heiß pellen und durch die Presse geben. Den Quark durch ein Sieb streichen und mit den durchgedrückten Kartoffeln vermengen. Mit den übrigen Zutaten zu einem Teig verarbeiten. Mit bemehlten Händen längliche, flache Käulchen formen und langsam in dem erhitzten Öl goldgelb braten. Danach mit Zucker und Zimt bestreuen und noch warm auf den Tisch bringen. Dazu Kompott reichen.

Rauchemad

1,5 kg Kartoffeln, Salz, 75 g Leinöl, 50 g Speck oder Butter.

Pellkartoffeln kochen, pellen und die ausgekühlten Kartoffeln recht fein reiben und anschließend mit einer Prise Salz vermischen. Leinöl, in Würfel geschnittenen Speck oder etwas Butter in einer Pfanne zerlassen. Die geriebenen Kartoffeln etwa 1 Zentimeter dick in die Pfanne mit dem heißen Fett drükken und einseitig backen. Sobald die Rauchemad braun gebraten ist, mit der gebratenen Seite nach oben auf einen Teller stürzen, abschließend mit Butterflöckchen besetzen.

Vogtländische Kartoffelpuffer

1,5 kg rohe Kartoffeln, 1 l Buttermilch, 2 Zwiebeln, 1 Eßl. Mehl, Salz, Pfeffer, Zucker, Bratfett.

Die geschälten rohen Kartoffeln reiben, das Stärkewasser ausdrücken. Buttermilch, die feingeriebenen Zwiebeln, das Mehl, etwas Salz, Pfeffer und ein wenig Zucker hinzufügen. Alles gut vermengen. Aus der Masse kleine Puffer formen und auf beiden Seiten goldbraun backen. Dazu Apfelmus oder Heidelbeeren auftragen.

Altenburger Kartoffelpuffer

750 g rohe Kartoffeln, 750 g gekochte Kartoffeln, 2 bis 3 Eier, 4 Eßl. saure Sahne oder Buttermilch, Salz, 400 g gehackter frischer Spinat, Bratfett.

Die geriebenen rohen und gekochten Kartoffeln, Eier, saure Sahne, Salz und Spinat verrühren. Portionsweise in heißem Fett auf beiden Seiten knusprig braten. Nach Belieben mit geriebener Zwiebel und Fleischwürfeln bestreuen.

Kartoffelbrei aus dem Erzgebirge

1250 g Kartoffeln, Salz, ½ l Milch, Muskat, 50 g Speck, 2 bis 3 Zwiebeln, 4 gebratene Heringe, Schnittlauch oder Petersilie.

Salzkartoffeln bereiten, abgießen, stampfen oder durchdrücken. Die heiße Milch zugießen, den Brei schaumig schlagen, mit Salz und Muskat würzen. Den Speck in Würfel schneiden, auslassen, die in Scheiben geschnittenen Zwiebeln darin goldgelb anrösten. Die gebratenen Fische entgräten, in grobe Stücke schneiden und zur Speck-Zwiebel-Mischung geben. Kurz erhitzen, mit Schnittlauch oder gehackter Petersilie überstreuen, alles auf dem Kartoffelbrei anrichten. Dazu saure Gurken oder rote Bete reichen.

Dresdner Kartoffelpastetchen

750 g Kartoffeln, Salz, $\frac{1}{8}$ l Milch, Butter, Muskat, 1 Zwiebel, 2 Eßl. Trockenpilze, 50 g Weißbrot, 200 g Kalbsbraten, Pfeffer, 1 Ei, Petersilie.

Die Kartoffeln schälen, in Salzwasser kochen und durch ein Sieb drükken. Mit heißer Milch, etwas Butter, Muskat und ein wenig Salz verrühren. Von dem entstehenden dicken Brei Törtchen mit Rand auf ein vorbereitetes Blech spritzen und bei Mittelhitze knapp gar backen. Dann 1 kleine Zwiebel und die vorgeweichten Trockenpilze fein hacken und mit eingeweichtem, fest ausgedrücktem Weißbrot in etwas Butter auf kleiner Flamme verrühren. Den feinzerkleinerten Kalbsbraten und Gewürze zugeben. Vom Feuer nehmen und schnell 1 Ei unterrühren. Mit dieser Masse die Törtchen füllen und nochmals in den heißen Ofen schieben. Vor dem Auftragen mit gehackter Petersilie bestreuen.

Buttermilchgetzen

800 g geschälte rohe Kartoffeln, 400 g geschälte gekochte Kartoffeln, Salz, $\frac{1}{4}$ l Buttermilch, 80 g Butter zum Braten.

Die rohen Kartoffeln fein reiben, von dem austretenden Wasser nur etwas abgießen, den Rest mit dem Löffel abschöpfen und wieder zur Kartoffelmasse zurückgeben. Die gekochten und erkalteten Kartoffeln ebenfalls fein reiben und mit der Masse der rohen Kartoffeln mischen. Salz und Buttermilch zugeben und einen dicklichen, noch flüssigen Teig bereiten. In der Tiegelpfanne die Butter heiß werden lassen, die Teigmasse etwa $1\frac{1}{2}$ cm dick einfül-

len und runde Pfannkuchen, die Getzen, ausbacken. Schön knusprig auf den Tisch bringen. Dazu Heidelbeerkompott, Preiselbeerkompott, Himbeerkompott oder auch Backobst reichen. In manchen Gegenden des Erzgebirges, wo die Buttermilchgetzen beheimatet sind, wird die Getzenmasse nicht in Butter, sondern im Fett von ausgelassenen Speckwürfeln gebacken.

Kartoffelsalat »Komm wieder«

1 kg Kartoffeln, 500 g Äpfel, 1 große Zwiebel, 2 saure oder Gewürzgurken, 3 Eßl. Essig, 3 Eßl. Gänsefett, Salz, Pfeffer, etwas Zucker, 1 Tasse Selleriewasser, Schnittlauch, Petersilie.

Die Kartoffeln weichdämpfen, dann schälen. Die Äpfel ebenfalls schälen, in kleine Würfel schneiden, die Kerngehäuse entfernen. Die Zwiebel feinhakken, die Gurken kleinschneiden. Nun den Essig und das Gänsefett zusammen mit Salz, Pfeffer und etwas Zucker heiß machen, aber nicht kochen. Die Apfel-, Zwiebel- und Gurkenstückchen daruntermengen, die gekochten Kartoffeln möglichst heiß dazuschneiden und alles mit einer Holzgabel untermengen. Ist der Kartoffelsalat zu trocken, noch ein wenig kochend heißes Selleriewasser dazugeben. Mit Schnittlauch oder gewiegter Petersilie anrichten.

Erzgebirgische Ofenkuchen

1 kg Kartoffeln, 125 g Mehl, 2 bis 3 Eier, etwas Salz, Butter, Zucker, Marmelade.

Die Kartoffeln waschen, schälen und roh reiben. Die Masse mit dem Mehl, den Eiern und etwas Salz vermengen, gut durcharbeiten. Den Teig dünn auf einen gefetteten Tiegel streichen und goldbraun backen. Später mit Butter,

Zucker oder auch Marmelade bestreichen. Dazu paßt

Kartoffelkuchen

1. Art: 1 kg gekochte, geriebene, kalte Kartoffeln, 200 g Mehl, 150 g frische Butter, 3 Eier, 2 Eßl. Zucker, ½ Teel. Zimt.

Diese Zutaten zu einem festen Teig verarbeiten, sehr dünn ausrollen. Auf ein gefettetes Kuchenblech legen, mit zerlassener Butter bestreichen und schnell backen. Anschließend den noch heißen Kuchen abermals mit zerlassener Butter bestreichen und mit Zucker und Zimt bestreuen. Warm auftragen.

2. Art: 500 g gekochte, geriebene, kalte Kartoffeln, 60 g Butter, 1 Ei, 2 Eßl. Zucker, 125 g Mehl, Zimt, Zucker nach Geschmack.

Den Teig bereits am Abend vor dem Backen machen und kalt stellen. Am nächsten Tag fertigmachen wie oben angegeben.

THÜRINGEN

Schleizer Bambser

750 g gekochte, mehlige Kartoffeln, 750 g mürbe Äpfel, 4 Eier, 100 g Zucker, Salz, Mehl, 6 Eßl. Butter oder Margarine, Zucker, Zimt.

Die Kartoffeln pellen und durchs Sieb drücken. Mit den feingeraspelten Äpfeln, den Eiern, Zucker, etwas Salz und so viel Mehl mischen, daß ein fester Teig entsteht. 2 bis 3 Zentimeter dicke Nudeln formen, reihenweise in das heiße Fett der Bratpfanne legen und backen. Nochmals mit Butter begießen und dann in die Bratröhre stellen. Nach 45 Minuten müssen sie schön bräunliche Flecken haben. Heiß zu Tisch geben und beim Anrichten mit Zucker und Zimt bestreuen.

Specksalat mit Weißwurst

1 kg Pellkartoffeln, ⅛ l Fleischbrühe, 4 Eßl. Essig, 1 Zwiebel, 50 g Speck, Salz, Pfeffer, 1 Ring Weißwurst.

Die gekochten Kartoffeln noch heiß pellen und sofort in dünne Scheiben schneiden. Die Brühe unter Zusatz von Essig aufkochen, die Zwiebel feinschneiden und zugeben und alles gut mit den Kartoffelscheiben durchschwenken. Speckwürfel auslassen und unter den Salat mischen, mit Salz und Pfeffer abschmecken. Inzwischen Wasser aufsetzen und den Ring Weißwurst darin erhitzen. Gemeinsam mit dem warmen Specksalat servieren.

Kartoffeltopf mit Bierfleisch

500 g Schweinekamm, 750 g Kartoffeln, 4 Zwiebeln, 1 Prise Majoran, 1 Prise Rosmarin, Salz, Pfeffer, ½ Flasche Bier, Schnittlauch, Petersilie.

Den Schweinekamm in eine gut verschließbare, feuerfeste Form legen. Kartoffeln schälen, in dicke Scheiben schneiden und mit den geschälten und grob geschnittenen Zwiebeln abwechselnd darüberschichten. Die Gewürze dazugeben und mit soviel Bier auffüllen, daß das Ganze gerade bedeckt ist. Nun die Form verschließen und in der Backröhre bei Mittelhitze gardünsten. Das Bier muß von den Kartoffeln vollkommen aufgesogen sein. Den Kartoffeltopf mit Schnittlauch und Petersilie überstreut servieren.

Heringskartoffeln

450 g gewässerte Salzheringe, 2 Zwiebeln, 50 g Butter, 3 Eßl. Semmelbrösel, 750 g Pellkartoffeln, 2 Eier, ⅛ l saure Sahne, Pfeffer, Salz.

Die 8 bis 10 Stunden gewässerten Salzheringe ausnehmen, von Haut und Gräten befreien und der Länge nach halbieren. Die Zwiebeln in Würfel schneiden, in Butter goldgelb anschwitzen. Eine gut gefettete Backform mit Semmelbröseln ausstreuen, lagenweise die kalten, in Scheiben geschnittenen Pellkartoffeln, die Filetstückchen und die angeschwitzten Zwiebeln einfüllen. Nun Eier mit Sahne, Pfeffer und Salz gut durchschlagen und gleichmäßig über die gefüllte Backform gießen. Die restlichen Semmelbrösel darüberstreuen und einige Butterflöckchen aufsetzen. Etwa 30 Minuten bei mittlerer Hitze backen.

Bauernfrühstück mit Quark

200 g Speck, 3 große Zwiebeln, 800 g Kartoffeln, Salz, 4 bis 5 Eier, 1 Tasse Quark, ½ Teel. Kümmel, 2 Eßl. saure Sahne.

Den Speck und die Zwiebeln in kleine Würfel schneiden und ausbraten, aber nicht braun werden lassen. Die Kartoffeln schälen, in Scheiben schneiden, dazugeben, salzen und zugedeckt schön gelb braten. Die Eier mit dem Quark, dem Kümmel und der sauren Sahne verquirlen, die Masse auf die fertigen Kartoffeln schütten und stocken, aber nicht fest werden lassen. Sofort auftragen.

Pottkartoffeln

1 Zwiebel, 60 g Butter, 2 Heringe, 1 l Milch, 1½ Eßl. Mehl, 750 g gekochte Kartoffeln, 125 g Schinken.

Die Zwiebel fein schneiden und in Butter weichdünsten; sie muß aber weiß bleiben. Die Heringe häuten, entgräten, fein wiegen und zugeben. An diese Masse etwa die Hälfte der Milch gießen. Die übrige Milch mit Mehl verquirlen und ebenfalls dazugießen. Eine gebutterte Auflaufform mit einer Schicht gekochter und in Scheiben geschnittener Kartoffeln belegen. Darauf eine Schicht kleingeschnittenen Schinken, wieder Kartoffeln und dann Soße. In dieser Reihenfolge die Form lagenweise füllen; obenauf kommen wieder Kartoffeln und abschließend reichlich Soße, damit die Kartoffeln schön durchzogen werden. 1 Stunde in der Backröhre backen. Heiß servieren.

Bierkartoffeln

1 kg Kartoffeln, 1 Zwiebel, 3 Nelken, 1 l Bier, Salz, etwas Butter.

Die in der Schale gekochten Kartoffeln pellen und in kleine Scheiben schneiden. Die Zwiebel mit 3 Nelken spicken und in dem Bier aufkochen. Jetzt die Kartoffelscheiben hineingeben, dazu Salz und etwas Butter und alles eine Weile dünsten lassen. Bierkartoffeln schmecken zu Bratwurst oder gekochtem Rindfleisch.

Kartoffelmus mit Äpfeln

500 g Äpfel, 20 g Butter, 500 g Kartoffeln, ¼ l Milch, Semmelbrösel.

Die Äpfel schälen, in Viertel schneiden und vom Kerngehäuse befreien. Mit etwas Butter und einigen Eßlöffeln Wasser ganz weichkochen. Die Kartoffeln ebenfalls schälen, in Viertel schneiden und im Dämpfer kochen. Dann beides mischen, eventuell durch ein Sieb drücken und mit sehr heißer Milch zu einem Kartoffel-Apfel-Brei anrühren. Butterflocken zugeben und kräftig unterrühren. Geröstete Semmelbrösel darüberstreuen.

KLÖSSE

Zweifelsohne gehören die Klöße – einige auch Knödel genannt – zu jener Art von Beilagen, die schon lange und recht erfolgreich so oft ohnehin fließende Grenze zum eigenen Hauptgericht zu überschreiten suchen. Unter diesen qualifizierten Beilagen mit »Hang zur Eigenständigkeit« tut sich besonders der Thüringer Kloß hervor, der vor allem in den südwestlichen Bezirken unseres Landes als der Kloß »an sich« betrachtet wird und immer dann gemeint ist, wenn ein zünftiges Kloßessen ansteht. An dieser Ausschließlichkeit, mit der die Thüringer das erfreuliche Thema Klöße behandeln, ist durchaus etwas dran – aber eben noch nicht alles. Denn erstens sind die Thüringer über das Originalrezept ihrer Klöße – die in Schmalkalden zum Beispiel »Hebes« und in Meiningen »Hütes« heißen – ebenso einig wie die Neubrandenburger über die Anzahl der Fische im Tollensesee. Zweitens gibt es neben den Thüringer noch eine ganze Reihe anderer und auf ihre Weise nicht weniger schmackhafte Klöße, und drittens sind die Thüringer Klöße leider keine Erfindung der Thüringer – dies jedenfalls behaupten Chronisten mit ziemlicher Bestimmtheit.

Den Brauch des Kloßkochens sollen die Thüringer von den Römern übernommen haben, deren Reich einst bis nach Germanien reichte und die über den Limes, den Grenzwall hinweg, durchaus fruchtbare Wirtschaftsbeziehungen zu den Hermunduren, von denen die Thüringer abstammen, unterhalten haben. Dies jedenfalls ist verbürgt, und auch, daß die benachbarten Römer schon im 1. Jahrhundert einen »puls« genannten Brei kochten, der nach heutiger Erkenntnis – weil er aus Mehlteig bestand, der geformt und in Wasser gesotten wurde – einem Kloß gleichkam. Diesen Küchenbrauch dürften die Thüringer also übernommen

und später, als auch hier endlich die Kartoffel bekannt wurde, immer weiter variiert und schließlich zum »echten« Thüringer Kloß befördert haben.

Heute nun also bekommt man in Thüringen mindestens ebenso viele nach »Originalrezepturen« zubereitete Klöße vorgesetzt wie es Orte gibt; ihnen allen gemein ist außer der Vorschrift, daß zwei Drittel des Kloßteigs aus rohen Kartoffeln bestehen müssen, ihre außerordentliche Schmackhaftigkeit: Thüringer Klöße sind »Bauchritscher« – sie rutschen auf der kräftigen Würzsoße fast von allein und nicht selten in schon beängstigenden Mengen die Speiseröhre hinunter.

Aber auch im benachbarten Vogtland erblicken immer und immer wieder Klöße das Licht der Küche, die sich auf jeder Festtafel sehen und von denen die Einheimischen ebenfalls nicht mehr lassen können. Es sind »rohe« oder »grüne« Klöße, die von »grünen«, also rohgeriebenen Kartoffeln hergestellt werden und deren Bereitung – ähnlich wie in Thüringen – einem regelrechten Ritual gleichkommt. Mit Sicherheit sind die Kartoffelklöße der Vogtländer älter und somit auch traditionsgefüllter als die »echten« Thüringer, denn der Kartoffelanbau begann im Vogtland bereits um 1700 und somit deutlich früher als in Thüringen. Daß die Kloßrivalität zwischen beiden Gebirgsgegenden dennoch eindeutig zugunsten der Thüringer entschieden wurde, bezeugt eigentlich nur, daß die Vogtländer aus ihrem Zeitvorteil keinerlei Nutzen zu ziehen vermochten. Oder wollten. Denn wer welchen Kloß bevorzugt – dies ist in erster Linie auch heute wohl immer noch Geschmackssache. Und so schmecken in fast jeder Ecke des Vogtlandes die Klöße anders; in jedem Falle handelt es sich um »echte« grüne Klöße! Die aber müssen nach einer Definition der Zeitung »Vogtländischer

Anzeiger und Tageblatt« von 1898 wenigstens so beschaffen sein: »Ein richtiger grüner Kloß muß so groß sein, wie ein kleiner Kindskopf, hellgrau aussehen und was die Hauptsache ist, er muß in der Schüssel zittern.« Natürlich bedurfte es auch im Vogtland nicht erst der Kartoffel, um im Kloß Erfüllung zu finden. Schon lange zuvor aß das »Volk« aus Gerstenmehl gefertigte Klöße, während die »besseren Leute« – freilich auch nur bei besonderen Gelegenheiten – Klöße aus Weizenmehl auf den Tisch brachten.

Obwohl die Jahrhunderte, andere Rohstoffe und die nie versiegende Phantasie der Köche immer neue und oft schier unglaubliche Klöße (ob es nun Pflaumen-, Birnen-, Quark-, Brot-, Hefe- oder Serviettenklöße sind) hervorbrachten – noch immer gilt, was bereits 1838 der Dresdner Kochlehrer August Erdmann Lehmann festgeschrieben hat:

»Klößer sind kleine und große Bälle, (wie große Aepfel) werden mit den Händen oder mit zwei Löffeln gemacht … Ein großer Vorzug ist ihre Wohlfeilheit, weshalb sie auch niemals in Vergessenheit kommen werden.«

MECKLENBURG

Buchenweizenklöße

250 g Buchenweizengrütze, Salz, 125 g Butter, 3 Eier, Pfeffer, Muskat, etwas Mehl.

Die gewaschene und abgetropfte Grütze in 1 Liter kochendes Salzwasser geben, etwas Butter hinzufügen, bei schwacher Hitze ausquellen lassen. Mit der schaumig gerührten restlichen Butter Eier, Salz, Pfeffer und Muskat vermischen. Die inzwischen abgekühlte Grütze dazugeben, alles gut vermengen. Aus der Masse Klöße abstechen und auf dem bemehlten Backbrett formen. Die Buchweizenklöße in kochendem Salzwasser garziehen lassen. Dazu Kompott reichen. Buchweizenklöße sind auch eine schmackhafte Beilage zu Rindfleischgerichten.

Apfelklöße in Fleischbrühe

750 g mürbe Äpfel, ⅛ l Milch, 1 Eßl. zerlassene Butter, 3 Eier, 1 Eßl. Zucker, 1 Prise Salz, Fleischbrühe.

Die geschälten, fein geschnittenen Äpfel ohne Kernhaus mit den übrigen Zutaten vermischen, längliche Klößchen formen. In Salzwasser kochen, bis sie schwimmen. Herausheben, abtropfen lassen und in heißer Fleischbrühe anrichten. Es empfiehlt sich, zuerst einen Probekloß zu kochen, denn bei sehr saftigen Äpfeln muß die Masse mit Semmelbröseln oder etwas Mehl vermischt werden, damit sie die richtige Beschaffenheit erhält.

Apfelklöße

60 g Butter oder Margarine, 3 Eier, 30 g Zucker, 500 g Mehl, 3 Eßl. Milch, 40 g gehackte Mandeln, Schale von 1 Zitrone, 500 g säuerliche Äpfel, Salz, Zimt.

Die Butter mit Eiern und Zucker schaumig rühren. Nach und nach Mehl und soviel Milch dazugeben, daß ein fester Teig entsteht. Mandeln und abgeriebene Zitronenschale und kleine Würfel der geschälten und vom Kerngehäuse befreiten Äpfel untermischen. Kurze Zeit durchziehen lassen, dann mit einem Löffel Klöße abstechen. In schwach gesalzenem Wasser garziehen lassen. Mit dem Schaumlöffel herausnehmen, abtropfen lassen. Mit leicht gebräunter Butter übergießen und mit Zucker und Zimt bestreut zu Tisch geben.

Mecklenburger Kartoffelkloß

200 g Butter oder Margarine, 500 g gekochte und geriebene Kartoffeln, 6 Eigelb, 2 Brötchen, Salz und Muskat, Butter zum Einfetten, Mehl.

Aus Butter oder Margarine, Kartoffeln, Eigelb und den zuvor eingeweichten und wieder ausgedrückten altbackenen Brötchen einen Teig kneten. Mit etwas Salz und Muskat würzen und in eine mit Butter bestrichene und mit Mehl bestreute Serviette füllen. Diese frei hängend in einem Topf mit siedendem Wasser etwa 20 Minuten kochen. Dann aus der Serviette nehmen und in eine Schüssel legen. Mit gebräunter Butter übergießen.

Mecklenburger Klöße mit Birnen

Für die Klöße: 200 g Butter oder Margarine, 2 Eßl. Sahne, 2 Eier, ½ Teel. Salz, etwas Muskat, 6 Eßl. Semmelbrösel.

Für die Birnen: 1 kg reife, aber nicht zu weiche Birnen, 2 Eßl. Zucker, 1 Schuß Essig, 1 Eßl. Stärkemehl.

Die Butter oder Margarine mit der Sahne und den Eiern schaumig rühren. Dann unter ständigem Weiterrühren die Gewürze zugeben und zuletzt die Semmelbrösel. Auf dieser Masse mit dem Eßlöffel nicht zu große Klöße ausstechen und in siedendes Wasser legen. Nach 7 Minuten mit der Schaumkelle herausholen und warm halten. Inzwischen die Birnen schälen, halbieren und das Kernhaus entfernen. In Wasser mit Zucker und Essig nicht zu weich kochen. Anschließend mit dem Stärkemehl binden und über die Klöße geben.

Klöße zu Schwarzsauer

1 Zwiebel, 250 g Nierentalg, 1,5 kg Kartoffeln, 6 Eier, 1 Tasse Milch, 1 Teel. Salz, 1 Messerspitze Muskatnuß, 1 Eßl. Mehl.

Man schwitzt eine fein zerhackte Zwiebel in ½ Pfund ausgebratenem Nierentalg und übergießt damit 3 Pfund fein geriebene gekochte Kartoffeln, thut 6 ganze Eier, 1 Tasse Milch, 1 Theelöffel voll Salz, 1 Messerspitze voll geriebene Muskatnuß und 1 Eßlöffel voll Mehl hinzu und rührt das Ganze gehörig mit einander durch. Die von dem Teige geformten Klöße läßt man in einer mit Mehl bestreuten Schüssel rund laufen und kocht sie in schwach gesalzenem Wasser gar.

SPREEWALD

Schälklöße

300 g Mehl, 3 Eier, Salz, 80 g Butter oder Margarine, 3 Eßl. Semmelbrösel, Petersilie, 1 l Fleischbrühe, 1 Wurzelwerk.

Aus Mehl, Eiern, etwas Salz und wenig Wasser einen festen Nudelteig kneten. 30 Minuten ruhen lassen, dann etwa pfannkuchengroße Stücke möglichst dünn ausrollen. Diese Fladen sofort mit zerlassener Butter oder Margarine bepinseln und mit Semmelbröseln und gehackter Petersilie bestreuen. Wurstartig zusammenrollen. In Rhombenform Stücke abschneiden und in die kochende, mit kleingeschnittenem Wurzelwerk angereicherte Fleischbrühe geben. Auf kleiner Flamme etwa 8 bis 10 Minuten garziehen lassen. Entweder in der Brühe mit zerkleinertem Suppenfleisch oder als Beilage z. B. zu Schweinebraten, Rinderbraten oder Gulasch servieren.

SACHSEN

Brotklöße mit Pilzen

375 g Trockenpilze (Steinpilze, Butterpilze, Maronen), 80 g Speck, 2 mittelgroße Zwiebeln, 1 Tasse Brühe, 1½ Eßl. Mehl, Salz, Pfeffer, Petersilie.

Für die Klöße: 10 altbackene Brötchen oder Weißbrot, ¼ l Milch, 2 Eier, Salz, Muskat.

Die Trockenpilze bereits am Vortag einweichen. Speckwürfel glasig andünsten, die feingeschnittenen Zwiebeln dazugeben; beides anrösten. Dann die Pilze mit dem Einweichwasser und ½ Tasse Fleischbrühe zusetzen. Zudekken und langsam weichdünsten lassen. In der restlichen Fleischbrühe das Mehl anrühren und das Pilzgemüse damit andicken. Mit Salz und Pfeffer abschmecken. Anschließend die gehackte Petersilie untermischen. Für die Klöße die Brötchen oder das Weißbrot in Würfel schneiden. Die Milch aufsetzen, ankochen lassen und über die Semmelwürfel gießen. Zugedeckt weichkochen lassen. Dann die Eier hineinquirlen, Salz und etwas Muskat zugeben und alles zu einem Kloßteig verarbeiten. Salzwasser zum Kochen bringen. Mit nassen Händen Klöße ausformen und in das siedende Wasser legen. Bei mäßiger Hitze etwa 15 Minuten garziehen lassen. Mit dem Pilzgemüse servieren. Die gekochten Klöße können auch in Scheiben geschnitten und in der Butterpfanne angebraten und die Pilze auf den so vorbereiteten Kloßscheiben angerichtet werden.

Semmelknödel

5 Brötchen, ¼ l Milch, 2 Eier, 1 Eigelb, 200 g Mehl, 80 g Margarine, Muskat, Salz.

Die halbierten und in dünne Scheiben geschnittenen Brötchen in der Milch einweichen. Die Eier und das Eigelb dazugeben, mit dem gesiebten Mehl binden. Margarine zerlassen, unterrühren, mit Muskat würzen. Die Knödelmasse ruhen lassen. Nach 1½ Stunden Knödel formen und in Salzwasser im offenen Topf 20 Minuten garziehen lassen.

Grüne Klöße

2 kg rohe Kartoffeln, 750 g gekochte Pellkartoffeln, 2 Eßl. geriebener Meerrettich, Salz, 200 g Weißbrot und 30 g Margarine.

Die rohen Kartoffeln schälen, reiben und mit einem Tuch auspressen. Das aufgefangene Wasser nicht wegschütten. Die kalten, abgepellten gekochten Kartoffeln ebenfalls fein reiben. Die beiden Kartoffelmassen mischen, geriebenen Meerrettich und Salz dazugeben, abschmecken und das beim Auspressen der rohen Kartoffeln aufgefangene Wasser mit der Kartoffelstärke anschütten. Alles mit kochendem Wasser überbrühen und die Kloßmasse geschmeidig kneten. Das Weißbrot in kleine Würfel schneiden und in der Margarine goldgelb rösten. Hände anfeuchten, aus der Kloßmasse runde Klöße formen, in die Mitte kleine geröstete Weißbrotwürfel geben. Wasser in einem breiten Gefäß zum Kochen bringen (die Klöße müssen schwimmen und dürfen sich nicht berühren), Salz dazugeben, die Klöße einlegen und schnell aufkochen lassen. 10 bis 15 Minuten auf kleiner Flamme weiterkochen, anschließend 20 Minuten bei geringer Hitze und angehobenem Deckel durchziehen lassen.

Backobst mit Kartoffelklößen

350 g Backobst, 50 g Zucker, etwas Zimtrinde, ½ Eßl. Stärkemehl, 800 g rohe Kartoffeln, Salz, 1 Ei, etwas Milch, 3 Eßl. Mehl, 1 Eßl. Kartoffelmehl, Muskat, Pfeffer, 3 Scheiben Weißbrot, 50 g Butter.

Das vorgeweichte Backobst mit dem Einweichwasser, Zucker und Zimtrinde aufsetzen und garkochen. Mit dem kalt angerührten Stärkemehl andicken, vom Feuer nehmen. Inzwischen die Kartoffeln schälen, in Salzwasser garkochen, gut abgießen und durchpressen. Das Ei verquirlen und mit ein wenig kochender Milch über die Kartoffelmasse gießen. Alles zu einem festen Kloßteig verrühren. Mehl, Kartoffelmehl und die Gewürze dazugeben und gut unterrühren, etwas abkühlen lassen. Die Weißbrotscheiben in Würfel schneiden, goldgelb anrösten. Unterdessen einen Topf mit Salzwasser zum Kochen bringen. Mit nassen Händen Klöße formen, in die Mitte geröstete Weißbrotwürfel einrollen. Die Klöße bei kleiner Hitze 15 Minuten garziehen lassen. Auf Tellern mit dem warmen Backobst anrichten.

Vogtländer Kartoffelklöße

2 altbackene Brötchen, 30 g Butter, 800 g gekochte Pellkartoffeln, Salz, Muskat, ⅛ l saure Sahne, 2 Eßl. Mehl, 1 Ei.

Die Brötchen in kleine Würfel schneiden und in der Butter goldgelb anrösten. Die kalten, abgepellten Kartoffeln fein reiben. Mit Salz, Muskat, saurer Sahne, Mehl und dem verquirlten Ei zu einer festen Kloßmasse verarbeiten. Aus dem Teig mit bemehlten Händen runde Portionsklöße formen, in die Mitte der Klöße 2 bis 3 der gerösteten Semmelwürfel geben. In reichlich kochendes Salzwasser einlegen, 10 bis 15 Minuten bei schwacher Hitze ziehen, aber nicht kochen lassen. Als Beilage zu verschiedenen Fleischgerichten servieren.

Kartoffelklöße

Für eine Familie mit Vogtländer-Appetit schält man einen Napf, das sind 5 Liter, große mehlige rohe Kartoffeln, reibt sie in eine Schüssel mit kaltem Wasser und läßt sie so eine bis zwei Stunden stehen, indem man von Zeit zu Zeit das obere schaumige Wasser abschöpft und frisches zugießt. Dreiviertelstunde vor dem Gebrauche rührt man die Kartoffeln um, gießt sie durch einen festen groben Leinensack und drückt sie darin so fest aus, daß kein Wasser mehr abfließt. Dann nimmt man sie aus dem Sack, zerkrümelt den festen Klumpen und streut eine Hand voll Salz darauf. Nun werden die Kartoffeln mit Wasser gebrüht, doch nicht so, daß man das kochende Wasser einfach darauf gießt, nein, dabei muß man vorsichtig zu Werke gehen. Man schiebt also die Kartoffeln beiseite, hält die Schüssel etwas schräg, gießt einen Teil des Wassers auf einen freien Platz und verrührt mit dem Kloßlöffel nach und nach etwas von den Kartoffeln mit dem Wasser, gießt neues kochendes Wasser zu, verrührt wieder, und so fort, bis es ein ziemlich weicher Teig ist. Wie weich? Ja, das eben muß man »im Griff« haben, das lernt sich erst durch Übung, wenn es einem nicht angeboren ist. Also, in den ziemlich weichen Teig gibt man einen sehr gehäuften Suppenteller gekochte geriebene Kartoffeln, vermischt alles gut und fängt nun an zu formen. Dazu taucht man die Hände in kaltes Wasser, nimmt einen Klumpen Teig, macht eine Vertiefung hinein, füllt diese mit einigen fett gerösteten Semmelwürfeln aus, schlägt Teig darüber und rundet die Klöße ab. Direkt aus der Hand werden sie in kochendes Salzwasser geworfen; darin müssen sie 20 Minuten kochen, dann gleich auf den Tisch kommen und gegessen werden, denn durch das Stehen werden sie hart.   1898

Klöße mit Speck und Zwiebeln

200 g Speck, 2 bis 3 Zwiebeln, beliebige Klöße, Salate.

Den Speck und die Zwiebeln in kleine Würfel schneiden und langsam bräunen. Die frisch zubereiteten oder die restlichen Klöße des Vortages halbieren oder in Scheiben schneiden und in der Speck-Zwiebel-Mischung aufbacken. Möglich ist auch, frisch gekochte Klöße mit den gebräunten Speck- und Zwiebelwürfeln zu überstreuen. Dazu Salat reichen.

Dresdner Schwammklöße

$\frac{1}{8}$ l Milch oder Fleischbrühe, 80 g Butter, Salz, etwas Muskat, 80 g Mehl, 2 Eier.

Milch oder Fleischbrühe mit der Butter verrühren und mit den Gewürzen aufkochen. Mehl einschütten und rühren, bis sich die Masse vom Topf löst. Vom Feuer nehmen, zuerst ein Ei zufügen und glattrühren, danach das zweite. Von dieser Brandteigmasse mit dem Teelöffel kleine Klößchen abstechen und in Salzwasser garziehen lassen. Als Suppeneinlage verwenden.

Quarkklöße

$\frac{1}{4}$ l Milch, 50 g Butter, Salz, 150 g Grieß, 2 gehäufte Eßl. Zucker, 4 Eier, 250 g Magerquark.

Zum Dämpfen: $\frac{1}{4}$ l Milch, 100 g Zucker, 80 g Butter, Puderzucker zum Bestreuen.

Milch, Butter und eine Prise Salz zum Kochen bringen. Grieß einstreuen und so lange unter Rühren kochen, bis sich die Masse vom Topfboden löst. Den Topf vom Feuer nehmen, Zucker und 1 Ei unter den Teig mischen, abkühlen lassen. Nun die restlichen Eier und den durch ein Sieb gestrichenen Quark mit dem Teig verrühren. Milch, Zucker und Butter in eine feuerfeste Form geben und aufkochen lassen. Klöße formen, nebeneinander in die Form legen. Mit Puderzucker überstreuen. Im vorgeheizten Ofen bei Mittelhitze 30 Minuten überbacken. Sind die Klöße schön goldbraun, nochmals mit Puderzucker bestäuben. Sofort servieren. Dazu Kompott reichen.

THÜRINGEN

Thüringer Klöße I

2 kg große Kartoffeln, Milch, Salz, 3 Brötchen, etwas Butter.

1½ kg Kartoffeln schälen, waschen und auf einem scharfen Reibeisen in kaltes Wasser reiben, am besten am Abend vorher. Am anderen Tag das Wasser von oben vorsichtig abgießen und so oft erneuern, bis es ganz klar ist. Die Kartoffelreste, die beim Reiben übrig bleiben, mit den restlichen gewaschenen, geschälten und in Würfel geschnittenen Kartoffeln kochen. Ganz fein zerstoßen und mit der nötigen Milch einen dicken Brei davon kochen. Nun die rohen Kartoffeln durch ein leinenes Säckchen oder in einer Kartoffelpresse ganz trocken auspressen und in eine Schüssel schütten. Schnell auflockern, Salz und das kochende Milchmus hinzufügen, alles gut miteinander verkneten und mit nassen Händen ziemlich große Klöße davon formen. Semmelwürfel rösten, einige in die Mitte jedes Kloßes füllen, die Klöße schön rund drehen und sofort in kochendes Wasser legen. Die Klöße 15 Minuten auf kleiner Flamme ziehen, aber nicht kochen lassen. Die Klöße werden nur dann schneeweiß aussehen, wenn man sie zügig bereitet. Die fertigen Klöße sofort nach dem Garziehen servieren. Sie sind zu allen Fleischgerichten eine passende Beilage.

Thüringer Klöße II

2 kg Kartoffeln, 1 Teel. Salz, 100 g Grieß, ½ l Milch, 2 Brötchen, 1 Eßl. Margarine.

Alle Kartoffeln zu einer rohen Reibemasse verarbeiten. Salzen. Dann eine Masse aus Grieß und Milch mit der Kloßmasse vermischen. Klöße formen und mit gerösteten Semmelwürfeln füllen. In kochendes Wasser legen und 15 Minuten auf kleiner Flamme ziehen, nicht kochen lassen. Auch zu diesen Thüringer Klößen einen beliebigen Braten mit reichlich Soße reichen.

Wattenklöße

800 g Pellkartoffeln, 100 g Kartoffelmehl, Salz, ¼ l Milch, 100 g Weißbrot, 40 g Butter, etwas Mehl.

Die gekochten Kartoffeln erkalten lassen und abpellen. Durchpressen, mit Kartoffelmehl und Salz bestreuen, die kochende Milch darüber gießen. Alles schnell zu einem Teig verarbeiten. Weißbrot in Würfel schneiden und in der heißen Butter goldgelb rösten. Aus dem Teig Klöße formen, geröstete Weißbrotwürfel einlegen, die Klöße in Mehl wälzen und in kochendem Salzwasser langsam garkochen. Wenn die Klöße aufsteigen, noch ca. 5 Minuten ziehen lassen, herausnehmen und sofort anrichten.

Aschkloß

700 g rohe Kartoffeln, 180 g gekochte Kartoffeln, 20 g Mehl, 20 g Kartoffelmehl, 100 g Speck, Salz, Pfeffer, 2 Brötchen, 2 Eier, 1 Tasse Milch.

Die rohen Kartoffeln reiben und auspressen, die gekochten abgießen und durch die Presse drücken. Beides mit dem Mehl, dem in kleine Würfel geschnittenen Speck sowie etwas Salz und Pfeffer zu einem Kloßteig verarbeiten. Eine Backform gut ausfetten, den Kloßteig hineingeben, die Brötchen in Scheiben schneiden und darüber verteilen. Anschließend Eier und

Milch mit etwas Salz glatt schlagen, über die Brötchenscheiben gießen. Den Aschkloß in der vorgeheizten Röhre bei mittlerer Hitze etwa 60 Minuten backen. Brötchengroße Stücke aus dem Kloß schneiden und heiß zu Braten oder Thüringer Wurstwaren servieren.

Thüringer Serviettenkloß

6 Brötchen, ½ l Milch, 6 Eier, Salz, Muskat, 2 Eßl. Grieß, 3 Weißbrotscheiben, 2 Eßl. Butter.

Die klein geschnittenen Brötchen in der warmen Milch einweichen, mit den Eiern, Salz, Muskat und dem Grieß verrühren. Die Weißbrotscheiben in Würfel schneiden, in reichlich Butter rösten und mit der Masse vermischen. Eine vorher gebrühte und gut gespülte Serviette mit Butter ausstreichen, die Kloßmasse darauffüllen und die Serviette fest zubinden – aber so, daß für den Kloß Platz zum Aufgehen bleibt. In kochendes Salzwasser geben und 45 Minuten bis 1 Stunde leise sieden lassen. In Thüringen fügt man der Kloßmasse feingehackte Petersilie oder gewiegten Schnittlauch zu. Eine beliebte Beilage zu Braten, besonders zu Sauerbraten und Schöpsen-(Hammel-) Keule.

Thüringer Wasserspatzen

65 g Butter, Salz, 375 g Mehl, 5 ganze Eier, 5 Eidotter.

¼ Liter Wasser, Butter und etwas Salz in einer Kasserolle aufkochen, das Mehl einquirlen. So lange rühren, bis ein steifer Brei entsteht. Den heißen Brei zerstoßen, bis er ganz geschmeidig ist und danach die 5 Eier – immer ein Ei nach dem anderen – und die 5 Dotter darunter rühren. Den Teig immer erst wieder glatt rühren, bevor ein neues Ei hinzukommt. Ist der fertige Teig dann ganz glatt und klar, Klöße von beliebiger Größe davon ausstechen und in leicht gesalzenem Wasser 10 Minuten kochen. Diese Spatzen sind sehr locker und schön. Sie schmecken besonders gut zu Sauerbraten, Gulasch und Rinderbraten.

Thüringer Wickelklöße

¼ l Milch, 3 bis 4 Eier, Salz, Mehl, Butter, Semmelbrösel.

Milch und Eier verquirlen, salzen und soviel Mehl zufügen, daß ein nicht zu fester Teig entsteht. Den Teig auf einem Holzbrett ganz dünn wie zu Nudeln austreiben, mit zerlassener Butter bestreichen und mit den in Butter gerösteten Semmelbröseln bestreuen. Dann in dreifingerbreite und zweihändelange Streifen schneiden, locker zusammenrollen und die Ränder fest aufeinander drücken, daß die Füllung nicht herausfließen kann. In Salzwasser etwa ¼ Stunde kochen. Um zu sehen, ob sie gar sind, mit einem Hölzchen in einen Kloß stechen; hängt noch feuchter Teig daran, so müssen die Klöße noch weiter kochen, ist aber das Hölzchen trocken, so sind sie gar. Mit zerlassener Butter auftragen.

GEMÜSE
UND
OBST

Das heute in der Mehrzahl positive Assoziationen auslösende Wort »Gemüse« war ursprünglich nur eine pauschale Zustandsbeschreibung; es beschrieb den – aus heutiger Sicht – unerfreulichen Zustand zu »Mus« oder eben auch »totgekochten« Grünzeugs: Weil unsere Ahnen oft wohl nur aßen, um satt zu werden, verpaßten sie meist auch die Freude am (Gemüse)-Genuß. Da aber andere Länder und Kulturen antraten, genießbarere Zubereitungsarten zu verbreiten, mußte man zwangsläufig auch in Leipzig, Erfurt oder Berlin nach und nach auf den guten Gemüse-Geschmack kommen. In Berlin waren es beispielsweise die Hugenotten – sie hatten Ende des 17. Jahrhunderts Frankreich in Richtung Preußen verlassen –, die schon bald das Gemüseangebot der Stadt u. a. um Salat, Blumenkohl und grüne Erbsen bereicherten – ohne freilich die bis dahin dominierenden Rüben oder gar den geliebten Kohl vom Speisezettel verdrängen zu können.

Der gewöhnliche Kohl war übrigens nicht nur das wichtigste Gemüse der deutschen Altvorderen, sondern auch ein willkommener Freund schon in antiken Küchen: Diogenes aß häufig Kohlsuppe und riet: »Wenn du von Kohl leben würdest, dann brauchtest du den Reichen nicht um den Bart zu gehen«, und die Römer verspeisten ihn gern als Kompott – mit Essig und Honig angemacht! Heftige und konträre Reaktionen löste der Kohl aus, als er ein reichliches Jahrtausend später in Sauerkrautschüsseln auf deutschen Tischen dampfte. »Das Sauerkraut ist ein echtes deutsches Essen«, schwärmte Ludwig Börne, »die Deutschen haben es erfunden und lieben und pflegen es mit aller Zärtlichkeit, welcher sie fähig sind.« Goethe allerdings konnte sich für den Kohl nicht recht erwärmen: »Nein, das ist doch zu arg. Erst Sauerkraut und dann noch 15 Seiten Jean

Paul. Das halte aus, wer will.« In Berlin jedoch galt der Sauerkohl mit Bratwurst sogar als ein Heilmittel, wie eine Anekdote um den beliebten Berliner Volksarzt Dr. Heim verrät. Bei diesem erschien nämlich eines Tages eine Patientin in der Sprechstunde, die behauptete, daß sie gegen Kopfschmerzen Sauerkraut auf den Kopf lege. Dr. Heim soll gläubig genickt und ihr nur geraten haben, auf keinen Fall die dazugehörige Bratwurst zu vergessen!

Eine für alle Sauerkraut-Lager akzeptable Formel schien jedoch bereits 1742 Johann Heinrich Zedlers Lexikon gefunden zu haben: »Das Sauerkraut ist zwar mehrentheils eine gute Speise vor gemeine Leute, die es wieder ausarbeiten können; es hat sich aber oft schon ein Wohlhabender damit delectiret, auch mancher Patient daran wieder erholet.«

Nun ist der Weißkohl – den schon die alten Chinesen 221 v. u. Z. beim Bau der Großen Mauer in Reiswein eingelegt und so über den Winter gebracht haben sollten – gottlob ja nur die eine Erscheinungsform des Kohls; eine andere, edlere ist der Blumenkohl, der nicht zufällig gerade in Erfurt eine liebevolle Pflegestätte fand: Die thüringische Stadt hatte in ihrem Ratsherrn Christian Reichardt (1685–1775) einen so erfolgreichen Sachwalter der Gartenkultur, daß 1797 das »Thüringisch-Erfurtische Kochbuch« versicherte, die »um Erfurt herum größtentheils im freien Felde« erzeugten Blumenkohl, Erbsen und andere Gemüse schmeckten »viel feiner und besser« als alle anderen. Gerechterweise schrieben die Kochbuch Autoren dies aber auch dem »fruchtbaren Klima« Erfurts zu, das offenbar auch heute noch – die Gartenbauausstellung verrät es – nichts an Wirksamkeit verloren hat. Die feinsten und zartesten Gemüse allerdings bündeln sich nicht in einem thüringischen, sondern in einem sächsischen Gericht.

das »Leipziger Allerlei« heißt und u. a. junge, frische Karotten, Schoten, Blumenkohlröschen, Spargel, Kohlrabi, Morcheln und Krebse vereint.

Vom Weiß-, Blumen-, Rot- oder auch Rosenkohl ist es nur ein kleiner Schritt bis zu den Gurken – jedenfalls im Spreewald, wo sie sich schon seit mehr als 400 Jahren heimisch fühlen. Ein holländischer Tuchmacher soll sie 1555 nach Lübbenau gebracht haben. Damals aß man sie noch grün nur zur Erfrischung; erst nach 1610 begann man, sie in Salz einzulegen. Das muß den Spreewäldern so gut gelungen sein, daß 1729 Friedrich II. versuchte, Gurkeneinleger nach Preußen abzuwerben. Die entscheidende und die Gurken noch mehr aufwertende Idee aber wurde 150 Jahre später geboren: 1874 »behandelte« der Lübbenauer Gurkeneinleger Albert Schulze die einzulegenden Gurken erstmals mit feinen Nadelstichen – sie begünstigten den Gärungsprozeß und wirkten so dem leidigen Hohlwerden der Gurken entgegen.

Solche Kunstgriffe hatten die sächsischen und märkischen Obstanbauer freilich nicht nötig, wenngleich es Mühe bereitete, sie überhaupt erst einmal zu solchen werden zu lassen. Daß sie es wurden, ist in Sachsen u. a. auf das Wirken von August I. zurückzuführen. Der Kurfürst veröffentlichte 1555 nicht nur »Das Künstliche Obstgartenbüchlein«, das bahnbrechend für den Anbau von Edelobst wurde, sondern er erließ auch ein Gesetz, das jedes junge Ehepaar verpflichtete, nach der Hochzeit wenigstens 2 Obstbäume zu pflanzen. Das Edikt machte Schule, und es wurde später sogar noch verschärft: Nach 1700 durften in Sachsen die Pfarrer eine Trauung nur dann vornehmen, wenn der Bräutigam nachweisen konnte, daß er 6 Obstbäume gepflanzt oder 6 Wildlinge gepfropft hatte. Auf diese Weise sollen Ende des 18. Jahrhunderts in Sachsen innerhalb von nur 17 Jahren nahezu 600 000 »Hochzeitsbäume« gepflanzt worden sein. In Leisnig, noch heute eine ergiebige Obstquelle unseres Landes, mußte sich ab 1787 – damals begann dort der planmäßige Obstanbau – jeder neue Bürger sein Bürgerrecht dadurch sichern, daß er selber einen Obstbaum anpflanzte oder den Wert eines solchen bezahlte.

Das Werden Werders zum Obstgarten Berlins verlief ähnlich – auch Friedrich II. machte »Brautbäume« zur Bedingung; die Gründe aber waren weitaus zwingender als in Sachsen. Denn in Werder hatte alles mit dem Weinbau begonnen. Da aber der Werder'sche Wein durch die »Kehle ging wie eine Säge«, gab man um 1700 auf zugunsten des süßen und uns noch heute erfrischenden Obstes.

MECKLENBURG

Speckspinat

1 kg Spinat, 1 geriebene Zwiebel, Petersilie, Salz, Pfeffer, 3 Eßl. Semmelbrösel, 50 g Speck.

Den vorbereiteten Spinat überbrühen und fein wiegen. Mit allen Zutaten und den Speckwürfeln mischen und dämpfen, bis der Spinat gar ist. Dazu Salzkartoffeln reichen.

Überbackener Porree

4 Stangen Porree, Salz, 4 Scheiben gekochter Schinken, 80 g Butter, 2 Eßl. Mehl, ⅛ l saure Sahne, Pfeffer, 4 Eßl. Reibekäse.

Den geputzten und gewaschenen Porree oben und unten abschneiden und der Länge nach halbieren. 30 Minuten in leichtem Salzwasser kochen, dann das Wasser abgießen. Unterdessen die Schinkenscheiben so in eine Auflaufform legen, daß Boden und Seitenwände bedeckt sind. Die Porreestangen nebeneinander hineinlegen. Jetzt die Butter zerlassen, das Mehl hell darin anschwitzen, 1 Tasse Wasser und die saure Sahne dazugießen, aufkochen lassen. Bei schwacher Hitze zu einer sämigen Soße kochen. Mit wenig Salz und etwas weißem Pfeffer würzen, über die Porreestangen gießen und abschließend mit dem geriebenen Käse bestreuen. 40 bis 45 Minuten bei 250 Grad im vorgeheizten Backofen backen. Dazu Bratkartoffeln und heiße Bockwurst reichen.

Serviettenkohl

1 Kopf Weißkraut, Salz, 40 g Schweineschmalz, 300 g Hackfleisch halb und halb, 2 Semmeln, 2 Eier, Pfeffer, Majoran, 1 Teel. Kümmel, 1 Zwiebel, 60 g Butter, 2 Eßl. Semmelmehl.

Das vorbereitete Weißkraut kurz in kochendes Salzwasser geben, herausnehmen und abtropfen lassen. Die äußeren Blätter ablösen, das restliche Kraut feinhacken und in Schweineschmalz kräftig anbraten. Abkühlen lassen. Nun die abgelösten äußeren Krautblätter in mehreren Lagen in eine saubere Serviette legen. Das gehackte Kraut mit Hackfleisch, eingeweichten und ausgedrückten Semmeln, Eiern und Gewürzen sowie der feingehackten Zwiebel vermengen. Die Masse auf die Krautblätter legen und die Serviette zusammenschlagen; die Zipfel verknoten. Jetzt etwa 1½ Stunden in Salzwasser garen. Dann aus der Serviette nehmen, aufschneiden und mit zerlassener Butter und Semmelbröseln zu Tisch geben.

Alte Weiber (Graue Erbsen)

75 g Speck, 2 Eßl. Zwiebelwürfel, 400 g Erbsen, 2 Eßl. Mehl, 1 Teel. Majoran, Salz, Pfeffer, 1 Prise Zucker, Essig.

Die Speckwürfel im Topf anbraten und die Zwiebelwürfel mit anschwitzen lassen. Die am Vorabend in reichlich Wasser eingeweichten Erbsen mit dem Einweichwasser zugießen, den Topf verschließen und weichkochen lassen. Den Kochvorgang mehrmals kontrollieren, denn die Erbsen sollen als Gemüsebeilage und nicht suppenähnlich auf den Tisch kommen. Die Erbsen mit dem angerührten Mehl binden, sobald sie weich sind. Majoran dazugeben und mit Salz, Pfeffer, Zucker und Essig kräftig würzen. Dieses Erbsengemüse ist eine schmackhafte Zukost zu Fleischgerichten und Wildbraten.

Versunkene Birnen

1 kg Birnen, 2 Eßl. Zucker, 1 Zitrone, Butter zum Ausfetten, 100 g Speck. Für den Teig: 3 Eier, 125 g Zucker, 250 g Mehl, 1 Päckchen Backpulver, $\frac{1}{8}$ l Milch, 1 Päckchen Vanillinzucker; 1 Eßl. Speisestärke für die Soße.

Die geschälten, halbierten, vom Kerngehäuse befreiten Birnen mit dem Zucker in $1\frac{1}{2}$ l Wasser zum Kochen bringen. Die Schale der Zitrone spiralig abschneiden und dazugeben. Alles weichkochen. Unterdessen Boden und Wände einer ausgefetteten Auflaufform mit dem in Scheiben geschnittenen Speck belegen. Die garen und abgetropften Birnenhälften mit dem Rücken nach oben in die Form legen. Für den Teig die Eigelb mit dem Zucker schaumig rühren. Mehl, Backpulver, Milch und Vanillinzucker vermischen, unterrühren. Die zu steifem Schnee geschlagenen Eiweiß unterziehen. Den Teig gleichmäßig über die in der Form verteilten Birnenrücken gießen. In der vorgeheizten Röhre bei guter Mittelhitze etwa 45 Minuten backen. Das Birnenkochwasser erhitzen und mit der angerührten Speisestärke binden. Abgekühlt und mit entfernter Zitronenschale zum Auflauf reichen.

Rotkraut mit Schweinefleisch

1 kg Rotkraut, 500 g Schweinebauch oder Rippchen, 50 g Schmalz, 3 Eßl. Essig, 400 g säuerliche Äpfel, Salz, 2 Nelken, 1 Zwiebel, etwas Kümmel, 1 Teel. Zucker.

Das Rotkraut hobeln oder in feine Streifen schneiden. Das Fleisch im heißen Schmalz von allen Seiten anbraten, das Rotkraut dazugeben. Den Essig zum Kochen bringen, darüber gießen. Die geschälten, in Stücke geschnittenen und vom Kerngehäuse befreiten Äpfel hinzufügen. Das Gemüse mit Salz, Nelken, Zwiebel, Kümmel und Zucker versetzen, Wasser aufgießen. Rotkraut mit Fleisch zusammen gardünsten. Das Gemüse abschmecken und das Fleisch vor dem Anrichten in Scheiben schneiden.

Wirsing auf Mecklenburger Art

1 Kopf Wirsing, Salz, Muskat, 50 g Butter oder Margarine, 50 g Semmelbrösel.

Den vorbereiteten Wirsing in Viertel schneiden. Etwa 30 Minuten in schwachem Salzwasser garkochen. Abtropfen lassen, den dicken Strunk herausschneiden. Die Viertel mit Muskat überstäuben. Butter und Semmelbrösel anrösten, über den Wirsing gießen. Paßt zu Hammelkoteletts.

Schneidebohnen auf mecklenburgische Art

900 g Bohnen, 3 Eßl. Butter, Salz, Petersilie, 3 Eßl. Mehl, Pfeffer.

Die vorbereiteten grünen Bohnen in kleine Stücke schneiden und in siedendem Wasser mit etwas Butter und Salz zugedeckt weichkochen lassen. Vor dem Anrichten fein gehackte Petersilie und 3 Eßlöffel in Butter gelb gedünstetes Mehl hinzugeben. Die Bohnen damit durchkochen. Mit Pfeffer und Salz abschmecken.

Rotkraut mit Gänseschmalz

1 kg Rotkraut, 70 g Gänsefett, 1 Zwiebel, 3 säuerliche Äpfel, $\frac{1}{2}$ Lorbeerblatt, 4 Nelken, Salz, Zucker, Essig, etwas Rotwein.

Das vorbereitete Rotkraut nicht zu fein schneiden. Im erhitzten Gänsefett die Zwiebelwürfel glasig anbraten. Das Rotkraut hineingeben und einige Minuten schmoren. Mit ⅛ Liter Wasser auffüllen, die Apfelstückchen, Lorbeerblatt und Nelken dazugeben, das Rotkraut mit etwas Salz vermischen und etwa 90 Minuten bei schwacher Hitze gardünsten. Mit Salz, Zucker und Essig abschmecken. Abschließend einen Schuß Rotwein hinzugeben. Beigabe zu Gänsebraten und anderen festlichen Fleischgerichten.

Kürbis mit Speck

500 g Speck, 1 Lorbeerblatt, 5 Gewürzkörner, 50 g Schmalz, 2 Eßl. Zwiebelwürfel, 50 g Porree, 600 g vorbereitete Kürbisstücke, 2 Äpfel, 2 Tomaten, 50 g Mehl, 1 Tasse Buttermilch, Zucker, Salz, Pfeffer.

Den Speck mit dem Lorbeerblatt und den Gewürzkörnern in reichlich Wasser geben und etwa 1 Stunde weichkochen. Nebenher das Schmalz in einem Topf heiß werden lassen, die Zwiebelwürfel und den geputzten und geschnittenen Porree dazugeben, beides glasig anschwitzen. Jetzt die Kürbisstücke und die zerkleinerten Äpfel darübergeben, öfter umschwenken und anschwitzen lassen. Danach knapp mit Speckbrühe auffüllen, die gebrühten, abgezogenen und geschnittenen Tomaten in den Topf geben und das Ganze etwa 20 Minuten gleichmäßig garen lassen. Nun das Mehl in der Buttermilch einquirlen und damit unter ständigem Rühren das Kürbisgemüse binden. Zum Schluß mit Zucker, Pfeffer und Salz abschmecken. Mit einer Scheibe heißen Rauchspeck anrichten, Salzkartoffeln dazu reichen.

Gestowte Wruken

600 g Schweinebauch, Salz, 1 Lorbeerblatt, 4 Gewürzkörner, 1 kg Kohlrüben, 50 g Schmalz, 2 Eßl. Zwiebelwürfel, 40 g Mehl, Salz, Pfeffer, Zucker, 1 Teel. Majoran, gehackte Petersilie.

Den Schweinebauch in 1 Liter kochendes Salzwasser, in das Lorbeerblatt und Gewürzkörner gegeben wurden, legen und garen. Nach dem ersten Aufschäumen abschäumen, das Fleisch dann zugedeckt etwa 1 Stunde weichkochen. Inzwischen die Wruken (Kohlrüben) schälen und die holzigen Teile entfernen. In nicht ganz fingerlange Stücke schneiden, waschen und auf einem Sieb gut abtropfen lassen. In einen Topf Schmalz geben, darin die Zwiebelwürfel anschwitzen lassen. Dann die Kohlrübenstücke dazugeben und von der durchgeseihten Schweinebauchbrühe soviel aufgießen, daß die Wruken knapp bedeckt sind. Zudecken und weichkochen lassen. Dann das gargekochte Gemüse mit dem angerührten Mehl binden, mit Salz, Pfeffer und Zucker abschmecken. Anschließend den Majoran und die gehackte Petersilie unterrühren. Zu jeder Portion eine heiße Scheibe Schweinebauch geben und mit Salzkartoffeln anrichten.

Viermus für den Vorrat

500 g Preiselbeeren, 500 g Heidelbeeren, 500 g Äpfel, 500 g Birnen, 500 g Zucker, 1 Teel. gemahlener Zimt, 2 Gläschen Rum.

Die Beeren verlesen und waschen. Die geschälten Äpfel und Birnen vom Kerngehäuse befreien, in dünne Scheiben schneiden. Zunächst die Beeren mit 250 Gramm Zucker in einen großen Topf geben und bei schwacher Hitze Saft ziehen lassen. 10 Minuten später die Apfel- und Birnenscheiben zugeben, alles gut verrühren. Jetzt den restlichen Zucker zufügen, 20 Minuten unter ständigem Rühren weiterkochen. Das Viermus ist gelungen, wenn es schön sämig ist, die Apfel- und Birnenstückchen aber noch zu erkennen sind. Den Zimt unterrühren und das noch heiße Mus in einen Tontopf gießen. Zum Abschluß den Rum als Konservierungsmittel darübergeben. Schmeckt zu gebratenem Fleisch, aber auch zu Klößen.

Bohnen mit Apfelmus

350 g weiße Bohnen, 600 g Äpfel, 75 g Zucker, etwas Zimt, Salz, 60 g Butter oder Margarine.

Die weißen Bohnen am Vortag einweichen, im Einweichwasser garen. Die Äpfel ungeschält schneiden und vom Kerngehäuse befreien. In wenig Wasser garen, anschließend durch ein Sieb streichen. Das Apfelmus mit Zucker und wenig Zimt durchkochen und heiß mit den heißgehaltenen Bohnen vermengen. Salzen, die Butter oder Margarine unterrühren und servieren.

Bohnengericht

500 g weiße Bohnen, etwas Natron, 500 g grüne Bohnen, 2 Eßl. Fett, 1 Eßl. Mehl, Salz, 1 Teel. fein gewiegtes Bohnenkraut.

Die weißen Bohnen am Abend vorher mit etwas Natron einweichen, anderntags im Einweichwasser weichkochen und mit dem Sieblöffel herausnehmen. Die vorbereiteten grünen Bohnen klein schneiden. Eine helle Mehlschwitze bereiten und die grünen Bohnen darin weichkochen. Dann die weißen Bohnen dazugeben, nach Geschmack salzen und das Bohnenkraut beifügen. Alles nochmals 10 Minuten durchkochen.

Apfelgrieben

1 kg Speck, 4 säuerliche Äpfel, 1 Stengel Majoran, Salz.

Den Speck in Würfel schneiden, bei leichter Hitze langsam ausbraten. Nach kurzer Bratzeit die Äpfel und den Majoran hinzufügen. Sind die Speckwürfel goldgelb, das Schmalz durch ein Sieb in eine Schüssel gießen. Nun die Speckgrieben und die Äpfel mit etwas Salz vermischen und durch den Fleischwolf drehen. Die Apfelgrieben sollten sehr kalt sein, bevor sie als Brotaufstrich verwendet werden.

Rote-Bete-Salat

400 g rote Bete, 2 Zwiebeln, 1 Teel. Fenchelkörner, 2 Eßl. Öl, 1 Eßl. Essig, Zucker, Salz und Pfeffer.

Die roten Bete waschen, im kochenden Wasser garen. Nicht zu weich kochen, auskühlen lassen, schälen und mit dem Buntmesser in dünne Scheiben schneiden. Aus Zwiebelwürfel, Fenchelkörner, Öl, Essig, Zucker, Salz und Pfeffer einen Sud bereiten und die roten Bete darin durchziehen lassen.

Mecklenburger Zwiebelsalat

600 g Zwiebeln, 1 Tasse Fleischbrühe, 2 Eßl. Butter, Salz, 1 Prise Zucker, Essig, Öl, 1 Messerspitze Muskatnuß.

Die Zwiebeln schälen und in feine Scheiben schneiden. In der Fleischbrühe und Butter mit etwas Salz weichdämpfen. Die Zwiebeln dürfen aber nicht zerfallen. Abseihen, mit Zucker, Salz, Essig, Öl und Muskatnuß würzen. Schmeckt vorzüglich zu Hammelbraten. Diese Brühe kann man auch gut zur Kartoffelsuppe verwenden.

Weißkraut mit Milch

1 kg Weißkraut, Salz, 50 g Butter, $\frac{1}{4}$ l Milch, 1 Teel. Zucker, 3 Eßl. Sahne, 1 Eßl. Mehl.

Das Weißkraut fein schneiden, in kochendem Salzwasser aufsetzen, einige Male aufwellen und dann auf dem Sieb abtropfen lassen. Das Kraut mit Butter, Milch und etwas Zucker schmoren lassen und salzen. Zuletzt Sahne und Mehl zusammen rühren, dazugeben und alles noch rund 10 Minuten kochen, dabei gut umrühren. Das Kraut zu Eierkuchen anrichten.

Berliner Schmorgurken

750 g frische Gurken, 50 g Butter, Salz, Pfeffer, 1 Prise Zucker, Dill, 3 Eßl. Weißwein, 10 g Stärkemehl, 3 Eßl. saure Sahne, Petersilie.

Die Gurken schälen, halbieren und die Kerne mit einem Löffel herausschaben. Die Gurkenhälften in Würfel schneiden und in der heißen Butter anschmoren. Salz, Pfeffer, Zucker, den feingehackten Dill und den Weißwein zufügen, umrühren und die Gurken zugedeckt 15 Minuten dünsten. Das mit etwas kaltem Wasser angerührte Stärkemehl dazugeben und aufkochen. Mit saurer Sahne verfeinern. Vor dem Servieren feingehackte Petersilie über die Schmorgurken streuen.

Sahnen-Proll

8 altbackene Brötchen, $\frac{1}{4}$ l Milch, Fett, 4 Eßl. Semmelbrösel, 100 g Korinthen, abgeriebene Schale von $\frac{1}{2}$ Zitrone, Zucker, $\frac{1}{4}$ l Sahne, 2 Eier, Zimt, Butter.

Brötchen in Scheiben schneiden, in Milch tauchen und in eine gut gefettete und mit Semmelbröseln bestreute offene Auflaufform schichten. Darüber eine Schicht gut gewaschener Korinthen, die mit etwas abgeriebener Zitronenschale und Zucker vermischt sind, darauf wieder in Milch getauchte Brötchenscheiben und so fort, bis die Auflaufform voll ist. Jetzt die Sahne mit den Eiern verquirlen und darübergießen. Mit Zimt bestreuen, Butterflöckchen aufsetzen und goldgelb backen. Sahnen-Proll kann warm oder kalt gegessen werden.

Teltower Rübchen

700 g Rübchen, 1 Teel. Salz, 2 Eßl. Butter, 1 Teel. Zucker, 1 Teel. Mehl.

Die Rübchen schaben, wenn nötig der Länge nach durchschneiden und in kochendem Salzwasser einmal aufwallen lassen. Herausnehmen und in soviel Wasser, bis sie bedeckt sind, weichschmoren lassen. Unterdessen die Butter zerlassen, den Zucker hineingeben und hell bräunen. Mit Rübchenwasser ablöschen. Etwas angerührtes Mehl dazugeben und die Rübchen in dieser Tunke kurz einschmoren. Dabei öfter umschütteln. Reste von Bratensoße geben dieser Tunke einen besonders guten Geschmack.

Rotkraut auf Berliner Art

700 g Rotkraut, 1 bis 2 Äpfel, 1 Zwiebel, 60 g Schmalz oder 3 Eßl. Öl, 2 bis 3 Nelken, 1 Teel. Zucker, 1 Eßl. Essig, Salz, 1 Kartoffel.

Das feinstreifig geschnittene Rotkraut mit den geraspelten Äpfeln, der feingehackten Zwiebel, dem Schmalz oder Öl sowie den Gewürzen in aufgekochtes Wasser geben und bei schwacher Hitze gardünsten. Abschließend zum Binden eine rohe geriebene Kartoffel unterrühren und nochmals 2 Minuten kochen.

Warmer Kopfsalat

60 g Speck, ½ Eßl. Mehl, 3 Eßl. Essig, Salz, Zucker, 2 Köpfe Salat.

Den Speck in Würfel schneiden und mit Mehl hell anbraten. Mit Essigwasser aufgießen und verkochen. Etwas Salz und Zucker hinzugeben und lauwarm über den vorbereiteten und gut abgetropften Salat geben. Eine andere Salattunke hierzu macht man aus 60 g Butter, 3 Eßl. saurer Sahne, 3 Eßl. Essig, Salz, Zucker und 1 bis 2 Eigelb zum Abziehen der Tunke.

Brandenburger Selleriesalat

500 g Sellerie, Zitronensaft, 4 Eßl. Mayonnaise, 2 Eßl. saure Sahne, 2 hart gekochte Eier, 200 g Kaßler, 1 Apfel, gehackte Nüsse.

Die Sellerieknollen gut bürsten, schälen, roh raspeln und mit Zitronensaft beträufeln. Mayonnaise und saure Sahne verrühren und mit Ei-, Fleisch- und Apfelwürfelchen unter den Sellerie mengen. Mit gehackten Nüssen bestreuen.

Süßsaure Kürbiswürfel

750 g Kürbis, 50 g Zucker, 3 Eßl. Essig, 1 Stück Stangenzimt, 3 bis 4 Gewürznelken, 1 Stück Zitronenschale.

Den Kürbis schälen und das innere Fruchtfleisch mit den Kernen entfernen. Das feste Fleisch in Würfel schneiden. Mit Zucker, Essig und den Gewürzen in reichlich ⅛ Liter Wasser etwa 15 Minuten leise kochen. Zimt und Nelken herausnehmen, den Kürbis 10 Minuten ziehen lassen, dann kalt stellen.

Möhrenkompott

600 g Möhren, 1 Zitrone, 250 g Zucker.

Die gewaschenen und geputzten Möhren ebenso wie die Zitronenschale in Stiftchen schneiden, beides halbweich kochen und abtropfen lassen. Den Zucker in Wasser lösen, die Möhren darin ganz langsam mehr ziehen als kochen lassen. Wenn sie ganz weich sind, herausnehmen und in ein Glas schütten. Den Saft mit etwas Zitronensaft dicker einkochen und darübergeben, wenn er etwas abgekühlt ist.

Stachelbeergrütze

500 g Stachelbeeren, 250 g Sago oder Grieß, 250 g Zucker, Zimt und etwas Zitronenschale.

Die vorbereiteten Stachelbeeren in 2 Liter kochendes Wasser geben und weichkochen, so daß sie sich durchs Sieb streichen lassen. Sago oder Grieß, mit etwas Wasser angerührt, in den Fruchtsaft einkochen, Zucker, Zimt und Zitronenschale hinzufügen und unter häufigem Umrühren einen dicken Brei kochen. Diesen in eine mit kaltem Wasser ausgespülte Form füllen und in den Kühlschrank stellen. Nach Belieben Vanillesoße dazu reichen.

Pfeffergurken-Frühstück

4 bis 6 mittelgroße Gewürzgurken, Pfeffer, 100 g Schinkenwurst, 2 Eier, 1 Rettich, 3 Eßl. Mayonnaise, Salz, Essig, 1 Camembertkäse.

Die längs halbierten, etwas ausgehöhlten Gurken von allen Seiten mit Pfeffer bestreuen, Schinkenwurst, gehackte gekochte Eier, in Würfel geschnittenen Rettich, das Innere der Gewürzgurken, Mayonnaise, Pfeffer, Salz und Essig zu einem kräftigen Salat verarbeiten. Zum Schluß den in kleine Würfel geschnittenen Camembert untermischen und nach dem Durchziehen in die Gewürzgurkenhälften füllen.

Milchzwiebeln

750 g Zwiebeln, 100 g Margarine, Salz, Pfeffer, Muskat, ½ l Milch, ½ Eßl. Mehl, Zitronensaft.

Die geschälten und in Viertel geschnittenen Zwiebeln in der Hälfte der Margarine dünsten. Salz, Pfeffer und ein wenig Muskat hinzugeben. Die halbgaren Zwiebeln mit ¼ Liter Milch auffüllen und zugedeckt zu Ende garen. Das Mehl in der restlichen Milch verquirlen und dazugeben. Die Milchzwiebeln mit etwas Zitronensaft abschmecken und mit der restlichen Margarine verfeinern. Eine schmackhafte Beilage zu Hammelfleisch oder gekochtem Rindfleisch mit Kartoffelpüree.

Zwiebelgemüse in saurer Sahne

1 kg Zwiebeln, 4 Eßl. Öl, 3 Eßl. Margarine, Salz, Pfeffer, Zucker, Zitronensaft, 1 Flasche saure Sahne, 1 Eßl. Mehl, 150 g Reibekäse, Petersilie.

Die geschälten Zwiebeln in Viertel schneiden, in Öl und Margarine andünsten, mit Salz, Pfeffer, Zucker und Zitronensaft abschmecken und weichdünsten. Anschließend die saure Sahne mit dem Mehl verquirlen und dazugeben. Alles aufkochen lassen und mit Reibekäse und gehackter Petersilie abrunden.

Rotkraut mit Weinbeeren

1 kg Rotkraut, 2 große Äpfel, 80 g Butter, 400 g Weinbeeren, Zucker, Salz, Nelken, Zimt.

Das Rotkraut fein hobeln. Die Äpfel schälen, in Stücke schneiden und alles unter häufigem Umrühren in Butter dämpfen. Die gewaschenen Weinbeeren in wenig Wasser weichkochen. Anschließend durch ein Sieb zum Rotkraut geben. Nach Geschmack Zucker, Salz und Nelken beimischen und fertig dämpfen, bis es ganz weich ist. Den Zimt erst in der letzten Viertelstunde dazugeben, da er sonst die schöne Farbe des Rotkrautes verdirbt.

Gewürztes Kraut

60 bis 80 g Speck, 1 kg Weißkraut, 1 saurer Apfel, 1 Zwiebel, 1 Zehe Knoblauch, Petersilie, 10 Wacholderbeeren, 1 Lorbeerblatt, Salz, nach Belieben etwas Thymian.

Den Speck in Würfel schneiden und erhitzen, aber nicht ausbraten. Das Weißkraut putzen, in Viertel schneiden und hobeln, den Apfel fein schneiden. Kraut und Apfel zum heißen Speck geben und bei schwacher Hitze 45 Minuten zugedeckt dämpfen. Unterdessen die anderen Zutaten gut auskochen. Diese Brühe an das Kraut geben, salzen und fertig dämpfen lassen.

Herzhaftes Kürbisgemüse

750 g Kürbis, Salz, Essig, 50 g Butter, ⅛ l saure Sahne, 2 Eßl. Dill, 1 Eßl. Estragon, Pfeffer.

Den Kürbis schälen, entkernen, fein hobeln. Mit Salz bestreuen und verdünntem Essig begießen. Nach 2 bis 3 Stunden ausdrücken. Die Butter etwas bräunen lassen, in den Kürbis hineingeben, salzen und garkochen, dabei öfter schütteln. Abschließend die saure Sahne, den feingewiegten Dill sowie Estragon und etwas Pfeffer dazugeben, kurz aufkochen lassen. Möglich ist auch, das Kürbisgemüse mit 1 Löffel Mehl oder 2 Eßlöffel Semmelbröseln zu binden.

Mischgemüse

250 g Zwiebeln, 50 g Butter, 600 g Gurken oder Kürbis, 400 g Tomaten, Salz, 1 bis 2 Eßl. Mehl.

Die Zwiebeln schälen, schneiden und in der Butter hellgelb rösten. Die Gurken oder den Kürbis schälen, in Streifen schneiden und dazugeben. Zugedeckt weichdämpfen. Zum Schluß die abgezogenen und in Würfel geschnittenen Tomaten 15 Minuten mitdämpfen lassen. Salzen und nach Belieben mit etwas angerührtem Mehl binden.

Grüne Erbsen

300 g junge Erbsen, 1 Eßl. Butter, Salz, Zucker, 1 Eßl. Mehl, 2 Eßl. saure Sahne, Petersilie.

Die Erbsen in ½ Liter Wasser mit Butter, Salz und Zucker nach Geschmack weichkochen. Dann Mehl und saure Sahne gut verrühren und zugeben. Gehackte Petersilie darüberstreuen. Die Soße muß von der Kelle noch herauslaufen. Das Gemüse paßt zu Koteletts oder Frikadellen. Die grünen Erbsen können aber auch als selbständiges Hauptgericht zu Kartoffeln aufgetragen werden.

Weiße, trockene Bohnen

350 g weiße Bohnen, 3 Eßl. Butter oder Fett, 1 Messerspitze Muskatnuß, 1 Eßl. Mehl, etwas Fett.

Die Bohnen waschen, auslesen und mit der Butter bei schwacher Hitze 10 Minuten dämpfen; öfter umrühren. Dann soviel kochendes Wasser dazugießen, daß sie bedeckt sind. Gut zudecken und langsam 2 bis 3 Stunden kochen. Öfter umrühren und immer wieder kochendes Wasser nachgießen, so daß die Bohnen stets bedeckt sind. In der letzten halben Stunde die restlichen Zutaten darangeben und gut durchkochen.

Möhrengemüse

1 Eßl. Butter oder Fett, 1 Eßl. Zucker, 1 kg Möhren, Salz.

Butter und Zucker wie bei den Teltower Rübchen bräunen und anschließend mit etwas heißem Wasser auflösen. Nun die gewaschenen, geputzten und geschnittenen Möhren dazugeben und zugedeckt unter häufigem Rütteln gut weichkochen. Nach Bedarf Wasser oder Fleischbrühe nachgießen und salzen. Die Möhren dürfen zuletzt keine Brühe mehr haben! Man reicht sie zu Rinderbraten.

Schmorgurken

1 kg fleischige Gurken, Salz, Essig, ¼ l Fleischbrühe, 1 Zwiebel, 40 g Speck, 1 Teel. Zucker, 1 Eßl. Mehl, 1 Teel. Kartoffelmehl, Pfeffer.

Die Gurken sorgfältig von der Blüte zum Stiel schälen, entkernen und in fingerlange und zweifingerbreite Stücke teilen. Salzen, mit Essig beträufeln und etwa 30 Minuten ziehen lassen; dann die Gurken mit ihrem Saft, der Fleischbrühe und 1 Zwiebel garkochen lassen. Speck anbraten, Grieben entfernen. Im Fett Zucker und Mehl bräunen, mit Gurkenbrühe auffüllen und gut durchkochen. Gurken dazugeben, pikant abschmecken und wenn nötig mit Kartoffelmehl eindicken. Beim Anrichten die Speckgrieben obenauf streuen.

Gurkengemüse

1 kg Gurken, etwas Mehl, 2 Eßl. Butter oder Fett, Fleischbrühe, 1 Zwiebel, 3 Tomaten, etwas Essig, Salz und Zukker nach Bedarf, 1 Eigelb.

Die Gurken schälen, halbieren, entkernen und grob zerschneiden. Die Stücke in Mehl wenden und in der Butter hellbraun braten. Mit Wasser oder Fleischbrühe auffüllen, mit geriebener Zwiebel und allen übrigen Zutaten abschmecken, weichdünsten. Zuletzt mit dem Eigelb legieren.

Rote Zwiebeln

½ kg Zwiebeln, ½ kg Tomaten, 2 Eßl. Butter oder Fett, 1 Eßl. Mehl, 1 Eßl. saure Sahne, Salz, Zucker.

Die Zwiebeln schälen und feinschneiden, die Tomaten waschen und schneiden. In eine Kasserolle Butter oder Fett und dann die Zwiebeln und darüber die Tomaten geben. Langsam weichdämpfen, durch ein Sieb rühren; die Masse soll breiähnlich sein. Mehl und saure Sahne glatt verrühren, zu der Zwiebel-Tomaten-Masse geben und alles noch einmal aufkochen. Mit Salz und Zucker abschmecken. Schmeckt gut zu Hammelbraten.

Spiegeleier auf Zwiebelmus

4 bis 6 Zwiebeln, 75 g Margarine, Salz, 8 Eier, 100 g Schnittkäse, 2 Möhren, 1 Eßl. Edelsüßpaprika, Petersilie, ½ Flasche Joghurt.

Die fein geriebenen Zwiebeln in zerlassener Margarine glasig andünsten. Dieses Zwiebelmus in ein feuerfestes Glas- oder Porzellangefäß geben und leicht salzen. Jetzt die rohen Eier wie für Spiegeleier aufschlagen und daraufsetzen. Den in kleine Würfel geschnittenen Käse auf das Eiweiß streuen, alles in der Röhre stocken lassen. Nun die rohen Möhren fein reiben und mit dem Edelsüßpaprika und der feingehackten Petersilie gut in der ½ Flasche Joghurt verquirlen und kurz vor dem Anrichten über die Spiegeleier geben. Dazu Brot oder Reis reichen.

Pilz-Eierkuchen

2 große Zwiebeln, 2 bis 3 Tomaten, 200 g Pilze, 3 Pfefferschoten, Öl, 6 Eier, Pfeffer, Salz, Butter, gehackte Kräuter.

Die vorbereiteten Zwiebeln, Tomaten, Pilze und Pfefferschoten in Streifen schneiden und in wenig Öl weichdünsten. Die Eier mit Pfeffer und Salz würzen, dann schlagen und in heißer Butter backen. Die inzwischen weichgedünstete Füllung in die Eierkuchen geben. Vor dem Servieren mit gehackten Kräutern bestreuen.

Gurken mit Pilzfüllung

3 bis 4 Gurken, 500 g Pfifferlinge, 1 Brötchen, 1 Ei, Zwiebackbrösel, Pfeffer, Salz, Kokosfett, Mehl, saure Sahne, fein gehackte Kräuter.

Die Gurken schälen, der Länge nach in Hälften schneiden und die Kerne auskratzen. Die Pfifferlinge vorbereiten, waschen, fein wiegen. Mit einem eingeweichten, wieder fest ausgedrückten Brötchen, Ei und so viel Zwiebackbröseln, daß man einen festen Teig erhält, vermischen. Mit Pfeffer und Salz würzen, in die Gurkenhälften streichen. Zwiebackbrösel darüberstreuen.

In einem Topf Kokosfett erhitzen, die Gurkenhälften anbraten. Erst dann begießen, wenn die Zwiebackbrösel fest angebacken sind. Danach etwas kochendes Wasser darübergießen, die Gurkenstücken in der Brühe langsam weichschmoren. Vorsichtig herausnehmen, anrichten. Die zurückgebliebene Brühe mit etwas Mehl andicken, saure Sahne hinzufügen, mit Salz und Pfeffer abschmecken. Durch ein Haarsieb geben, zum Schluß fein gehackte grüne Kräuter darüberstreuen.

Apfel-Käse-Salat

5 Äpfel, Zitronensaft, 350 g Schnittkäse, 1 Gewürzgurke, Ingwer, Salz, Öl, Weinessig, rote Paprikafrüchte.

Die geschälten und vom Kerngehäuse befreiten Äpfel kleinschneiden und in Zitronensaft marinieren. Den Käse und die Gewürzgurke in Würfel schneiden, die Zutaten mit den Gewürzen und der Marinade mischen und gut durchziehen lassen. Zum Schluß den Apfel-Käse-Salat mit beliebig geschnittenen Stücken roter Paprikafrüchte garnieren.

Möhrenkuchen

10 große junge Möhren, 6 Eier, 3 Eßl. Zucker, 1 Teel. Zimt, fein gehackte Schale von 1 Zitrone, 90 g zerlassene Butter, 2 Eßl. Mehl, ¼ l Sahne.

Die geputzten und in Wasser weichgekochten Möhren abtropfen lassen und fein zerdrücken. Mit den übrigen Zutaten gut vermischen. Eine Tortenform mit Butter ausfetten, den Möhrenkuchenteig hineinstreichen und garbacken. Mit Zucker bestreuen und als Nachtisch servieren.

Spreewälder Mohnpielen

500 g Mohn, Milch nach Bedarf, 125 g Zucker, Korinthen und Semmelwürfel.

Den gemahlenen Mohn etwa 30 Minuten in Milch kochen. Nach Geschmack süßen und soviel gut gewaschene Korinthen und Semmelwürfel beigeben, bis ein dicker Brei entsteht. Bald essen – säuert leicht!

Teufelsgurken

Dazu nimmt man mittelgroße Gurken, schält sie und schneidet sie in der Mitte der Länge nach durch, worauf das Mark mit einem Löffel leicht herausgenommen wird. Solche blanchiert man in gewöhnlichem Essig, in welchem man sie einige Stunden liegen läßt; hierauf schüttet man sie zum Abtropfen auf ein Sieb, legt sie schichtenweise mit Gewürz, als spanischem Pfeffer, etwas Koriander und geschnittenem Meerrettich, in steinerne Häfen und gießt abgekochten und wieder erkalteten Weinessig darüber.

Vetschauer Kürbisschnitzel

8 Scheiben Kürbis zu je 100 g, Salz, Pfeffer, 3 Eßl. Mehl, 2 Eier, 5 Eßl. Semmelbrösel, 75 g Schmalz.

Den gereinigten und in fingerdicke Scheiben geschnittenen Kürbis kurz waschen und mit Salz und Pfeffer würzen. Einige Minuten ziehen lassen. Die Kürbisscheiben in Mehl wenden, durch verquirltes Ei ziehen und mit den Semmelbröseln panieren. Im erhitzten Schmalz goldgelb braten. Dazu Kartoffelpüree reichen.

Kürbiskompott

600 g geschälten Kürbis, 100 g Zucker, 1 Eßl. Essig, 2 Messerspitzen Ingwer, 1 Gewürznelke.

Den in Würfel geschnittenen geschälten Kürbis in kochendem Wasser halb gar kochen, abgießen und erkalten lassen. Die Kürbisstücke in eine Schüssel geben, Zucker, Essig, Ingwer und die Nelke zufügen, alles gut vermischen und zugedeckt über Nacht stehen lassen. Dann den Sud in einen Topf gießen, zum Kochen bringen. Die Kürbisstückchen einmal kurz mit aufkochen, in eine Schüssel geben und abkühlen lassen.

Dillgurken zum Einlegen

3 kg kleine Gurken, 6 Weinblätter, 2 lange Stengel Trockendill mit den Dolden, 8 Pfefferkörner, 3 Lorbeerblätter, 2 Handvoll Salz.

Die Einlegegurken waschen, abspülen, abtrocknen. Den Boden eines 5-Liter-Steinguttopfes mit Weinblättern belegen. Die Gurken abwechselnd mit dem zerhackten Dill fest hineinschichten, das übrige Gewürz dazwischenstreuen. Das Salz in 4 Liter Wasser aufkochen, erkalten lassen. Dann über die Gurken gießen. Sie müssen von der Lösung gut bedeckt sein, deshalb mit einem Teller oder Holzdeckel, der mit einem Stein beschwert ist, abdecken. Die Dillgurken wenigstens 7 Tage durchziehen lassen.

SACHSEN

Weißkraut mit Dill

1 Weißkraut, Salz, 1 Eßl. Butter oder Fett, 1 bis 2 Zwiebeln, ¼ l saure Sahne, 1 Eßl. Essig, 1 Eßl. Mehl, Zucker, Dill.

Das Weißkraut putzen und in feine Streifen schneiden. Mit Salz würzen, gut durchziehen lassen. Die Butter oder das Fett mit den Zwiebeln glasig dünsten, die Weißkrautstreifen dazugeben und 15 Minuten dünsten. Anschließend die saure Sahne mit Essig, Mehl und etwas Zucker verquirlen und darunterziehen. Aufkochen lassen und mit reichlich gehacktem Dill mischen. Als Beilage zu Fleisch oder Geflügel.

Apfel-Weißkraut

3 Eßl. Schmalz, 2 Eßl. Zucker, 2 Zwiebeln, 2 Äpfel, 1 Weißkraut, Salz, Pfeffer, gehackter Kümmel, Essig, 1 Eßl. Mehl.

Im erhitzten Schmalz den Zucker bräunen lassen. Zwiebelscheiben, Apfelstückchen sowie das geputzte, in Streifen geschnittene Weißkraut dazugeben. Mit Salz, Pfeffer, Kümmel und

Essig würzen, dünsten lassen. Das gare Kraut abschließend mit 1 Eßlöffel Mehl überstäuben. Schmeckt zu Wild, Hammel- und Schweinefleisch.

Dresdner Nudelsauerkraut

500 g Schweinebauch, 150 g Bandnudeln, 5 große Zwiebeln, 40 g Schmalz, 600 g Sauerkraut, Salz, Pfeffer, Kümmel, ¼ l Milch, 4 Eier, 80 g Schnittkäse, 30 g Butter.

Den gepökelten Schweinebauch nur halbgar kochen und in Würfel schneiden. Die Bandnudeln aufkochen und klarspülen. Die Zwiebeln schälen, in Würfel schneiden und in dem Schmalz hell anbraten. Das Sauerkraut dazugeben und dünsten. Dann die Fleischwürfel, die Nudeln und das Sauerkraut abwechselnd in eine Kasserolle schichten, mit Salz, Pfeffer und Kümmel würzen. Die Milch mit den Eiern verquirlen, darübergeben. Anschließend den geriebenen Käse und Butterflocken obenauf geben, alles in der Röhre überbacken. Die Portionen viereckig ausstechen und heiß servieren.

Dresdner Weißkraut mit Klößen

400 g Rinderbrust ohne Knochen, 1 kg Weißkraut, 60 g Schmalz, Kümmel, Pfeffer, ½ l Brühe, 300 g Mehl, Zucker, 2 Eier, 150 g Weißbrot, 40 g Margarine, Petersilie.

Die Rinderbrust kochen und in Würfel schneiden. Das Weißkraut putzen, grob schneiden und in Schmalz anschmoren. Mit der passierten Brühe auffüllen, Kümmel und Pfeffer zufügen und kochen lassen. Das Mehl, Zucker und die Eier zu einem weichen Teig verarbeiten, Weißbrotwürfel in Margarine rösten und dazugeben. Klöße abstechen und zusammen mit dem Weißkraut garen. Die Rindfleischwürfel wieder hineingeben, das Gericht mit gehackter Petersilie bestreut anrichten.

Gefüllete Borsdorfer Aepfel

Schäle die Aepfel, schneide oben das Deckelgen weg, und holere den Grobs heraus. Schneide abgezogene Mandeln klein, Citronat und Citronen-Schalgen, hacke Aepfel, und thue sie auch dazu, nebst kleinen Rosinen, Zucker und Zimmet, menge es alles wohl unter einander, fülle es wieder in die ausgeholerte Aepfel, drücke es hübsch mit den Aepfel-Schnittgen zu, stecke ein paar kleine Stückgen Zimmet auf die Seite, wältze sie in dem vorigen Aepfel-Teig, backe sie in geschmeltzter Butter fein aus. 1745

Leipziger Allerlei

Ein sehr feines, wohlschmeckendes Gericht, am vorzüglichsten im Mai und Juni, wo alles Gemüse noch ganz jung, die Krebse am besten und die Morcheln frisch zu haben sind. Man putzt zunächst die Gemüse, nimmt einen Suppenteller voll junge, grüne Erbsen, ein Bund Spargel, eine große Rose Blumenkohl, einen Teller voll feingeschnittener Carotten und junger Kohlrabi, dünstet die Schotenkörner, die Carotten und Kohlrabi jedes für sich in Butter weich, kocht den in kleine Röschen zerteilten Blumenkohl in halb Wasser, halb Milch mit etwas Butter und Salz und den zerschnittenen Spargel in Fleischbrühe weich, wässert und brüht ½ Liter Morcheln und dämpft sie in Butter. Ein halbes Schock Krebse kocht man und bricht sie aus, legt die Krebsnasen und ausgebrochenen Schwänze beiseite, zerstößt die Schalen mit Ausnahme der Leiber und schmort sie eine halbe Stunde mit 125 Gramm Butter unter häufigem Umrühren, gießt etwas davon auf die Krebsschwänze, verrührt die übrige Krebsbutter mit zwei Löffeln Mehl, fügt ½ Liter gute Fleischbrühe sowie die Krebsleiber hinzu und läßt dies eine halbe Stunde langsam kochen, worauf man die Brühe durchseiht und die inzwischen bereiteten Klößchen einmal darin aufsiedet. Zu diesen Klößchen rührt man 100 Gramm Butter zu Schaum, fügt nach und nach vier Eidotter, etwas geriebene Muskatnuß und kleingewiegte Citronenschale, zwei geriebene Semmeln und den Schnee der vier Eier hinzu, wovon man einen sehr weichen Teig macht, einen Theil davon zum Füllen der Krebsnasen verwendet, die man in Butter hellbraun bäckt, den anderen zu Klößchen formt. Nachdem die letzteren in der Fleischbrühe gekocht sind, legt man auch die Gemüse hinein und rich-

tet das Allerlei zierlich an; in der Mitte den Blumenkohl, dann die Morcheln, die Klößchen und Krebsschwänzchen, die Gemüse, ringsherum die gefüllten Krebsnasen, und übergießt Alles noch mit etwas zurückgebliebener Krebsbutter ... 1886

Bohnenmus mit Speck und Spiegeleiern

350 g weiße Bohnen, ½ l Brühe, Essig, 4 Zwiebeln, 60 g Margarine, Pfeffer, Salz, 300 g Speck, 8 Eier.

Die weißen Bohnen einweichen, mit dem Einweichwasser, der Brühe und etwas Essig kochen. Die Zwiebeln schälen, in Würfel schneiden und in der Margarine dünsten. Mit den Bohnen zu Mus verarbeiten, mit Pfeffer und Salz würzen. Den Speck in dünne Scheiben schneiden, schnell anbraten. Das Bohnenmus etwa 2 cm dick auf den Teller geben, die angebratenen Speckscheiben darauf legen. Dazu je Portion 2 Spiegeleier servieren.

Komstkraut

1 Weißkraut, Salz, Dill.

Das Weißkraut halbieren und in Salzwasser einige Male aufkochen. Herausnehmen und auf einem Sieb zum Abtropfen bringen, dabei darauf achten, daß das halbierte Weißkraut so heiß wie möglich bleibt. Anschließend in ein sauberes, gebrühtes Fäßchen schichten, Dill zwischen die Lagen streuen und mit der Hand zusammendrücken. Nach der obersten Schicht ein Tuch auflegen, mit einem Holzdeckel abdecken und mit einem Stein beschweren. Darauf achten, daß das aufgegossene kalte Wasser immer über der letzten Krautschicht steht. Das Komstkraut darf vor dem Kochen nicht gewaschen werden, da sonst der angenehme säuerliche Geschmack verloren geht. Es wird wie Weißkraut gekocht. Das

Fäßchen muß an einem kühlen Ort aufbewahrt werden.

Altenburger Bischofskirschen

600 g Kirschen, ½ l Weinessig, 600 g Zucker.

Große Kirschen entsteinen, in eine Schüssel geben und mit unverdünntem Weinessig übergießen (die Kirschen müssen vom Essig gerade bedeckt sein). Nach 24 Stunden die Kirschen mindestens einen halben Tag auf dem Sieb (kein Metallsieb) völlig ablaufen lassen. Dann auf je 500 g Kirschen 500 g Zucker verrühren, das Ganze in Gläser geben und mit Pergament schließen. Die Kirschen nicht kochen, aber öfter sorgfältig schütteln. Nach etwa 8 Wochen bildet sich ein schöner Saft. Den abgegossenen Essig kann man aufkochen und weiter verwenden für Salate und Marinaden.

Sächsische Apfelpfanne

500 g Äpfel, 100 g Zucker, abgeriebene Zitronenschale, 1 Gläschen Rum, Toastbrot oder Brötchenscheiben, 100 bis 125 g Butter, Vanillinzucker.

Die Äpfel waschen, schälen, in Viertel schneiden und vom Kerngehäuse befreien. Mit dem Zucker und der abgeriebenen Zitronenschale in ¼ Liter Wasser so lange kochen, bis sie weich sind. Dann das Gläschen Rum daran gießen. Fingerdicke Brot- oder Brötchenscheiben in zerlassene Butter tauchen. Boden und Seiten einer Auflaufform damit bedecken und die Äpfel hineinfüllen. Oben wieder mit dick gebutterten Brotscheiben belegen. Die Speise in der Backröhre bei mäßiger Hitze 45 Minuten backen. Beim Anrichten auf eine flache heiße Platte stürzen. Vanillinzucker darüber streuen.

Spinat auf sächsische Art

1 kg Spinat, Salz, 1 Zwiebel, 3 oder 4 Sardellen, 30 g Mehl, 40 g Butter, 1 Tasse Fleischbrühe, 4 Eier.

Den vorbereiteten Spinat mit 1 Zwiebel in Salzwasser kurz aufkochen lassen. Abgetropft mit den von Haut und allen Gräten befreiten Sardellen ganz fein hacken. Aus Mehl und Butter eine gelbe Schwitze bereiten, die Fleischbrühe hinzurühren. Den Spinat darin gut durchkochen. Auf einer Schüssel anrichten und mit den hartgekochten, in Achtel geschnittenen Eiern garnieren. Sofort servieren.

Junge Erbsen mit Mettwurst

1 kg junge Erbsen, Salz, etwas Suppenwürze, 40 g Butter, 2 Eßl. Sahne, 500 g Mett- oder Bratwurst, etwas Bratfett, Petersilie.

Die frischen Erbsen nicht aus den Hülsen nehmen, sondern nur die Fasern abziehen und waschen. Mit wenig Salz, etwas Suppenwürze und der Butter in ganz wenig Wasser bei schwacher Hitze langsam – etwa 25 Minuten – dämpfen, anschließend mit etwas Sahne durchschwenken. Die Mett- oder Bratwurst in Fett oder Butter braten und auf den mit reichlich gehackter Petersilie überstreuten Erbsen sofort servieren.

Warmer Salat

Das Gelbe von 2 bis 3 Köpfen Salat, 50 g Speck, 1 Eßl. Essig, Salz und 2 Eßl. Sirup.

Den Salat gut vorbereiten. Den Speck in kleine Würfel schneiden und hellgelb braten. Mit Essig, Salz und Sirup vermischen und über den abgetropften Salat gießen. Sofort servieren, sonst fallen die Salatblätter zusammen.

Blumenkohlsalat

1 Blumenkohl, 2 Zitronenscheiben, Salz, 3 Eier, 1 kleine Gewürzgurke, 1 Tomate, Essig, Öl, 125 g Mayonnaise, Petersilie.

Die Blumenkohlröschen mit den Zitronenscheiben in Salzwasser nicht zu weich kochen. In ein Sieb geben, abtropfen lassen. Die Eier hart kochen und zerteilen, die Gurke in Würfel und die Tomate in Scheiben schneiden. Eine Marinade aus Essig, Öl und der Mayonnaise anrühren, die Blumenkohlröschen mit den anderen Zutaten darin gut durchziehen lassen. Die Mayonnaise mit der Petersilie verrühren und anschließend mit dem Salat vermengen.

Gebackene Blumenkohlrosen

2 kleine Blumenkohle, Salz, 8 Eßl. Mehl, 2 Eier, 3 Eßl. Reibekäse, Backfett.

Den vorbereiteten Blumenkohl unzerteilt 10 Minuten in kaltes Wasser legen, herausnehmen und vorsichtig in Röschen zerlegen. Inzwischen 2 Liter Salzwasser zum Kochen bringen, die Blumenkohlröschen hineinlegen und etwa 20 Minuten garkochen. Nach dem Herausnehmen sofort zum Abkühlen in kaltes Wasser legen; die Röschen müssen fast knackig sein. Dann ½ Liter kaltes Wasser in eine Schüssel gießen, das Mehl mit dem Schneebesen hineinrühren und so lange schlagen, bis eine dickliche Masse entsteht. Die Eier und den Käse unterrühren, den Teig 10 bis 15 Minuten stehen lassen. Unterdessen das Backfett erhitzen, die Blumenkohlröschen durch den Teig ziehen, im heißen Backfett schwimmend goldbraun ausbacken.

Sellerie im Bierteig

2 mittlere Sellerieknollen, 200 g Mehl, 1 Ei, etwas Bier, Salz, Öl zum Backen.

Die Sellerieknollen bereits am Vortag sauber bürsten und nicht zu weich kochen. Erst am nächsten Tag schälen. Dann das Mehl, ein Eigelb, das Bier und etwas Salz zu einem dicklichen Backteig verarbeiten. Kurz vor dem Ausbacken das zu steifem Schnee geschlagene Eiweiß untermischen. Nun den in zentimeterdicke Scheiben geschnittenen Sellerie in den Backteig eintauchen und in dem siedenden Ölbad schwimmend goldgelb backen.

Geschmorte Krautviertel

2 kleine Weißkraut, Salz, Pfeffer, 2 Eßl. Mehl, 125 g Schmalz, 1 l Bier und 2 Zwiebeln.

Das geputzte, in vier Teile geschnittene, mit Salz und Pfeffer gewürzte Weißkraut in Mehl wälzen. In einer Schmorpfanne Schmalz erhitzen, das Kraut von beiden Seiten braun braten, mit Wasser übergießen und halb gar schmoren. Nach Zugabe des Biers und der Zwiebeln völlig garschmoren. Das in Bier angerührte Mehl hineinquirlen, aufkochen und kräftig abschmecken.

KUCHEN
UND
GEBÄCK

Die Sachsen sind süß! Dies ist nicht nur dem einheimischen Kuchen-Kenner bekannt; selbst der fernste und nur mäßig interessierte Gast vermag sich schon bald auf die ortsbezogenen Attribute mancher Stollen, Pfefferkuchen, Torten und Törtchen einen passenden Reim zu machen: Dresden, Pulsnitz und auch Leipzig gehören seit alters zu den Hochburgen des guten bis erlesenen Back-Geschmacks. Dies mußte man auch in einem Landstrich anerkennen, dessen Rauheit und (einstige) Kargheit die Bewohner offensichtlich noch lange nichts von überfeinerter Backstubenakrobatik, dafür aber mehr von Fleisch und einem kräftigen Schluck zur guten Verdauung halten ließ. »Von Kuchen weiß man bey uns nicht viel«, hinterließ ein Mecklenburger Chronist des 19. Jahrhunderts, und es scheint, als würde er dies nicht einmal sehr bedauern!

Unter den sächsischen Kuchen-Metropolen genießt Dresden zweifelsohne noch einen ganz besonderen Ruf; sein Echo wird selbst auf anderen Kontinenten vernommen und regelmäßig – um die Weihnachtszeit – nicht nur von den Elbestädtern mit kleinen, aber gewichtigen Paketen verstärkt: der Dresdner Stollen gehört zu den bekanntesten kulinarischen Spezialitäten unseres Landes. Erste Nachrichten über die Dresdner Stollenbäckerei – der Name Stollen kommt übrigens aus dem Mittelhochdeutschen und bedeutet soviel wie Pfosten – finden sich bereits ausgangs des 14. Jahrhunderts. In jener Zeit freilich war die Stollenbäckerei noch mit einem zeitbedingten Handikap behaftet; weil damals nur Öl zum Backen verwendet werden durfte (dem Weihnachtsfest ging ja das große Adventsfasten voraus), bereitete die »Striezel« nicht nur den Bäckern, sondern vor allem auch den Feinschmeckern erhebliche Schwierigkeiten. Zu letzteren dürften auch Kurfürst Ernst

und sein Bruder, Herzog Albrecht, gehört haben; warum wohl hätten sie sonst den Papst um die Aufhebung des fastengebundenen Butterverbots bitten sollen? Der Papst zeigte sich einsichtig und ließ 1663 Gnade vor (Kirchen)-Recht ergehen: »Als sind wir den Dingen zu Eurer Bitte geneigt und Bewilligen in päpstlicher Gewalt, in Kraft dieses Briefes, daß Ihr, Eure Weiber, Söhne und Töchter und alle Eure wahren Diener und Hausgesinde der Butter anstatt des Öles ohne einige Pön (Buße, Strafe) frei und ziemlich gebrauchen möget.« Einen solchen Freibrief hatten die rund 30 km nordöstlich von Dresden wirkenden Pulsnitzer Pfefferkuchenbäcker allerdings nicht nötig, um ihrer Kunst die Gunst in- und ausländischer Liebhaber zu versichern. Immerhin wird in der Oberlausitz schon seit weit über 300 Jahren das »ehrsame Handwerk« des Pfefferkuchenbackens gepflegt – und dies nicht nur in Pulsnitz. Denn auch Weißenberg, ein zwischen Bautzen und Görlitz liegendes Städtchen, kann auf eine gehörige Gewürzkuchen-Tradition zurückblicken: 1683 erhielt die Bäckerei »Zur alten Pfefferküchlerei« das Recht des »Kuchentisches«, heute übrigens ein liebevoll hergerichtetes Pfefferkuchenmuseum – das einzige in Europa.

Der Pulsnitzer Pfefferkuchen – von Haus aus ohnehin eine Dauerbackware – ist mit den Jahrhunderten nicht »altbacken« geworden. Im Gegenteil – erst 1745, als der Pulsnitzer Pfefferkuchler Tobias Thomas von seiner Wanderschaft neue Rezepturen mitbrachte, erreichte er seine noch heute einzigartige Würze. Daß diese nichts mit Pfeffer, sondern mit den auch »Pfefferzüge« genannten Handelskarawanen früherer Zeiten, die fremdartige Gewürze aus fernen Ländern nach Mitteleuropa brachten, zu tun hat, muß man freilich erst wissen. Denn es sind vor allem Nelken und Macisblüten,

Zimt und Kardamom, die kräftig für das Aroma des Pfefferkuchens sorgen. Und auch die Zeit! Es ist kein Geheimnis, daß der Teig viele Monate lagern muß, ehe er als Lebkuchenherz, -stern oder -rechteck oder eine der zahlreichen anderen Formen den Backofen verläßt: Schon im Januar wird in Pulsnitz der Boden für den Weihnachtslebkuchen bereitet.

So wenig die Pulsnitzer Pfefferkuchen mit dem Pfeffer, so wenig haben auch die Leipziger Lerchen mit Alauda arvensis, den singenden Feldlerchen, gemein. Jedenfalls heute. Noch um 1745 sah dies aber ganz anders aus – da waren die Leipziger Lerchen in der Tat gerupfte, mit einem Federkiel aufgeblasene und mit Gewürzen gefüllte und knusprig gebratene Vögelchen. Sie waren so klein und filigran, daß das »Leipziger bürgerliche Back- und Wirthschaftsbuch« ernsthaft warnen mußte: »Man nehme sich bey dem Lerchenessen in Acht, daß man keine kleinen Beine mit verschlinge ...« Als 1876 die Lerchen in Sachsen nicht mehr gejagt werden durften und also auch die Exportmöglichkeit der gerupften und einzeln in Papier gewickelten Vögel »verflogen« war, machten die Leipziger aus der Lerchennot eine Backtugend: sie übertrugen den international bestens eingeführten Namen der Lerchen auf ein Marzipantörtchen.

Über die Metamorphose von Fleisch in Gebäck weiß auch in der alten Bergstadt Freiberg eine Legende zu berichten. Sie führt in das Jahr 1292 und an den Hof des Markgrafen Friedrich des Freidigen, wo, just als um Mitternacht ein Fasttag angebrochen war, der Hofkoch Bauer einen gespickten Hasen auftrug. Das war eine Sünde, die der bei dem Gastmahl anwesende Abt Bruno vom Barfüßerkloster eifernd verdammte. Aber schon bei der nächsten Gelegenheit – es war abermals der Beginn eines Fasttages – erschien wiederum ein gespickter Hase auf des Markgrafen Schlemmertisch. Der Mönche zürnte erheblich, aber der Gastgeber ließ sich nicht beeindrukken; furchtlos ging er den Hasen an. Und als der Koch obendrein noch erklärte, diesen Hasen zu essen sei keine Sünde, soll der fromme Mann vor Wut vom Stuhle gefallen sein. Umsonst – denn der Hase war kein richtiger, sondern ein aus Teig sehr gekonnt nachgeformter. Seitdem tauchte der Bauer-Hase immer öfter in der Bergstadt auf. Wohl auch heute noch.

Einfallsreiche Köche, Bäcker und Konditoren brachte aber nicht nur das »süße Dreieck« zwischen Leipzig, Freiberg und Pulsnitz hervor; auch anderswo wurde das Kuchenbacken mit Eifer, Ernst und viel Erfolg betrieben. Einen unübersehbaren Beweis dafür liefern noch immer die Altmärker, deren Salzwedeler Baumkuchen ohne Zweifel zu den buchstäblichen Höhepunkten des außersächsischen Backstubenschaffens gehört. Obwohl der Baumkuchen die Stadt Salzwedel schon seit rund 150 Jahren auch international reputierlich gemacht hat – »gepflanzt« wurde er schon bedeutend früher. Immerhin schwärmte bereits der junge Theodor Fontane (»Meine Kinderjahre«) von ihm, und er verrät uns auch die Geheimnisse seines Werdens. Weil sie sich nicht prinzipiell von den heutigen unterscheiden, gleichen sich zwangsläufig auch die Ergebnisse. Diese, so erinnert sich Fontane, hatten eine »glückliche Festigkeit«, die sich »an den gelungensten Exemplaren bis zur Knusprigkeit steigerte, begleitet von einer vom dunkelsten Ocker bis zum hellsten Gelb reichenden Farbenskala«.

Nicht ganz so bekannt wie der Baumkuchen der Altmark scheint der Klemmkuchen der Mark, der auch Eiserkuchen hieß und vor allem im Fläming viele Freunde hatte. Manche von ihnen sind noch heute nicht vergessen, denn wir finden ihre Namen in die schmiedeeisernen Klemmplatten eingearbeitet, die den Waffelteig regelrecht zusammenklemmten. Andere wieder wollten mit den Eiserkuchen lieber Jahreszahlen, Verzierungen oder auch Sprüche verzehren. Zum Beispiel diesen: »Wer mich ißt, der wird es wissen, daß ich bin ein Leckerbissen.«

MECKLENBURG

Schwaanscher Kuchen

Man thut 4 Loth Butter in ¼ Pott Milch, macht Letztere lauwarm, so daß die Butter schmilzt und rührt dies nebst 4 Eidottern und 1½ Pfd. Mehl zu einem Teige, an welchen man noch eine Hand voll Rosinen, zerstoßene Cardamomen von 7 Schoten und 4 Loth feingestoßenen Zucker thut. Endlich rührt man 5 Loth trockene, in Milch aufgelöste Hefe darunter und durchmischt den Teig mit dem zu Schnee geschlagenen Weißen der Eier. Sodann setzt man ihn auf eine Platte von Eisenblech, läßt ihn gut aufgehen, bestreicht ihn mit klein gerührtem Ei, backt ihn im mäßig heißen Ofen etwa eine Stunden und reicht ihn, mit Zucker bestreut.

Brodtorte

Man rührt 12 Eidotter mit ½ Pfd. Zucker und ½ Pfd. gestoßenen Mandeln so lange, bis sich eine glatte dicke Masse gebildet hat. Dann giebt man die abgeriebene Schale von ½ Citrone, 3 Loth feingeriebene Chocolade und ½ Loth feingestoßenen Kanehl, sowie ¼ Pfd. recht fein und gleichmäßig geriebenes Schwarzbrod dazu, rührt dies noch ¼ Stunde gut mit einander durch und mischt endlich das zu Schnee geschlagene Weiße der Eier darunter. Die Torte wird im mäßig erhitzten Ofen in 1 bis 1¼ Stunde gar.

Semmelpudding

125 g Butter oder Margarine, 2 Eßl. Zucker, 6 Eier, 250 g Semmelbrösel, ¼ l Milch, 125 g Rosinen, 125 g Korinthen, 125 g geriebene Mandeln, 1 Weinglas Rum, Butter oder Margarine zum Ausfetten. Für die Soße: 4 Eier, 2 Eßl. Stärkemehl, 200 g Zucker, ½ l Weißwein, Saft von ½ Zitrone.

Die Butter oder Margarine mit dem Zucker und dem Eigelb schaumig schlagen. Nach und nach die Semmelbrösel und die Milch unterrühren, gleichfalls nach und nach die vorher in Wasser eingeweichten Rosinen und Korinthen sowie die Mandeln und den Rum zugeben. Nun das zu Schnee geschlagene Eiweiß unterheben und die Masse in eine sorgfältig ausgefettete Auflaufform füllen. Den Pudding 1 Stunde bei mittlerer Hitze im Ofen backen. Anschließend fast erkalten lassen und in eine Schüssel stürzen. Die Masse kann allerdings auch in einer Puddingform im Wasserbad – ebenfalls 1 Stunde – gekocht werden. Für die Soße alle Zutaten bei schwacher Hitze in einer tiefen Kasserolle gut verrühren. Dann sofort vom Feuer nehmen und noch 1 Minute lang schlagen, damit sie nicht gerinnt.

Papageienkuchen

Für den Grundteig: 300 g Margarine, 300 g Zucker, 300 g Mehl, 1 Päckchen Backpulver, ¼ l saure Sahne. Für die Fülle: 2 Päckchen Soßenpulver Vanillegeschmack, 1 Päckchen Rote Grütze, 2 Eßl. Kakao, 150 g Puderzucker, 2 Eßl. Zitronensaft.

Margarine, Zucker, Mehl, Backpulver und saure Sahne zu einem Teig verarbeiten. Diesen in 3 Teile trennen. Zum 1. Teil das Soßenpulver rühren, zum 2. Teil Rote-Grütze-Pulver und zum 3. Teil Kakao. Von jedem Teil abwechselnd 1 Eßlöffel auf das gefettete Backblech setzen. Etwa 20 Minuten bei Mittelhitze backen. Abschließend mit einem Guß aus Puderzucker und Zitronensaft bestreichen.

Mecklenburger Speckkuchen

375 g Mehl, 125 g Butter, $\frac{1}{4}$ l Milch, 30 g Zucker, 30 g Hefe, 2 Eigelb, Salz, 125 g Speck, 2 Eßl. Kümmel.

Aus Mehl, Butter, lauwarmer Milch, Zucker, Hefe, Eigelb und Salz einen Hefeteig bereiten. Aufgehen lassen, ausrollen, auf ein gefettetes Blech geben und einen Rand andrücken. Nochmals gehen lassen. Speckwürfel auf der Teigplatte verteilen und mit Kümmel und etwas Salz bestreuen. Bei Mittelhitze etwa 45 Minuten backen.

Braune Pfeffernüsse

200 g Sirup, 60 g Zucker, 60 g Gänse- oder Schweineschmalz, 60 g Butter oder Margarine, 1 bis 2 Eier, 1 Päckchen Lebkuchengewürz, 500 g Mehl, 2 Eßl. warme Milch, 10 g Pottasche.

Den Sirup bei schwacher Hitze mit Zucker und Fett schmelzen, wieder abkühlen lassen. Mit Eiern und Gewürz vermengen. Das Mehl allmählich dazugeben, alles gut durchmischen. Zuletzt die in warmer Milch gelöste Pottasche hinzufügen. Den Teig kräftig durcharbeiten, zum Ballen formen und in eine Schüssel geben. Mit einem Tuch zudecken und mindestens 1 Woche bei Zimmertemperatur lagern. Dann den Teig 1 cm dick ausrollen, kleine runde Plätzchen ausstechen und etwa 15 Minuten bei Mittelhitze backen. Nach Belieben mit Zucker- oder Schokoladenglasur überziehen.

Teufelskuchen

250 g Margarine, 200 g Zucker, 4 Eier, 1 Päckchen Vanillinzucker, 250 g Mehl, 50 g Kakao, 1 Teel. Natron, $\frac{1}{4}$ l saure Sahne, $\frac{1}{4}$ l Sahne.

Die Margarine zergehen lassen, den Zucker, die Eier und den Vanillinzukker dazugeben. Mehl, Kakao und Natron durchsieben, untermischen und mit dem Mixer verrühren. Die saure Sahne unterziehen. Auf ein Blech streichen und 40 bis 45 Minuten backen. Den Teufelskuchen mit Schlagsahne garnieren.

Rhabarberkuchen

600 g Rhabarber, 150 g Mehl, 75 g Stärkemehl, 1½ Teel. Backpulver, 150 g Margarine, 150 g Zucker, 1 Päckchen Vanillinzucker, 2 Eier, 1 Eigelb, 2 Eßl. Zwiebackbrösel. Für den Guß: 3 Eiweiß, Salz, 175 g Zucker und 1 Teel. Zitronensaft.

Den Rhabarber waschen und in Stücke schneiden. Das Mehl mit dem Stärkemehl und dem Backpulver sieben. Margarine, Zucker und Vanillinzucker schaumig rühren, Eier und Eigelb nach und nach abwechselnd mit dem Mehlgemisch unterrühren. Den Teig auf ein gefettetes Blech geben, dabei den Rand andrücken. Zwiebackbrösel auf dem Teig verteilen, die Rhabarberstücke daraufgeben, den Kuchen bei 180 °C backen. Unterdessen die Eiweiß mit einer Prise Salz zu steifem Schnee schlagen. Schließlich den Zucker und den Zitronensaft gut unterrühren. Nach 25 Minuten den Kuchen aus der Röhre nehmen, mit dem Eischnee abdecken und noch weitere 20 Minuten backen.

Eberswalder Spritzkuchen

¼ l Milch, 100 g Butter oder Margarine, Salz, 125 g Mehl, 50 g Stärkemehl, 5 Eier, 20 g Zucker, 1 Päckchen Vanillinzucker, 1 gestr. Teel. Backpulver, 150 g Puderzucker, 2 Eßl. Zitronensaft.

Milch, Butter und Salz in einem Topf zum Kochen bringen. Das Mehl mit dem Stärkemehl vermengen, auf einmal hineinschütten und gut durchmischen. Bei schwacher Hitze zu einem glatten Kloßteig verrühren. Wenn sich am Topfboden ein weißer Belag bildet,

das Gefäß vom Herd nehmen und den Kloß in eine Rührschüssel geben. Die Eier einzeln mit dem Teig verrühren, bis er in langen Spitzen vom Löffel reißt. Zucker, Vanillinzucker und Backpulver unterrühren, alles gut durcharbeiten. Den geschmeidigen Teig in einen Spritzbeutel mit gezackter Tülle füllen und Kränze mit 3 bis 4 Zentimeter Innendurchmesser und 1,5 Zentimeter Höhe auf gefettetes Pergamentpapier spritzen. Das Papier mit den Eberswalder Spritzkuchen umgedreht in erhitztes Ausbackfett geben und abziehen, wenn sich die Kränze gelöst haben. Schwimmend jeweils 4 Minuten auf jeder Seite goldbraun ausbacken, gut abtropfen und etwas abkühlen lassen und abschließend mit einer Glasur aus Puderzucker und Zitronensaft überziehen.

Tassentorte

¾ Tasse Butter, 4 Eier, 4 Tassen Zucker, 4 Tassen Mehl, 1 Tasse Milch, 1 Päckchen Backpulver, 1 kg Sauerkirschen oder Pflaumen.

Butter, Eier und Zucker schaumig rühren, die anderen Zutaten nach und nach dazugeben. In eine gefettete Springform füllen und 45 Minuten backen. Erkalten lassen. Die Torte durchschneiden, so daß zwei Platten entstehen. Mit geschmortem Obst, z. B. Sauerkirschen oder Pflaumen, das gut abgetropft sein muß, füllen.

Wasserkuchen

300 g Butter, ¼ l Milch, 4 Eier, 1 Prise Salz, Mehl nach Bedarf, etwa 750 bis 875 g, etwa 40 g Hefe, Rosinen, 125 g Zucker, etwas Zitronenschale.

250 Gramm Butter zerlassen, mit der

Milch, den Eiern, einer Prise Salz, dem Mehl und der Hefe mischen, einen feinen Teig kneten. Den durchgearbeiteten Teig zu einem Ballen formen und auf ein mit Mehl bestreutes Tuch legen. Dieses nur locker zubinden, daß der Teig aufgehen kann. Einen großen Eimer mit kaltem Wasser füllen, das Tuch mit dem Teigballen hineinlegen. Nach einigen Stunden geht er auf und hebt sich aus dem Wasser. Ist er richtig gegangen, nach Belieben Rosinen, Zukker, abgeriebene Zitronenschale dazuarbeiten, den Teig fingerdick ausgerollt auf ein Blech legen und wieder gehen lassen. Dann hellbraun backen, den noch heißen Kuchen mit Zucker bestreuen und zerlassene Butter darauf gießen.

Berliner Pfannkuchen

Zum Teig ¼ Liter Milch, 200 Gramm Butter, 1 Ei und 5 Eidotter, 50 Gramm Hefe, 120 g Zucker und 750 Gramm feines Mehl; ferner zum Füllen beliebiges Eingemachte:

Johannisbeeren-, Kirschen-, Pflaumen- oder Drei-Mus, oder Gelee. Mehl und Butter werden lauwarm gemacht, unterdes schlägt man die Eier, rührt Milch, Hefe, Zucker und Salz hinzu und rührt dies mit feinem Mehl, das vorher an einem warmen Orte gestanden hat, zu einem leichten Teig, den man solange schlägt, bis er Blasen wirft und nicht mehr am Löffel klebt. Dann legt man ihn zum langsamen Aufgehen auf ein mit Mehl bestäubtes Backbrett. Ist das nun geschehen, rollt man ihn einen Finger dick aus, legt mit dem Teelöffel Eingemachtes darauf, ein Stück Teig darüber, sticht mit einem Ausstecher oder Glase Kuchen davon aus, bestreicht sie da, wo sie zusammentreffen, mit Ei, legt sie auf Stücke Papier, welche vorher mit etwas Mehl bestäubt sind, und läßt sie in der Wärme langsam aufgehen. Unterdes lasse man Schmelzbutter kochend heiß werden, 3–4 Kuchen zugleich vom Papier – die obere Seite nach unten – ins Fett fallen. Die Pfannkuchen müssen eine gelbbraune Farbe erhalten, werden noch heiß mit einer Mischung von Zucker und Zimmet bestreut und ganz frisch gegessen.

Eierkuchen auf Hefeteig

1 Päckchen gefrorener Hefeteig, 6 Eier, ¼ l Milch, ¼ l Sahne, 4 Eßl. Zucker, Butter, Zimtzucker.

Ein Backblech dünn mit dem aufgetauten Hefeteig auslegen und einen festen, fingerhohen Rand drehen. Eier, Milch, Sahne und Zucker verrühren und vorsichtig auf dem Teigboden verteilen. Den Kuchen in die Röhre stellen und backen. Den fertigen Eierkuchen sofort mit zerlassener Butter bestreichen und gleich mit Zimtzucker bestreuen.

Spreewälder Quarkkuchen

1 Päckchen gefrorener Hefeteig, 1,5 kg frischer Quark, 2 Eier, Zucker nach Geschmack, 250 g Sultaninen, Schale von 1 Zitrone, 2 Päckchen Vanillinzucker, einige Eßl. Rum, 375 g kalte, gekochte und geriebene Kartoffeln, Leinöl.

Den aufgetauten Hefeteig auf ein Backblech geben. Den frischen Quark durch ein Sieb streichen, die anderen Zutaten untermengen und die ganze Masse auf dem Teig verteilen. Aufgehen lassen und dann den Kuchen unter öfterem Einstechen backen. Der Spreewälder gießt vor dem Backen noch Leinöl auf den Kuchen.

Gubener Hefeplinsen

15 g Hefe, etwas Zucker, ⅜ l Milch, 300 g Mehl, 3 Eier, Salz, 125 g Schmalz zum Ausbacken.

Die Hefe mit dem Zucker in der lauwarmen Milch auflösen. Das Mehl in eine Schüssel sieben, die verquirlten Eier und Salz sowie die Milchhefe dazugeben, alles zu einem dicklichen Eierkuchenteig anrühren und zugedeckt gehenlassen. Dann in der Stielpfanne Schmalz heiß werden lassen, darin runde Plinsen von beiden Seiten goldbraun backen. Auf einen Teller geben und mit Zucker oder Zimtzucker bestreut servieren. Dazu Kompott auftragen. Nach Belieben können auch geschnittener Schnittlauch und Zwiebelwürfel sowie angebratene Würfel von geräuchertem Speck in den rohen Plinsenteig gemischt werden.

Schlorrebrot

2,5 bis 3 kg Roggenmehl, 1 l Milch, 1 kg gekochte Kartoffeln, 2 Teel. Salz, 2 Teel. Kümmel, 1 Tasse Sauerteig vom Bäcker.

Das Mehl mit der kochenden Milch und 1 Liter kochendem Wasser brühen, gut verrühren und auf ein Kuchenbrett drücken. Zudecken und 10 Stunden in einen warmen Raum stellen. Am nächsten Tag die gekochten und durchgedrückten Kartoffeln, Salz und Kümmel sowie den aufgelösten Sauerteig dazugeben, wenn nötig noch etwas Mehl. Den Teig gründlich durcharbeiten. Gehen lassen, Brote formen, je 500 g Gewicht, braun backen. Noch heiß mit Milch bestreichen.

SACHSEN

Sirupkuchen

Für den Teig: 500 g Mehl, 30 g Hefe, ¼ l warme Milch, 80 g Butter, 80 g Zukker, 1 Messerspitze Salz, Margarine für das Blech. Belag: 200 g Sirup. Für die Streusel: 100 g Mehl, 100 g Zucker, 100 g Butter, etwas Zimt.

Einen Hefeteig bereiten, ausrollen, auf ein gefettetes Blech geben und nochmals gehen lassen. Dann den Teig dünn mit Sirup bestreichen. Die restlichen Zutaten für die Streusel miteinander vermischen, gut durcharbeiten, zerbröckeln und auf den Sirup streuen. Den Kuchen im vorgeheizten Ofen bei kräftiger Hitze etwa 25 Minuten goldgelb backen.

Plauener Heidelbeerkuchen

1 kg Heidelbeeren, 450 g Mehl, 150 g Butter, 100 g Zucker, 3 Eigelb, 100 g Semmelbrösel, Zucker zum Bestreuen.

Die verlesenen Heidelbeeren waschen und gut abtropfen lassen. Aus Mehl, Butter, Zucker und Eigelb einen Mürbeteig bereiten, gut durcharbeiten. Zu einer Kugel formen, in Pergamentpapier einwickeln und für 50 bis 60 Minuten kalt stellen. Dann ausrollen, auf ein gefettetes Blech geben, dabei einen Rand andrücken. Dünn mit Semmelbröseln bestreuen, die Heidelbeeren darauf schütten und gleichmäßig verteilen. Leicht mit Zucker bestreuen, im vorgeheizten Backofen bei 180 °C etwa 45 Minuten backen.

Honigkuchen

750 g Honig, 1,5 kg Mehl, 500 g Zucker, 125 g feingeschnittenes Zitronat, 10 g gestoßene Nelken, 125 g Mandeln, 125 g geschnittenes Orangeat, 15 g Zimt, 15 g Hirschhornsalz, 15 g Pottasche (die beiden letzten Zutaten in Wasser gelöst), Milch zum Bestreichen.

Den Honig erhitzen, etwas abkühlen lassen. Die Zutaten hineingeben, alles mit dem Honig verkneten. Den Teig vier Wochen lang mit einem Tuch bedeckt an einem kühlen, aber nicht zu kalten Ort ruhen lassen. Dann in einem warmen Raum 4 bis 5 Stunden stehen lassen, damit er wieder geschmeidig wird. Fingerdick ausrollen und in beliebige Stücke schneiden. Ein Kuchenblech fetten, mit Mehl bestäuben und mit den Teigstückchen belegen. Den Kuchen bei mittlerer Hitze backen. Anschließend sofort mit kochend heißer Milch bestreichen, damit die Stücke Glanz bekommen. Diese Honigkuchen sind nach dem Backen hart, werden aber nach einigen Tagen weich.

Sächsischer Osterfladen

1 Päckchen gefrorener Hefe- oder Mürbteig, 500 g Quark, 4 Eigelb, 150 g Zucker, 100 g Rosinen, 100 g geriebene Mandeln, 100 g Butter, abgeriebene Zitronenschale, etwas Rum oder Arrak, ⅛ l Sahne.

Den Quark durch ein Tuch pressen und so von Feuchtigkeit befreien. 3 Eigelb und 100 Gramm Zucker schaumig rühren, den Quark durchs Sieb streichen und beifügen. Rosinen, Mandeln, zerlassene Butter, abgeriebene Zitronenschale, Rum oder Arrak und die Sahne hineinrühren. Den aufgetauten, ausgerollten Hefe- oder Mürbteig auf ein gebuttertes Blech legen, einen zwei Finger hohen Rand formen. Den Teig mit der Quarkmasse bestreichen, Eigelb darübergeben. Den

Kuchen bei mittlerer Hitze backen. Abschließend noch heiß mit Zucker bestreuen.

Nienburger Biskuit

250 g fein gestoßene und durchgesiebte Weizenstärke, 500 Gramm Zucker, auf welchem eine Zitrone abgerieben und der, nachdem das Gelbe davon abgeschabt, fein gestoßen und durchgesiebt ist, 10 ganz frische Eiweiß, 20 Eidotter, Saft einer guten Zitrone, zwei Gramm pulverisiertes Hirschhornsalz.
Stärke und Zucker werden ½ bis 1 Stunde vor dem Anrühren zum völligen Trocknen und Warmwerden in einen schwach geheizten Ofen gestellt. Man schlägt zuerst das Eiweiß zu einem so festen Schnee, daß er sich schneiden läßt, doch darf er nicht breiig werden, schlägt dann mit dem Schaumbesen Eidotter, Saft und Zitronenzucker hinein, sowie auch nach und nach den Zucker und schlägt fortwährend recht stark, und zwar wenigstens ¼ Stunde lang. Dann wird die Masse auf stark kochendes Wasser oder auf einige Kohlen gesetzt, während ununterbrochen so lange geschlagen werden muß, bis sie milchwarm geworden, wo dann erst die Weizenstärke hineingestreut, so schnell als möglich in die Masse geschlagen, das Hirschhornsalz darüber gestreut und gleichfalls rasch durchgemischt wird. Ist dies geschehen, so darf die Masse keine Minute stehen, sondern muß sogleich in einer gut ausgestrichenen und bestreuten Form in den Ofen, welcher von unten und oben eine gute Mittelhitze hat. Der Biskuit wird wie Sandtorte stark 1 Stunde gebacken. Um das zu frühe Gelbwerden desselben zu verhüten, was bei Kuchen ohne Butter so leicht der Fall ist, so decke man ihn in der ersten halben Stunde zu.

Heidelbeerkuchen

1 Päckchen gefrorener Hefeteig, etwas Margarine, Semmel- oder Zwiebackbrösel, 1,5 kg Heidelbeeren, Zucker, Zimtzucker.

Den aufgetauten Hefeteig ausrollen und auf ein gefettetes Blech geben, dabei einen Rand andrücken. Gleichmäßig, aber dünn mit Semmel- oder Zwiebackbröseln bestreuen und mit den gut gewaschenen, abgetropften Heidelbeeren belegen. Nur ganz leicht zuckern. Den Kuchen bei milder Hitze etwa 35 Minuten backen. Noch warm mit Zimtzucker bestreuen.

Lausitzer Zwiebackkuchen

1 Päckchen gefrorener Hefeteig, reichlich ⅛ l Milch oder Sahne, 300 g Zwieback, 75 g Nüsse oder Mandeln, 125 g Zucker, 1 Päckchen Vanillinzucker, Salz, 125 g Margarine, Puderzucker.

Den aufgetauten, ausgerollten Teig mit Milch oder Sahne bestreichen. Den Zwieback und die Nüsse oder Mandeln reiben, mit Zucker, Vanillinzucker und einer Prise Salz locker vermischen. Den Teig damit bekrümeln und den Kuchen bei Mittelhitze etwa 25 Minuten backen. Sofort mit zerlassener Margarine beträufeln und mit Puderzucker besieben.

Kleckselkuchen

1 Päckchen gefrorener Hefeteig, etwas Margarine. Für die Quarkmasse: 500 g Quark, 3 Eigelb, 50 g Butter, 150 g Zucker, Milch, 1 Eßl. Mehl, Zitronenaroma, 4 Eßl. Rosinen. Für die Mohnmasse: 150 g Mohn, 50 g Butter, ⅛ l Milch, 50 g Semmelbrösel, Zucker, Zimt, 2 Äpfel, Butter, Puderzucker.

Den aufgetauten Hefeteig ausrollen, auf ein gefettetes Blech geben, die Ränder am Backblech etwas hochziehen. Den Quark durch ein Sieb streichen, Eigelb mit Butter und Zucker schaumig rühren, etwas Milch und dann löffelweise den Quark zugeben, das Mehl, das Zitronenaroma und die Rosinen zugeben und alles so lange schlagen, bis die Masse kremig ist. Für die Mohnmasse den Mohn mahlen, in der Butter durchschwenken, mit der Milch auffüllen und durchkochen. Die Mohnmasse mit den Semmelbröseln binden. Etwas aufquellen lassen, süßen und mit etwas Zimt würzen. Die Quark- und die Mohnmasse löffelweise abwechselnd auf dem Teig verteilen. Kleine Apfelwürfelchen darüberstreuen, den Kuchen bei Mittelhitze etwa 45 Minuten backen. Buttern und zuckern.

Eierschecke

Hefeteig wie für Sächsischer Streuselkuchen bereiten, 750 g Quark, 3 Eier, 150 g Zucker, Zitronenaroma. Für den Eieraufguß: 125 g Butter, 8 Eier, 125 g Zucker, 1 Prise Salz, 1 Eßl. Mehl, 125 g Rosinen.

Den ausgerollten Teig auf ein gefettetes Blech geben, einen Rand andrükken, nochmals gehen lassen. Den Quark mit den Eiern und dem Zucker schaumig rühren, mit Zitronenaroma abschmecken und die Teigplatte damit gleichmäßig bestreichen. Butter, Eigelb und Zucker schaumig rühren, das Eiweiß mit einer Prise Salz zu steifem Schnee schlagen, mit dem Mehl unter die Butter-Eier-Mischung heben und dann über die Quarkmasse ziehen. Mit Rosinen bestreuen und bei Mittelhitze etwa 50 Minuten backen. Vor zu starker Oberhitze schützen!

Dresdner Weihnachtsstollen

2,5 kg Mehl, 175 g Hefe, etwa ¾ l Milch, 500 g Zucker, 4 Päckchen Vanillinzucker, die abgeriebene Schale von 1 bis 2 Zitronen, 35 g Salz, 100 bis 200 g Schmalz, 1 kg Schmelzmargarine, 150 g Zitronat, 80 g bittere Mandeln, 200 g süße Mandeln, 1 bis 1,5 kg Sultaninen, 250 g Korinthen, Rum oder Weinbrand, Butter, Zucker, Vanillinzucker, Puderzucker.

Bereits am Abend vor dem Backen die vorbereiteten Sultaninen und Korinthen nach und nach mit Rum oder Weinbrand beträufeln; die übrigen Zutaten in einem warmen Raum bereitstellen. Am nächsten Tag das Mehl in eine Backschüssel sieben, eine Vertiefung eindrücken und darin die mit etwas handwarmer Milch verrührte Hefe zu einem Vorteig verarbeiten, diesen 15 Minuten an einem zugfreien, aber nicht zu warmen Ort gehen lassen. Nach dem Aufgehen Zucker, Gewürz, Fett, Margarine, geraspeltes Zitronat und geriebene Mandeln sowie warme Milch nach Bedarf untermengen, dann Sultaninen und Korinthen zugeben. Gut durchkneten und mindestens 2 Stunden warm, aber nicht zu nahe am Ofen gehen lassen. Dann den Teig zusammenstoßen, nochmals durchkneten und in ein oder anderthalb Kilo schwere Stücke aufteilen. Die Teigstücke länglich oval formen, längs etwas einkerben und auf einem gebutterten, leicht bemehlten Backblech nochmals etwa 30 Minuten gehen lassen, dann bei guter Mittelhitze backen. Danach den Stollen abkühlen lassen, mit zerlassener Butter bestreichen, mit Zucker und Vanillinzucker bestreuen, nochmals buttern und mit Puderzucker bestreuen. Den Stollen mindestens eine Woche lagern.

Meißner Quarktorte

(ohne Boden)
125 g Margarine, 6 Eier, 400 g Zucker, 1 Päckchen Vanillinzucker, 1 Zitrone, 1 kg trockener Quark, 100 g Grieß, 1 Eßl. Mehl, 1 Päckchen Backpulver, Salz, Butter, Puderzucker.

Die Margarine schaumig schlagen und mit Eigelb, Zucker, Vanillinzukker, etwas abgeriebener Zitronenschale und Zitronensaft verrühren. Den Quark, Grieß und das mit Backpulver gesiebte Mehl darunterrühren. Leicht gesalzenen steifen Eischnee unterheben, eine Springform vorbereiten und die Torte bei guter Mittelhitze etwa 60 Minuten backen. Sofort mit zerlassener Butter bestreichen und mit Puderzucker besieben.

Dresdner Sahnekuchen

Für den Teig: 250 g Mehl, 100 g Butter oder Margarine, 1 Prise Salz, 1 Ei, ½ Teel. Backpulver. Für den Belag: 100 g Butter oder Margarine, 100 g Zucker, 2 Eier, 50 g Mehl, 1 Prise Salz, 3 bis 4 Eßl. Zitronensaft, die abgeriebene Schale von ½ Zitrone, 1 Eßl. Rum, 4 bis 5 bittere Mandeln, ½ l Milch.

Die Teigzutaten schnell verarbeiten und den Teig ½ Stunde kalt stellen. Dann ausrollen und eine Tortenform damit belegen. Den Rand sehr hoch ziehen. Für den Belag die Butter mit dem Zucker glattrühren, die Eier und das Mehl zugeben. Mit einer Prise Salz, dem Zitronensaft und der abgeriebenen Schale würzen und je nach Geschmack den Rum und die bitteren feingeriebenen Mandeln zufügen. Nun die Milch erhitzen, aber nicht kochen. Unterdessen den Kuchenboden in die Röhre schieben und 10–15 Minuten vorbacken. Die erhitzte Milch in die Rührmasse gießen und kurz im Mixer schlagen, bis die Eiermilch ein wenig dickflüssiger wird. Schnell auf den vorgebackenen Tortenboden gießen und bei Mittelhitze noch 30 Minuten backen. Der Belag muß schön fest und gebräunt sein.

Borsdorfer Quarktorte

1 Päckchen gefrorener Hefeteig, 50 g Margarine, 175 g Zucker, 2 Eier, 1 Päck-

chen Vanillinzucker, 500 g Quark, 500 g Äpfel, 2 Eßl. Grieß, 3 Eßl. Rum oder Weinbrand.

Den aufgetauten Hefeteig ausrollen, in eine gut gefettete Springform geben und die Ränder ein wenig hochziehen. Margarine, Zucker, Eier und Vanillinzucker schaumig schlagen, Quark, geraspelte Äpfel, Grieß und Rum oder Weinbrand zugeben. Die Masse gründlich verrühren und auf dem Teig verteilen. Bei Mittelhitze mindestens 50 Minuten backen. Nach dem Auskühlen mit Butter bestreichen und zuckern.

Auerbacher Weihnachtsgebäck

250 g Butter, 2 Eier, 250 g Zucker, etwas abgeriebene Zitronenschale, 500 g Mehl.

Die Butter schaumig rühren, die Eier, den Zucker, Zitronenschale und zuletzt das Mehl zugeben, alles gut durchmischen. Den Teig kalt stellen. Wenn er genügend erstarrt ist, ausrollen, Vierecke oder Streifen ausschneiden und bei mittlerer Hitze goldgelb backen.

Reformationsbrötchen

500 g Mehl, 1 Messerspitze Salz, ¼ l Milch, 40 g Hefe, 50 g Butter, 1 Teel. Zucker, 50 g Rosinen.

Das gesiebte Mehl mit allen übrigen Zutaten, außer den Rosinen, zu einem geschmeidigen Teig verarbeiten und gehen lassen. Ausrollen und zu etwa 12 cm großen Vierecken ausrädeln. Die Ecken zur Mitte hin einschlagen, so daß die Zipfel aneinander stoßen. In die Mitte einige Rosinen oder ein Kleckschen Marmelade drücken. Nochmals gehen lassen und bei guter Mittelhitze etwa 15 bis 20 Minuten braun backen.

Leipziger Lerchen

150 g Mehl, 150 g Butter, 1 Ei, 1 Eßl. Weißwein, 75 g Zucker. Für die Füllung: 250 g geriebene Mandeln, 125 g Zucker, 1 Messerspitze Zimt.

Aus Mehl, Butter, Ei, Weißwein und dem Zucker einen Mürbteig bereiten. Über Nacht kühl stellen, dann ½ cm dick ausrollen und in kleine, gefettete Förmchen drücken. Die geriebenen Mandeln mit dem Zucker in einem Topf bei mäßiger Hitze erwärmen, bis sich der Ballen löst, mit Zimt abschmecken. Die so entstandene Marzipanmasse in die Förmchen füllen. Mürbteigstreifchen formen und kreuzweise über die Masse legen. Die Törtchen bei mäßiger Hitze in der vorgeheizten Backröhre etwa 30 bis 40 Minuten goldgelb backen.

Leipziger Pfeffernüsse

500 g Mehl, 75 g gehackte Mandeln, 40 g Zitronat, ½ Zitrone, 1 Teel. Zimt, 3 bis 4 Eßl. saure Sahne, 15 g Pottasche, 200 g Butter oder Margarine, 200 g Honig oder Sirup, 250 g Zucker, Zucker- und Schokoladenglasur.

Das Mehl in einer Schüssel mit Mandeln, klein geschnittenem Zitronat, abgeriebener Zitronenschale und Zimt mischen. Pottasche in der Sahne lösen und dazugeben. Die Butter mit Honig und Zucker erhitzen und schmelzen. Abgekühlt unter die trockenen Zutaten rühren. Den Teig warm stellen und zugedeckt über Nacht stehen lassen. Dann Kugeln formen und bei Mittelhitze auf dem gefetteten Blech backen. Die Pfeffernüsse abkühlen lassen und nach Belieben mit Zucker- und Schokoladenglasur leicht überziehen.

Sächsischer Kirschkuchen

1 Päckchen gefrorener Hefeteig oder Hefeteig wie bei Sächsischer Streuselkuchen bereiten, 2 kg Kirschen, 50 g Zimtzucker, 200 g Mehl, 100 g Margarine, 100 g Zucker, Salz.

Den aufgetauten und ausgerollten Hefeteig auf ein gefettetes Blech geben, dabei einen Rand andrücken. Den Teig dick mit Kirschen belegen, Zimtzucker darüberstreuen. Aus Mehl, Margarine, Zucker und einer Prise Salz Streusel kneten und auf die Kirschen krümeln. Etwa 40 Minuten bei Mittelhitze goldgelb backen.

Sächsischer Streuselkuchen

Für den Hefeteig: 40 g Hefe, ¼ l Milch, 80 g Zucker, 500 g Mehl, 1 Teel. Salz, 80 g Butter. Für die Streusel: 150 g Zucker, 150 g Mehl, 150 g Butter, 50 g Butter zum Beträufeln.

Für den Vorteig die zerkrümelte Hefe mit etwas lauwarmer Milch, 1 Teelöffel Zucker und 1 Teelöffel Mehl verrühren. Das Mehl in eine Schüssel sieben, in die Mitte eine Vertiefung eindrücken und den Vorteig dahineingeben. Etwa 15 Minuten gehenlassen. Dann den Vorteig mit dem Mehl und

1 Prise Salz vermischen, nach und nach Butter und Milch dazugeben und den Teig so lange mit dem Holzlöffel schlagen, bis er sich von der Schüssel löst. Den gegangenen Teig durchkneten, zudecken und nochmals gehen lassen. Jetzt ein Backblech fetten, den Hefeteig darauf ausrollen und nochmals 15 Minuten gehen lassen. Für die Streusel Zucker mit Mehl vermischen, Butter zerlassen, wieder abkühlen lassen und zugeben. Die Masse zerkrümeln und auf die Teigplatte verteilen. Mit etwas zerlassener Butter beträufeln, etwas Zucker darüberstreuen. Bei Mittelhitze etwa 30 Minuten hellgelb backen.

THÜRINGEN

Schmandkuchen

Für den Teig: 500 g Mehl, 30 g Hefe, ¼ l Milch, 1 Messerspitze Salz, 80 g Butter, 80 g Zucker, Butter für das Blech. Für den Belag: 1 l Milch, 100 g Zucker, 1 Päckchen Vanillinzucker, 150 g Grieß, 1 kg Johannisbeeren (oder Kirschen, Pflaumen, Stachelbeeren o. ä.) Für den Guß: ⅜ l saure Sahne, 30 g Zucker, 50 g Stärkemehl.

Einen Hefeteig bereiten, gehen lassen und auf einem gefetteten Blech ausrollen. Für den Belag die Milch mit dem Zucker und dem Vanillinzucker aufkochen, den Grieß einstreuen, gut ausquellen lassen. Abgekühlt gleichmäßig auf den ausgerollten Hefeteig streichen. Darauf die gewaschenen und abgestreiften Johannisbeeren oder anderes Obst geben. Saure Sahne mit Zucker und Stärkemehl verquirlen, über die Früchte gießen. Im vorgeheizten Ofen bei Mittelhitze backen.

Apfelkrapfen

75 g Mehl, 1 Prise Zucker, Salz, ⅛ l Bier, 1 Ei, 4 große Äpfel, Öl, Streuzucker.

Mehl, Zucker, Salz und das Bier in eine Schüssel geben und schlagen. Ein Ei verquirlen und darunterziehen. Den Teig 2 Stunden in den Kühlschrank stellen. Die Äpfel schälen, Kerngehäuse entfernen, in nicht zu dicke Scheiben schneiden. In Bier tauchen und danach in Mehl wälzen. Anschließend die Scheiben durch den Bierteig ziehen und in dem erhitzten Öl kurz backen. Herausnehmen, Zucker oder Vanillesoße darüber geben und warm servieren.

Sonneberger Pfannkuchen

500 g Mehl, 45 g Hefe, ¼ l Milch, 70 g Zucker, 1 Messerspitze Salz, etwas Muskat, 2 Eier, 2 Eigelb, 75 g Butter, Ausbackfett.

Das Mehl durchsieben und kranzförmig in einer Schüssel anrichten. Die Hefe zerbröckeln, in der lauwarmen Milch auflösen; die Hefemilch in der Mehlmitte zu einem Hefestück verrühren. Dieses mit 1 Eßlöffel Zucker bestreuen. Die übrigen Teigzutaten auf dem oberen Rand des Mehls verteilen. Das Hefestück mit einem Tuch zudecken und an einem warmen Ort gehen lassen. Dann alles zu einem trockenen Hefeteig verkneten, den man wiederum zugedeckt nochmals an warmer Stelle gehen läßt. Inzwischen das Ausbackfett ansetzen und auf 180 Grad erhitzen. Jetzt von dem gegangenen Teig Kugeln von etwa 7 cm Durchmesser ausrollen. Jede dieser Kugeln mit bemehlten Händen so zu einem Ring formen, daß in der Mitte des Teigrings eine dünne Teighaut verbleibt. Diesen Pfannkuchen in das heiße Backfett gleiten lassen; dabei wölbt sich die dünne Teighaut zwischen dem Ring sofort zu einer Kuppel, die auch eine helle Farbe behält und mit dem braun gebackenen Teigring ein duftendes Backaroma erzeugt. Die Sonneberger Pfannkuchen auf beiden Seiten ausbacken. Anschließend in Zucker wälzen und frisch servieren.

Burgauer Bierkuchen

3 Tassen Mehl, 1 Tasse Öl, 1½ Tassen Zucker, 1 Tasse Bier, 4 Eier, ½ Päckchen Backpulver, 125 g Butter, Puderzucker, 150 g Hartfett, 2 Eßl. Kakao.

Das Mehl mit Öl, Zucker, Bier, den Eiern und dem Backpulver zu einem Teig verrühren. Gleichmäßig auf ein Blech streichen und 25 Minuten bei 150 °C backen. Anschließend die Butter geschmeidig machen, mit Puderzucker gut schlagen und auf den fertigen Kuchen streichen. Zum Schluß das zerlassene Hartfett mit Kakao mischen und aufstreichen.

Thüringer Zwiebelkuchen

Für den Teig: 250 g Mehl, 4 bis 5 Eßl. Milch, 20 g Hefe, 50 g Butter, 1 Prise Salz, 1 Eßl. Zucker. Für den Belag: 750 g Zwiebeln, 100 g Speck, 2 Eier, Kümmel, Salz, Pfeffer.

Das Mehl in eine Schüssel sieben. In die lauwarme Milch die Hefe bröckeln, verrühren und mit Butter, Salz und Zucker zum Mehl geben und alles gut vermengen. Etwa 30 Minuten gehen lassen. Den Teig auf dem gefetteten Backblech ausrollen und nochmals zugedeckt gehen lassen. Die Zwiebeln schälen, in feine Scheiben schneiden und in den ausgelassenen Speckwürfeln glasig dünsten. Vom Feuer nehmen, die Eier unterrühren, mit Kümmel, Salz und Pfeffer würzen und auf dem Teig verteilen.

Klemmkuchen

150 g Butter oder Margarine, 125 g Zucker, 1 Päckchen Vanillinzucker, 3 Eier, abgeriebene Schale von ½ Zitrone, 150 g Mehl, Backfett, Puderzucker.

Die Butter oder Margarine schaumig schlagen und nach und nach mit Zucker, Vanillinzucker, den Eiern, der Zitronenschale und dem Mehl verrühren. Den Teig bei Bedarf mit etwas Rum oder Milch geschmeidiger machen. Das Waffeleisen fetten, die Masse portionsweise hineinstreichen. Goldgelb backen und noch heiß mit Puderzucker besieben. Klemmkuchen sollte frisch gegessen werden.

Thüringer Obsttorte mit Guß

75 g Butter, 60 g Zucker, 1 Ei, 1 Teel. Backpulver, 250 g Mehl, Paniermehl oder Zwiebackbrösel, 1 kg Obst (Pflaumen, Stachelbeeren, Sauerkirschen). Für den Guß: ¼ l saure Sahne, 3 Eigelb, 60 bis 75 g Zucker.

Butter, Zucker und Ei schaumig rühren. Backpulver mit dem Mehl vermischen und löffelweise dazugeben. Rasch alles verkneten und ausrollen. Den Teig in eine gut gebutterte Springform legen. Paniermehl oder Zwiebackbrösel darauf streuen und Obst dicht auflegen. Bei mittlerer Hitze backen. Die saure Sahne mit Eigelb und Zucker zu einem Guß verquirlen und über den Kuchen gießen. Nochmals für 10 bis 15 Minuten in den Backofen geben und goldgelb backen.

Mürbe Brezeln

60 g Butter, 130 g Mehl, 15 g Hefe, ¼ l saure Sahne, 2 Eier, 1 Eßl. gehackte Mandeln, Zucker, Ausbackfett.

Die Butter schaumig rühren und mit dem Mehl vermischen. Die zerbröckelte Hefe mit der Sahne glattrühren, beides mit 1 Ei und der Butter-Mehl-Mischung zu einem glatten Teig verarbeiten. Den Hefeteig gehen lassen, zusammenstoßen und Brezeln formen. Auf ein gefettetes Blech legen, mit 1 verquirltem Ei bestreichen, mit gehackten Mandeln und Zucker bestreuen und nochmals ein paar Minuten in der Wärme gehen lassen. Dann bei mäßiger Hitze in siedendem Fett ausbacken. Die Brezeln sind ein vorzügliches Teegebäck.

Weiße Pfefferkuchenplätzchen

6 Eier, 500 g Zucker, 65 g Zitronat, 65 g Orangeat, 1 Teel. Zimt, ½ Teel. Nelken, ½ Teel. Ingwer, 1 Prise Kardamom, 1 Prise Muskatblüten, Schale 1 Zitrone, 250 g Mandeln, 250 g Mehl.

Die Eier mit dem Zucker schaumig rühren, die feingeschnittenen und gestoßenen Gewürze dazugeben. Die Mandeln grob hacken (nicht abziehen) und beimischen, zuletzt so viel Mehl daran rühren, daß die Teigmasse nicht mehr läuft. Mit einem Teelöffel nußgroße Plätzchen abstechen und nicht zu nahe aneinander auf ein gut gefettetes Blech setzen. 4 bis 5 Stunden stehen lassen, dann bei schwacher Hitze langsam backen.

Griebenplätzchen

250 g Weizenmehl, 250 g Roggenmehl, 20 g Hefe, 1 Teel. Zucker, Salz, 125 g Grieben, ⅜ l saure Milch, Pfeffer, 1 Eigelb.

1 Eßlöffel Mehl, die zerkrümelte und in etwas lauwarmem Wasser aufgelöste Hefe und 1 Teelöffel Zucker mischen und gehen lassen. Dann diesen Vorteig mit dem übrigen Mehl, dem Salz, den gehackten Grieben, der sauren Milch und etwas Pfeffer vermengen. Den Teig gründlich durchkneten. 30 bis 40 Minuten zugedeckt gehen lassen. Aus dem Teig etwa 5 mm dicke runde Plätzchen ausstechen und auf ein gefettetes Backblech legen. Abschließend mit Eigelb bestreichen und im Backofen bei Mittelhitze etwa 15 bis 20 Minuten backen.

Thüringer Kniekäulchen

1 kg Mehl, 75 g Hefe, ¾ l Milch, 75 g Zucker, 150 g Margarine, Salz, 4 Eier, Ausbackfett, Puderzucker.

Aus Mehl, Hefe, lauwarmer Milch, Zucker, Margarine, Salz und Eiern einen weichen Hefeknetteig bereiten. Aufgehen lassen und etwa fingerdick ausrollen. Mit einem Glas kleine Kuchen ausstechen, dann nochmals gehen lassen. Die Kuchen so weit zum Rand hin ausziehen, daß in der Mitte eine ganz dünne Stelle entsteht. Den Rand nach innen wieder etwas einrollen, die Käulchen in siedendem Fett goldbraun ausbacken. Sofort mit Puderzucker dick besieben.

Thüringer Dickkuchen

1 kg Mehl, 300 g Butter, 65 g Hefe, ½ l Milch, 3 Eier, 30 g Zucker, etwas Zitronenschale, 1 Prise Salz, 250 g Rosinen, etwas Zimtzucker zum Bestreuen.

Das Mehl mit der zerkleinerten Butter verkneten, anschließend die anderen Zutaten zugeben. Den Teig kräftig mit einem Holzlöffel rühren, bis er sich von der Schüssel löst. Danach den Teig auf einem mehlbestäubten Blech 2 cm dick auslegen, mit dem Finger »Gruben« hineindrücken und dick mit Zucker bestreuen. Reichlich Butterflöckchen darauf geben und mindestens 1 Stunde an warmem Ort gehen lassen. Dann bei mäßiger Hitze backen. Mit etwas Zimtzucker bestreuen.

GETRÄNKE

Das Verlangen, einen guten Happen zu essen, war schon von jeher mit der Lust auf einen edlen Tropfen gepaart. Nicht selten aber galt gerade diesem das besondere, dem Braten hingegen nur das »grundierende« Interesse des genießenden Menschen. Friedrich von Logau kleidete diese Beobachtung in eine epigrammatische Frage: »Wie kommts, daß der gemeine Mann um Trinkgeld pflegt zu bitten? / Ein Essegeld begehrt er nicht; das sind noch deutsche Sitten.« Daß die deutschen Trink-Sitten vornehmlich vom Bier geprägt waren, bezeugt nicht nur unsere Gaststuben-Gegenwart überdeutlich. So wird angenommen, daß die erstaunliche Bier-Trinkfestigkeit so manchen Mitbürgers historisch gewachsen ist, was diese sächsische Hoftrinkordnung erhellt: »Zum Frütrunk soll für unsere Gemahlin an Wein und Bier, soviel dieselbe begehrt, gefolgert werden; fürs adlige Frauenzimmer 4 Maß und abends 3 Maß; für die Frau Hofmeisterin vormittags 1 Maß und nachm. ebensoviel.«

Dem Trinkgenuß verbundene Damen gab es aber nicht nur an den Höfen, denn schon die »alten Weiblein im Hospital Zum Heiligen Geist in Berlin« brauten bereits 1288 ein »starkes und gutes« Bier. Nicht allen Brauern – und von denen gab es damals nicht nur in jedem Ort, sondern wohl auch in jeder Straße mehrere – gelangen allerdings ähnlich beleumundete Produkte; davon künden schon die Namen, die die Zecher den Bieren verliehen hatten: »Menschenfett« hieß es in Jena, »Filz« in Magdeburg, »Kopfreißer« in Merseburg und »Lumpenbier« in Wernigerode. In Kyritz trank man gar ein Bier namens »Mord und Todschlag«, das später aber in »Eintracht und Frieden« umgetauft worden sein soll.

Durchschlagende Erfolge erzielte ein Leipziger Bier, das als »Gose« sächsische Schenken-Geschichte geschrieben und – wie man hört – nicht selten für eine allzu rasche Frequenz der Gaststuben gesorgt hat. Der Volksmund wußte davon ein Lied zu singen: »Und in Leipzig in der Kneip / gibt's ein Bier, heißt Gose. / Wenn man denkt, man hat's im Leib, / hat man's in der Hose.« Darum warnte ein intimer Leipzig-Kenner: »Wennste probst der Gose Saft, / Wappne dich mit Heldenkraft, / Denn du weeßt nich, werd dei Magen, / Ja und Amen dazu sagen?« Der Gohliser Gosenstubenbesitzer Cajeri nannte daraufhin seine Lokalität »Ohne Bedenken«, was jedoch purer Zweckoptimismus war und vor allem auch im Gegensatz zur Attraktion von Cajeris Gosenstube stand. Denn die war bekannt für das »Abtragen« von Studenten, die ihre »Heldenkraft« überschätzt hatten und – nach verlorener »Schlacht« mit dem obergärigen Bier – auf hölzernen Tragen zum Pleißeufer geschafft und dort ins Wasser gekippt wurden. Cajeris Gosenstube war die letzte in Leipzig; sie wurde 1958 geschlossen. Vielleicht aber wird sie auch wieder die erste sein …

Ein anderes obergäriges Bier hat die Zeiten überstanden: die Berliner Weiße. Sie kam im 16. Jahrhundert als Weißbier von Hamburg nach Berlin und wurde dort – in Verbindung mit dem Berliner Wasser – so beliebt, daß 1680 jeder, der das Braurecht für Weißbier erwerben wollte, eine Sondersteuer zahlen mußte. Die Berliner Weiße wurde, wie die Leipziger Gose, zuerst in hohen Stangengläsern gereicht. Später dienten schwere und fußlose Wannen mit 2 Liter Inhalt, gedacht gleich für mehrere Durstige, als Trinkgefäß. Danach waren flache Kelche und anschließend die auf hohen derben Stielen ruhenden Schalen das äußere Erkennungszeichen des obergärigen, also säuerlichen und erfrischenden Getränks.

Mit den Jahren freilich hat – wie der Geschmack der Berliner – auch die

Weiße noch so manche Bereicherung erfahren: Man kippte Himbeersaft (»Weiße mit Schuß«) und nach der »Erfindung« des berühmten »Kümmel« im Jahre 1836 auch diesen (»Weiße mit Strippe«) in sein Glas hinein. Heute ist es noch der Nordhäuser Korn, was in der beziehungsreichen Sprache der Gastronomen »Nordlicht« heißt. Wann einem allerdings dieses aufgeht, wird nirgends definiert; es ist wohl immer eine Frage von (Glas)Maß und (Tages)Form.

Natürlich hat das Biertrinken auch an der Küste eine lange Tradition: Noch gegen Ende des 17. Jahrhunderts verbrauchten zum Beispiel die Wismarer pro Jahr und Einwohner 320 Liter Bier, und 1736 forderte ein Ratsmitglied die »Arbeitsleute« auf, bei der Arbeit kein Bier zu »saufen«. Was aber dann? Etwa Tee, von dem der brandenburgische Leibarzt Bontekoe 1667 behauptet hatte, um gesund zu bleiben, müßte man täglich bis zu 200 Tassen trinken? Oder Kaffee, der noch gegen Ende des 19. Jahrhunderts in Mecklenburg aus gerösteten Roggenkörnern oder auch aus Eicheln gebrüht wurde? Ja, wenn es doch schon Kaffeehäuser wie in Leipzig gegeben hätte, wo der Kaffee, wie Johann Sebastian Bach schwärmte, »lieblicher als tausend Küsse« schmeckte!

Um diese Zeit, aber das konnte die Mecklenburger nur leidlich versöhnen, ertränkte Friedrich II. auch die Kaffee-Hoffnungen der Preußen, die sich wieder »zum Bier gewöhnen« sollen, »und das ist ja zum Besten der eigenen Brauereien«. Weil das Volk, wenn überhaupt, nur gerösteten und nahezu unerschwinglich teuren Kaffee erstehen, der Adel aber rohen und billigen kaufen konnte, begann ein reger Kaffeeschmuggel, dem Friedrichs »Kaffeeschnüffler« auf die Spur kommen sollten: sie mußten durch die Straßen ziehen und illegale Kaffeeröster »errie-

chen«. Während also die Preußen gezwungen waren, den Malzkaffee, genannt »Muckefuck«, zu erfinden oder sich mit der Zichorie (Mark Twain über den deutschen Kaffee: »Man nehme ein Faß voll Wasser und bringe es zum Kochen; reibe ein Stück Zicho-

rie an einer Kaffeebohne und befördere dann ersteres in das Wasser«) zu trösten, schlürfte Friedrich II. schon am Morgen 6 bis 8 Tassen Kaffee; auf über 70 pro Tag soll es sein Freund Voltaire gebracht haben, wenn der ihn in Sanssouci besucht hatte.

Um aber noch einmal auf die Mecklenburger zurückzukommen: Weil sie also – zumindest während der Arbeitszeit – kein Bier mehr trinken sollten und den (Ersatz)-Kaffee nicht mehr riechen wollten, entdeckten sie eine neue Liebe: aus Indien importierten Punsch. Das war ein fünffach glücklicher Tag, denn Punsch bedeutet »Pantsch«, und das heißt im Hindustanischen fünf: der Punsch vereint die fünf Bestandteile Alkohol, Fruchtsäfte, Gewürze, Zucker und heißen Wein auf so wundersame Weise, daß das glühende Getränk schon bald heiß verehrt wurde. Aber nicht nur in Mecklenburg.

MECKLENBURG

Eiskoffee

1 l Sahne, 100 g Kaffee, 100 g geröstete Mandeln (davon 3 bis 4 bittere) und Zucker.

Die Sahne aufkochen, den feingemahlenen Kaffee hineinschütten. Die gerösteten Mandeln hinzufügen. Alles auf der heißen Herdplatte etwa 30 Minuten ziehen lassen. Dann nach Geschmack Zucker beigeben und das Ganze durch ein feines Sieb gießen. Die Flüssigkeit in den Gefrierschrank stellen und zu einer breiigen Masse gefrieren lassen. Dabei öfter umrühren. An heißen Tagen mit Schlagsahne garniert servieren.

Männertrunk

1 Zitrone, 1 Flasche Weißwein, 1 Flasche Sekt, 1 Flasche Sauerbrunnen, 2 Eßl. Angostura, Zucker nach Belieben.

Die Zitrone in Scheiben schneiden, entkernen, mit den Zutaten ansetzen und in den Kühlschrank stellen. Ein Getränk für warme Tage.

Apfeltrank

8 Äpfel, 1 Zitrone, 1 Stück Zimtrinde, 100 g Rosinen, 100 g Korinthen, Zucker.

Die Äpfel waschen und ungeschält in Viertel schneiden. 2 Liter Wasser aufsetzen, die Schale einer halben und den Saft einer ganzen Zitrone, die Zimtrinde sowie die Rosinen, Korinthen und die Apfelviertel zufügen. Kochen, bis die Äpfel weich sind. Alles durch ein Sieb geben, den Apfeltrank nach Geschmack süßen und gut gekühlt trinken. Anstelle der Rosinen und Korinthen kann man auch eine kleine Kruste Schwarzbrot zusammen

mit den Äpfeln kochen; dann aber die Zitronenschale weglassen.

Fruchtsirup

1 kg Beerenobst, Zucker.

Die gewaschenen und gut abgetropften Beeren entstielen, zerstampfen und zu ½ Liter kochendem Wasser geben. Unter ständigem Rühren 5 Minuten kochen. Alles auf ein gebrühtes Tuch geben, das auf einem Sieb liegt, und den Saft ablaufen lassen. Zu ½ Liter Saft 250 g Zucker fügen, den Sirup mehrmals aufkochen, dabei den Schaum abschöpfen. Flaschen anwärmen, das Fruchtgetränk heiß hineinfüllen, mit Gummikappen verschließen.

Punsch auf Mecklenburger Art

½ Flasche Weißwein, 1 Flasche Rotwein, ½ Flasche Rum, 500 g Zucker, 2 Zitronen.

Wein, Rum und ½ Liter Wasser zusammengießen, den Zucker, über dem die Schale einer halben Zitrone abgerieben wurde, sowie den Zitronensaft dazugeben. Zum Kochen bringen. Vom Herd nehmen, wenn alles einmal aufgekocht ist. In ein Bowlengefäß füllen und heiß servieren.

Teegrog

500 g Zucker, 1 Zitrone, 1 l schwarzer Tee, ½ l Rum.

Auf den Zucker einige von den Kernen befreite Zitronenscheiben legen. ½ Liter kochendes Wasser darübergießen, den Zucker darin schmelzen lassen. Darauf den heißen schwarzen Tee und den Rum geben.

Mandelmilch

200 g Mandeln, davon 4 bittere, 135 g Zucker.

Die Mandeln einweichen und die Schalen abziehen. Hacken und sehr fein stoßen, in einem Porzellangefäß mit 1 Liter Wasser verrühren. Den Zukker hineinquirlen, 10 Minuten weiter rühren. Dann die Flüssigkeit durch ein Tuch pressen.

Whip

2 Flaschen Weißwein, 250 g Zucker, 2 Zitronen, 2 g Zimtstange, 6 Eier.

Wein, Zucker, abgeriebene Schale und Saft der Zitronen, Zimt und Eier mit einem Schaumbesen auf dem heißen Herd bis kurz vor dem Kochen kräftig schlagen. In Gläser füllen und heiß trinken.

Eierwein

1 Eigelb, 1 Eßl. Zucker, Weißwein. (Für 1 Person)

Eigelb und Zucker in ein Glas geben, gut verrühren. Weißwein zum Kochen bringen und unter ständigem Umrühren hinzugießen. Noch heiß trinken.

Eiergrog

1 Ei, 2 bis 3 Teel. Zucker, 1 bis 2 Gläser starker Rum.

Das Ei mit dem Zucker verrühren, bis es schaumig und steif ist. Rum erhitzen und auffüllen. Nach Belieben heißes Wasser dazugeben.

Apfel-Cardinal

20 Äpfel verschiedener Sorten, 5 Flaschen Weißwein, etwas Zimtstange, Schale einer Zitrone, Zucker, Vanillinzucker.

Die Äpfel in feine Scheiben schnei-
den und mit dem Weißwein übergießen. Etwas von der Zimtstange und Zitronenschale dazugeben. Zudecken und mehrere Tage stehen lassen. Dann die Flüssigkeit durch ein Tuch seihen und den Trunk nach Geschmack mit Zucker und Vanillinzucker süßen.

Arrak-Punsch

2 Zitronen, 10 Stück Würfelzucker, 300 g Zucker, 1 l starker Tee, ½ l Arrak.

Etwas Zitronenschale an den Zukkerstückchen abreiben, mit dem Zitronensaft und dem übrigen Zucker in dem heißen Tee auflösen. Den Arrak hinzufügen, weiter erhitzen, aber nicht kochen lassen und servieren.

Warmbier mit Rum

3 Eigelb, je 1 Likörglas Rum und Wacholderschnaps, 1 Messerspitze gemahlener Ingwer, ½ l helles Bier.

Alle Zutaten, bis auf das Bier, miteinander verrühren. Dann in das stark erhitzte, aber nicht kochende Bier geben und auftragen.

RUND UM BERLIN

Berliner Bowle

2 Flaschen Berliner Weiße, 1 Zitrone, 1 Flasche Sekt, Zucker.

1 Flasche Bier in ein Gefäß gießen, die Zitronenschale etwa 30 Minuten darin ziehen lassen, dann herausnehmen. Die andere Flasche Berliner Weiße, 1 Teelöffel Zitronensaft und den Sekt, alles gut gekühlt, hinzufügen. Nach Geschmack zuckern.

Kalte Ente

1 Flasche Weißwein, 1 Zitrone, 25 g Zucker, ½ Flasche Sekt.

Den Weißwein gut kühlen und in eine Glaskaraffe gießen. Die Schale der Zitrone spiralenförmig abschneiden und in den Wein hängen. 30 Minuten ziehen lassen. Zucker auflösen und kurz vor dem Anrichten ebenso wie den Sekt hinzugeben. Kalt servieren. Nach Geschmack noch etwas Zitronensaft hinzufügen.

Berliner Bierbowle

2 Flaschen Berliner Weiße, 1 Zitrone, 1 Flasche Fruchtschaumwein.

1 Flasche Bier in ein Gefäß gießen. Die Zitrone sehr dünn abschälen, die Schale 1 Stunde in dem Bier ziehen lassen, wieder herausnehmen. Die andere Flasche Bier, 1 Teelöffel Zitronensaft und abschließend den gekühlten Fruchtwein dazugeben.

Lindenblütenbowle

Lindenblüten, 2 Flaschen Weißwein, 2 Gläser Weinbrand, Zucker, ½ Flasche Sekt.

Die frischgepflückten Lindenblüten auslesen, waschen und abgetropft in das Bowlengefäß legen. 1 Flasche Weißwein darübergießen, etwa 60 Minuten kalt stellen. Dann den Bowlensatz durch ein Sieb gießen, die andere Flasche Wein und den Weinbrand dazugeben. Mit Zucker abschmecken. Erst vor dem Servieren mit kaltem Sekt auffüllen.

Berliner Schloßpunsch

2 kg Zucker, 4 Flaschen Weißwein, 1 Flasche Rum, 2 Zitronen.

Den Zucker in 2 Liter Wasser bis zur Siedehitze erwärmen. Weißwein und Rum zufügen. Alles wieder zum Sieden bringen. Den Saft der Zitronen in eine Bowlenterrine träufeln, den Punsch durch ein Sieb dazugießen.

Blaue Pflaume

Korn, Kirschlikör.

Den gut gekühlten Korn mit einem Schuß Kirschlikör versehen, servieren.

Hagebuttenpunsch

100 g Hagebutten, 0,7 l Rotwein, 125 g Apfelsinensaft, 125 g Zucker.

Die Hagebutten über Nacht in 1 Liter Wasser einweichen. Am anderen Tag 5 Minuten kochen, durchseihen und mit Rotwein, Apfelsinensaft und Zucker vermischen. Heiß trinken!

Apfelglühwein

2 Flaschen herben Apfelwein, 10 cl Rum, 4 Gewürznelken, 1 Stück Zimtstange, 1 Zitrone.

Den Apfelwein mit Rum vermischen und erhitzen. Zucker, Gewürze und Zitronenscheiben dazugeben, kurz ziehen lassen, heiß servieren.

Potsdamer Stange

Limonade, helles Bier, Zitronensaft.

Ein schlankes hohes Glas zur Hälfte mit Limonade und zur zweiten Hälfte mit hellem Bier füllen. Dazu einige Tropfen Zitronensaft.

Gurkenbowle

1 Salatgurke, 1 Flasche Rotwein, 1 Zitrone, 8 Stück Würfelzucker, 1 Glas Weinbrand, 1 Flasche Sekt.

Die geschälte und entkernte Gurke in Stücke schneiden und in das Bowlengefäß legen. Mit Rotwein übergießen. Zitronenschale an dem Würfelzucker abreiben, diese hineingeben. Den Saft der Zitrone ebenso wie den Weinbrand darübergießen. Zudecken und 3 Stunden ziehen lassen. Dann die Gurke herausnehmen und mit kaltem Sekt auffüllen.

Schorle-Morle

Nach Belieben Weiß- oder Rotwein, ebensoviel Soda oder Selterswasser.

Den gut gekühlten Weißwein mit dem ebenfalls gekühlten Soda- oder Selterswasser zur »Schorle weiß« und den Rotwein mit dem Soda- oder Selterswasser zur »Schorle rot« vermischen. Gut gekühlt im Schoppenglas servieren.

Gerstenwasser

125 g feine Gerste, 1 Apfel (100 g), Salz.

Die Gerste waschen, mit dem geraspelten Apfel und 1 Prise Salz in 1,5 Liter Wasser weichkochen. Durch ein Tuch gießen. Nach Wunsch süßen oder mit Fruchtsaft mixen.

Schlehenlikör

3 kg Schlehen, 1,5 kg Zucker, 1 Stange Vanille, 1 Stück Ingwer, 1 Stange Zimt, 6 Nelken, 10 Kardamomkörner, 1 Liter guter Korn.

Schlehen verlesen, waschen, in ein Gefäß geben und kochendes Wasser darüber gießen. Eine Nacht und einen Tag stehen lassen, abgießen. Dasselbe Wasser wieder zum Kochen bringen, über die Schlehen gießen, stehen lassen. Dies dreimal wiederholen. Den Saft mit den Gewürzen zum Kochen bringen, eine Stunde ziehen lassen und durch eine Serviette gießen. Abschließend den Korn dazugeben.

Brotwasser

125 g Schwarzbrot, 1 Eßl. Zitronensaft, 1 Eßl. Zucker.

Das Schwarzbrot rösten, in Stücke brechen. Danach mit 1 Liter Wasser übergießen, 30 Minuten stehen lassen, durch ein Tuch seihen. Erkalten lassen und mit Zitronensaft und Zucker abschmecken.

Apfelwasser

500 g saure Äpfel, 100 g Zucker.

Die Äpfel waschen, hobeln und mit 1,5 Liter kaltem Wasser übergießen. Zugedeckt 1 Stunde stehen lassen. Durch ein Tuch seihen und nach Geschmack süßen.

Rezeptverzeichnis

SPREEWALD. Einfach, fast karg war früher die Küche des Spreewalds. Kartoffeln und Hefeplinsen waren beliebt, auch Leinöl und Quark. Heute werden viele Fleisch- und Fischgerichte mit dem hier angebauten Meerrettich – der Spreewald ist eines der wenigen Anbaugebiete der Welt – pikant gewürzt. Charakteristisch für diese Niederlausitzer Landschaft ist auch der Anbau von hochwertigem Gemüse. Besonders beliebt sind die Spreewälder Gurken, die in zahlreichen Variationen nicht nur in die Gläser, sondern auch – ideenreich verarbeitet – auf den Mittagstisch kommen. Bekannt ist aber auch die Spreewälder Fischküche.

SACHSEN. Neben den Suppen und Soßen spielen hier die Kartoffeln eine bedeutende Küchenrolle: Kartoffelsuppen, Kartoffelsalate, Kartoffelstückchen, Kartoffelklöße, Kartoffelpuffer, Quarkkeulchen oder Buttermilchgötzen kommen in Sachsen und den angrenzenden Gebieten häufig auf den